J. JORGE JIMENEZ SOLÍS

FRANCISCO MORAZÁN: SU VIDA Y SU OBRA

ERANDIQUE

COLECCIÓN

FRANCISCO MORAZÁN: SU VIDA Y SU OBRA
J. Jorge Jiménez Solís

©Colección Erandique
Supervisión Editorial: Óscar Flores López
Diseño de portada: Andrea Rodríguez—Jessica Cordero
Administración: Tesla Rodas
Director Ejecutivo: José Azcona Bocock
Primera Edición
Tegucigalpa, Honduras—Junio 2025

EL LIBRO IDEAL PARA DESCUBRIR AL GENERAL

Este libro es ideal para aquellas personas que deseen descubrir al general Francisco Morazán. En poco más de 265 páginas, el autor da un resumen detallado de los hechos más importantes en la vida del vencedor de La Trinidad, Gualcho, Perulapán y Ciudad Guatemala.

Para completar la obra, hemos agregado una Guía Morazánica —con ejercicios de comprensión, verdadero y falso, y selección múltiple— que permitirá al lector reflexionar sobre los hechos más importantes del héroe unionista.

Desde el principio, el autor deja clara su simpatía por Morazán:

—Esperamos que nuestro trabajo sea útil para hacer conocer en el continente americano la personalidad de Francisco Morazán, en todo lo que de grande encierra esa figura epónima —señala Jiménez Solís.

Hoy, más que nunca, es urgente conocer a Morazán a profundidad y no por "encimita".

De esa forma, seremos verdaderos morazanistas y no impostores (tan de moda), que lo invocan, pero no lo imitan.

J. Jorge Jiménez Solís nos invita, además, a recorrer los pasos firmes, audaces y, a veces, solitarios de Francisco Morazán, no como un nombre inmóvil en los libros de texto, sino como una llama viva que aún arde en el corazón de Centroamérica.

Cada capítulo permite acercar el pensamiento morazanista a nuevas generaciones y comprender su lucha por la unidad centroamericana, por la justicia, por profundas reformas educativas y por detener a aquellas fuerzas oscurantistas que oprimían al pueblo.

En ese sentido, Francisco Morazán: su vida y su obra es mucho más que un relato histórico: es una invitación —a conocer, a valorar, a actuar.

"Morazán es el hombre que con mejores ejecutorias ha pasado a la Historia y del que más se ocupan amigos y enemigos: ya en forma imparcial, como de manera apasionada", señala el autor.

Desde los orígenes de la familia Morazán hasta su entrada —a punta de espada e ideales— en la historia, Jorge Jiménez Solís nos lleva por el camino transitado por el general hasta llegar a convertirse en el personaje más importante en la historia centroamericana.

Morazán —escribe el autor— era un hombre extraordinario. Sus nervios estaban siempre bien templados y jamás lo abandonaba su proverbial serenidad. No creía en un fracaso completo y tenía siempre la fe de un creyente. El peligro no lo arredraba, pero tampoco lo violentaban las sandeces del enemigo.

Morazán tuvo muchos enemigos (poderosos e influyentes), y aun con ellos fue justo. Uno de esos hombres que lo adversaron fue el marqués conservador Mariano de Aycinena (nacido en Ciudad de Guatemala el 16 de septiembre de 1789 y fallecido en ese mismo lugar el 29 de marzo de 1855).

En abril de 1829, Morazán derrotó al gobierno conservador de Aycinena en Guatemala. Luego de la victoria, y a pesar de haber sufrido campañas de calumnia, traición y resistencia armada por parte de los conservadores y el clero, garantizó la vida, la seguridad personal y los bienes de los vencidos.

¿Hubiera hecho lo mismo Mariano de Aycinena? Lo dudo.

Morazán prohibió saqueos y actos de revancha por parte de sus tropas, ordenando disciplina y respeto hacia la vida de sus adversarios y de la población civil, así como hacia los bienes materiales de la ciudad.

A diferencia de los políticos, Morazán fue austero en el uso de las finanzas públicas y nunca tuvo un comportamiento ostentoso o de privilegio.

Lo más importante, sin embargo, sigue siendo que tuvo una visión adelantada años luz para su época y que luchó por ella porque sabía que la prosperidad de los pueblos centroamericanos solo era posible con la unión de sus cinco repúblicas.

Pero no es momento para desanimarnos. Es la hora de actuar como verdaderos morazanistas desde el lugar en que estemos.

Francisco Morazán: su vida y su obra nos ayudará a iluminar nuestros pasos.

ÓSCAR FLORES LÓPEZ/Editor Colección Erandique

Guatemala,
25 de mayo de 1947

Señor Licenciado
Luis Alberto Paz y Paz
Ciudad.

Mi muy estimado Beto:

Cuando se tiene que hacer una molestia, se piensa siempre en el amigo. Ahora que tengo necesidad de un intelectual, he pensado en ti: en tu doble aspecto.

Al escribir la biografía de Francisco Morazán, en 1943, lo hice impulsado por un deseo de escudriñar la Historia patria en los hechos relacionados con las grandes causas.

Mi pobre obra encontrará en ti un protector benévolo para que la apadrines escribiéndole su prólogo.

Grande molestia te ocasiono, pero anticipadamente te rindo mis agradecimientos.

Te abraza,
J. Jorge Jiménez Solís.

PORTADA

FRANCISCO MORAZÁN, SU VIDA Y SU OBRA es el nuevo libro de J. Jorge Jiménez Solís, el cual llega con toda oportunidad, cuando se discuten valores del pasado. No es un libro más, es un libro necesario para recomenzar el viejo propósito de una revolución en Centroamérica.

Cuando Napoleón invadió España, las colonias vieron la oportunidad de sacudirse de la tutela de la madre patria, y abrigaron la esperanza de llevar adelante su emancipación, no solamente en el orden político sino también, y principalmente, en el orden ideológico. Pero la revolución apenas si fue iniciada en Centroamérica; el 15 de septiembre se nos presentó sin sacudidas, como un día gris que infunde tristeza, y hasta tuvo "nublados" impenetrables para los ticos. El año de 1812 parecía muy lejano, como si no hubiese existido.

Verificada la independencia, más en la grandiosidad del Acta redactada por el sabio Valle que en la realidad de los hechos, apareció Morazán en la escena política y quiso llevar a la realidad aquel sentimiento latente en los pueblos, que los próceres no estuvieron en posibilidad de realizar porque la reacción no se debilitó jamás y era mejor avezada en la lucha. Morazán también fracasó por el mismo motivo, pero si con él murió su amor a Centroamérica, el sentimiento popular siguió siendo el mismo y hoy, precisamente, cobra nuevos bríos y adquiere movimiento.

Más tarde vino el 30 de junio de 1871 y con él algunas reformas de gran importancia; pero al degenerar en despotismo el régimen de gobierno a que diera lugar, fueron anuladas todas las ideas revolucionarias, hasta 1920 en que el gran Partido Unionista volvió a darles actualidad para caer después en el mismo letargo por la traición de quienes se han venido llamando liberales. Ahora hacemos nuevos tanteos. El 20 de octubre de 1944 ha despertado al pueblo, pero aquel viejo sentimiento popular aún no encuentra su cauce natural y lógico. ¡Más que ideales, nos han faltado hombres capaces de realizaciones acertadas y cuerdas!

El triunfo de Mussolini en Italia y luego el de Hitler en Alemania vinieron a desorientar al mundo, y entre nosotros produjo un verdadero desconcierto la nueva doctrina. Nos habíamos librado del pestilente contagio comunista, pero entonces se sostuvo por la prensa que el liberalismo era una cosa caduca, pasada ya al olvido después de su fracaso, y se batía palmas al nuevo movimiento ideológico. La época no era para discutir estas cosas, ni otras más inocentes que nada tuvieron que ver con el gobierno de la república; y de aquí que no se supiera con certeza si se aceptaban o repudiaban francamente.

Pero vino la Segunda Gran Guerra, de que todavía no convalece el mundo, y los espíritus inquietos dirigen sus miradas a todos los rumbos del espacio y del tiempo. Atrás queda el Liberalismo, y desde luego se advierte que su descrédito es artificial, que sigue siendo apto, como todas las cosas de la mente, para evolucionar de acuerdo con la época.

El 4 de julio ha venido a recordarnos cuáles fueron sus códigos fundamentales: la Declaración de los Derechos del Hombre y la Constitución de Virginia; ambos de vigencia permanente, cualquiera que sea el nombre con que ahora se les bautice.

El Liberalismo fue una reacción contra todos los absolutismos, pero forzosamente tuvo que asumir carácter político, de manera predominante, por imperio de las circunstancias, y en este sentido, único ampliamente desarrollado, se le supone fracasado.

Es verdad que ya no puede hablarse de un Liberalismo político o económico, separadamente. El Liberalismo es uno y habrá que volver a él con nuevos mirajes y en toda su integridad original.

El libro de Jorge Jiménez Solís tiene la virtud de hacernos pensar nuevamente en el Liberalismo en toda su pureza, tal como se le concibiera en contraposición de todos los despotismos, y nos hace recordar también las ansias de progreso y libertad con que nacieron estos pueblos nuestros.

Es natural que siempre surja un Antonio Pinto frente a un Francisco Morazán. Uno y otro son inseparables, como producto de las circunstancias, y necesarios en la evolución de los pueblos; pero la grandeza del uno no ha de servir para formular anatemas contra el otro.

Yo cultivé amistad con parientes cercanos de "Tata Pinto", como se le llamaba allá en Costa Rica al victimario de Morazán. Son personas apreciables y distinguidas. Por esa amistad, debo recordar la tradición que todavía se oye, pero sin rencor alguno. Todo se atribuye a la fatalidad.

Don Antonio Pinto, o "Tata Pinto", como generalmente se le llamaba, era una especie de patriarca de aquel pueblo, que sigue siendo el más pequeño de Centroamérica y el más pacífico y tranquilo.

Del homicidio de Rivas y el fusilamiento de Molina surgió la revuelta contra Morazán. La política estuvo ausente en un principio. Eran motivos personales los que llevaban al pueblo a deshacerse de quienes, recibidos como libertadores, no tardaron en convertirse en intrusos.

Rivas y Molina tenían muchos amigos y el segundo estaba a punto de emparentar con una familia distinguida. La novia y sus parientes fueron los primeros ofendidos por el fusilamiento de Molina, y se pensó en una conspiración contra los culpables de tal acontecimiento. Alajuela se había dado ya por satisfecha con las explicaciones del gobierno y había desistido de llevar adelante la insurrección, no así Cartago y San José. Pero sin Alajuela, que es la provincia más liberal y aguerrida de Costa Rica, la insurrección estaba perdida irremediablemente, sobre todo por falta de hombres de acción que pudieran llevarla a término. Se pensó entonces en "Tata Pinto", marino portugués que contaba en las veladas familiares sus hechos de armas como soldado de su patria, y se recurrió a él.

De esta manera se vio a "Tata Pinto" encabezando y dirigiendo un movimiento en el que no había pensado, y convertido en un momento en General.

Jiménez Solís nos refiere los hechos que siguieron, hasta la captura de Morazán.

¿Qué hacer después? Si a Morazán se le permitía salir del país, como se le había ofrecido, "se vengará de todos nosotros", decían quienes habían tomado armas en su contra. "Debe ser fusilado".

El esposo de Petronila, hija de "Tata Pinto", era un cobarde y Petronila era una histérica. "Morazán mata a mi padre si se le deja vivo" —decía Petronila a su esposo—, y caía con convulsiones hasta quedar completamente inconsciente. Entonces el yerno de "Tata Pinto" no encontró más remedio que la muerte de Morazán. "Se muere la Petronila", le decía a su suegro.

Y para que la Petronila no se muriera fue asesinado Morazán. Después trató de excusar su conducta "Tata Pinto", pero como no quiso decir la verdad, invocó una tontería: "No tenía cómo organizar un tribunal de oficiales generales para juzgar a Morazán".

Pero los hechos es lo que menos cuenta en este libro. Es la idea que vuelve a cobrar actualidad lo que interesa, y por eso debe ser leído y meditado mucho en su contenido.

L. Alberto Paz y Paz
Guatemala, 6 de julio de 1947

DEDICATORIA

El Conservatismo vive y vivirá siempre opuesto a las ideas libertarias: como el mal se opone al bien.

No solamente Morazán ha sido víctima de semejante monstruo. Su peor enemigo es la civilización, porque las tinieblas son su teatro favorito.

Ese partido es refractario a la unidad de la Patria Grande que se extiende desde la frontera suroeste de Costa Rica hasta la del noroeste de Guatemala.

Cuando Máximo Jerez preguntó a Centroamérica: ¿qué hora es? Los conservadores le contestaron con la boca del cañón: "Es medianoche".

Y en esa medianoche hemos vivido y continuamos viviendo una vida separatista, porque si aparece un Francisco Morazán, salta inmediatamente un Antonio Pinto; si nace un Rufino Barrios, viene a oponérsele un Rafael Zaldívar; y si renaciera un Gerardo Barrios, aparecería como un fantasma el fatídico Francisco Dueñas.

A mis queridos hijos Jorge Alirio, Daisy Virginia y Dina Sara[1] dedico el presente trabajo esperando que sea un aliciente para cuando ellos tengan que defender la nacionalidad. Y si tienen la felicidad de ver realizado tan magno ideal, podrán gritar, henchidos de patriótico entusiasmo:

Morazán, Barrios, Jerez: la medianoche del conservatismo ha terminado; y para bien de la Patria y justicia de sus mártires, podemos decirles orgullosos: ¡Ha amanecido!

J. Jorge Jiménez Solís

Nueva Ocotepeque,
Septiembre de 1943.

---

[1] El autor tuvo la pena de perder a su hija Dina Sara el 15 de junio de 1952, cuando ya iba a entrar en prensa esta obra.

A NUESTROS LECTORES

A tildados escritores de Centroamérica[2] y de todo el continente han dedicado sus bien cortadas plumas a la narración de los acontecimientos comprendidos entre los años de 1821 a 1842, o sea, la época en que Francisco Morazán vivió en el escenario político del istmo.

Morazán es el hombre que con mejores ejecutorias ha pasado a la Historia y del que más se ocupan amigos y enemigos: ya en forma imparcial, como de manera apasionada.

Nuestro trabajo nada tiene de original: es lo dicho por los más salientes historiadores y lo que hemos encontrado en diferentes publicaciones hechas con motivo del primer centenario del sacrificio del héroe.

Así pues, esta biografía es la más completa de cuantas se han publicado hasta hoy y en ella descuellan algunos comentarios y refutaciones de verdadera actualidad.

Esperamos que nuestro trabajo sea útil para hacer conocer en el continente americano la personalidad de Francisco Morazán, en todo lo que de grande encierra esa figura epónima.

EL AUTOR

---

[2] Escribimos unida la palabra Centroamérica porque, siendo una sola patria dividida en cinco parcelas por el conservatismo, los que aspiramos con sinceridad a la Federación no debemos dividirla ni en la escritura.

15

CAPÍTULO I: NACIMIENTO DE UN HÉROE

Nadie nace en este mundo sin que con él
nazca el germen de la obra que ha de cumplir en esta vida.

LOWELL

UNA ISLA HISTÓRICA

En el mar Mediterráneo existe la isla de Córcega, con unos trescientos mil habitantes. Pertenecía a Génova y fue cedida a Francia en el año de 1768. Su capital es Ajaccio, cuna del gran capitán Napoleón Bonaparte.

Esta isla se ha convertido en un departamento de la gran República Francesa y tanto, por haber nacido en ella el héroe glorioso de Austerlitz como por sus luchas libertarias, tiene una gran importancia en la historia universal.

El gran rey de Prusia, Juan Jacobo Rousseau y Voltaire escribieron con inusitado y patriótico entusiasmo en favor de la libertad de aquella isla. Los corsos llegaron hasta empuñar las armas para obtener su liberación.

En Córcega existía nobleza; no una nobleza postergada que cuidara de sus pergaminos como la de otros lugares, sino aquella que veía en su abolengo una obligación imperiosa de guardar sus riquezas y trabajar siempre por el bienestar y el engrandecimiento de ese pedazo de tierra incrustado en el mar.

Bueno es decir que Napoleón pertenecía a esa nobleza y que por ello, precisamente, tuvo grandes fracasos en su tierra natal, cuando trató de libertarla.

¿Cómo así?

Napoleón se fue a estudiar a Francia y la aristocracia francesa veía a los corsos "como salvajes, como una raza ignorada". Por eso la nobleza corsa desconfiaba de los fines benéficos que podía llevarles aquel que convivía con los enemigos de sus ideales redentores.

LA FAMILIA MORAZÁN

George Ypsilantis opina que el origen del apellido Morazán viene del valle histórico Morazablia que se extiende en la isla de Córcega y que perteneció a los famosos barones corsos de Morazablia, basando su opinión en la estructura etimológica de otros apellidos, pues del irlandés O'Quely se deriva Oqueli; del inglés Durham viene Durán y Durón; y así, el de Moraglia españolizado resulta Morazán.

Natural de la isla de Córcega y perteneciente a aquella nobleza era el señor don Juan Bautista de Morazán, quien después de atravesar las Antillas llegó a Honduras en el año de gracia de 1760, quedando, desde luego, como súbdito del rey de España y naturalizándose en esta provincia.

Avecindado en la población de San José de Yuscarán, en 1764 contrajo nupcias con doña Gertrudis Alemán, quien falleció pocos años después; luego casó por segunda vez y vuelto a enviudar, concertó su tercer matrimonio con doña Manuela de Castillo.

"Por más de veinticinco años vivió en el mineral de San José de Yuscarán, en donde fue propietario de bienes raíces; fue conceptuado además como hombre de bien y como obediente siempre al real servicio y a las órdenes de los jueces; pagaba cumplidamente los derechos de alcabala y habilitaba algunos de los mineros con su propio peculio. Pasaba también dedicado a sus asuntos de comercio, el que ejercía con Guatemala y todo el reino, y atendía, además, cargos de minería. Desempeñó con acierto el honroso y delicado empleo de comisionado de la Real Hacienda para el rescate de plata y fue encargado de la Real Renta de Correos, cumpliendo honradamente su cometido. Era el sujeto más rico del mineral de Yuscarán".

Los hijos de don Juan Bautista fueron: José Eusebio, José Bernardo, José Inés, Jacinto, Juan Miguel, Juan Nepomuceno, Rita y María Concepción Morazán. Juan Miguel fue a estudiar a Guatemala y se graduó de subteniente del Ejército, regresando a Honduras para ayudar a su padre en el manejo de los negocios. José Inés hizo sus estudios en Comayagua a la manera como se estilaba estudiar en aquel entonces.

DON EUSEBIO MORAZÁN

Creen algunos historiadores que el hijo mayor de don Juan Bautista de Morazán ya venía con su padre al ingresar éste en Honduras; pero resulta que don Eusebio Morazán contrajo matrimonio con doña Guadalupe Quesada, en Tegucigalpa, allá por el año de 1791 y cuando frisaba en los veintiún años de edad, pues había nacido en 1771, según se desprende de los datos que hemos obtenido. Con esto queda descartado el supuesto de que don Eusebio venía con su señor padre de las Antillas.

Doña Guadalupe casó a los veintisiete años y este matrimonio vivía en la casa marcada con el número 120 de la antigua numeración.

Sin tener datos ciertos sobre la fundación de la que hoy es capital de la república, encontramos que hasta el año de 1762 se llamaba "Real de Minas" y que el presidente de la Audiencia de Guatemala, con fecha 10 de junio del citado año, le confirió el título de "Villa de San Miguel y Heredia".

El matrimonio Morazán-Quesada vivía, pues, en esta villa, dedicado a pequeños negocios de comercio y minería, lo que les produjo grandes utilidades y muy luego fueron calificados de hacendados, según lo comprueban los censos levantados en aquella época.

La vida en aquella aldehuela era entonces la vida colonial con sus abigarradas costumbres y sus turbulencias; el medio ambiente era letal y si no asfixiaba a sus habitantes era porque se acostumbraban a esa vida monótona, sin distracciones. Las tertulias formaban todo el recreo de la época y esto cuando se trataba de gente privilegiada.

NACIMIENTO DEL HÉROE

El hogar de los esposos Morazán-Quesada se vio alegrado por el advenimiento de un niño, de tez blanca y sonrosada, crecido y robusto, de ojos muy vivos y de arqueadas cejas. Era la víspera de San Francisco de Asís del año de 1792 y los papás del recién nacido dieron gracias a Dios por tan fausto acontecimiento. El siguiente documento autentica la existencia de nuestro biografiado:

En la Iglesia Parroquial del Señor San Miguel de Tegucigalpa, a 16 de octubre de 1792, yo, don Juan Francisco Márquez, Cura y Vicario Juez Eclesiástico de este beneficio, solemnemente bauticé a un niño que nació a tres de dicho mes, a quien puse por nombre JOSE FRANCISCO, hijo legítimo y de legítimo matrimonio de don Eusebio Morazán y doña Guadalupe Quesada, de esta feligresía. Fue su madrina que lo tuvo y sacó de pila, doña Gertudris Ramírez, viuda de este vecindario, a quien advertí su obligación y parentesco espiritual, y lo firmé. – JUAN FRANCISCO MÁRQUEZ.

Al margen: JOSÉ FRANCISCO MORAZÁN.

Coincidencia rara es la sublevación de Ajaccio, capital de Córcega, en el mismo año en que nacía en Honduras Francisco Morazán. La patria de su abuelo paterno entraba en un período convulsivo, sublevándose contra sus eternos opresores.

No sabemos qué relación misteriosa haya en la vida de los pueblos, pues cuando una porción ítala luchaba por la independencia propia, en Tegucigalpa nacía un niño que sería el libertador de Centroamérica.

Siempre que se trata de un ensayo biográfico, se apela a fingir detalles, a inventar documentos y a hilvanar portentos que se atribuyen al biografiado en su edad infantil. Nosotros estamos dispuestos a ceñirnos estrictamente a la verdad escueta de los hechos y por ello no diremos que Morazán anduvo y habló antes de lo mandado por la naturaleza; que jugaba a los soldados de plomo, ni que hacía proezas con un sable de madera.

Trataremos las cosas con seriedad y certeza, ya que el material acumulado por los diferentes historiadores y escritores que se han ocupado de su vida, nos marca el camino del positivismo que debemos seguir en nuestra narración.

PRIMEROS AÑOS DE MORAZÁN

Trescientos años imperó el régimen colonial en Centroamérica. Época fue aquella de lamentable atraso. No existían escuelas públicas y el caos reinaba con una majestuosidad suprema.

La niñez no tenía aspiraciones ni podía seguir carrera; las ciencias y las artes no estaban al alcance de la juventud. Solamente el sacerdocio era profesión accesible para cierta clase privilegiada. La mayor parte de los jóvenes se conformaban con servir de acólitos o pajes y a representar al centurión en las celebraciones religiosas.

¡Triste condición la de esa juventud aletargada!

Esta era, en resumen, la situación de Honduras cuando nació Morazán. Fue precisamente por ese motivo que las primeras letras le fueron enseñadas en el hogar por sus padres y sus tíos Juan Miguel y José Inés, aprendiendo a leer y a escribir, algunos elementos de gramática castellana, aritmética y ejercicios mentales de geografía patria.

Existía en Tegucigalpa un convento llamado San Francisco y en 1804, a esfuerzos de Fray Santiago Gabrielín, se estableció la clase de gramática latina, servida por el competente sacerdote Fray José Antonio Murga. Morazán fue el primero en asistir a dicha clase y no faltó ni un solo día al aula para escuchar la palabra autorizada de tan eminente catedrático. El año siguiente fue clausurada tan importante asignatura, pues sucedió en la dirección del convento al Padre Gabrielín, Fray José Antonio López.

Morazán estudió también, con marcado interés, matemáticas y dibujo, así como algunos puntos de historia y principios de Derecho, en manuales incipientes, pero que comenzaron a modelar su espíritu, encauzándolo por el sendero de la justicia.

Joven de dieciséis años y con aspiraciones justas, no omitía medio alguno para agenciarse conocimientos que asimilaba con el mejor de los éxitos. Su complexión delgada y su elevada estatura, con otras perfecciones físicas, hacían de Morazán un apuesto doncel, de carácter atrayente, por lo que, cariñosamente, le llamaban "el niño bonito de Tegucigalpa".

UN VIAJE INESPERADO

Por cualquier circunstancia comercial, don José Eusebio Morazán y su familia hubieron de trasladarse al pueblo de Morocelí para establecer allá sus negocios y hacerse una vida tranquila, ordenada y cómoda. Su hijo José Francisco dejó con profundo sentimiento sus selectas amistades de Tegucigalpa para seguir las decisiones de su padre. Disciplinado en el hogar, no fue capaz de contrariar la voluntad paterna, aunque su traslado a Morocelí significaba la desilusión más grande para aquella juventud pletórica de entusiasmo.

Era el año de 1808 cuando nuestro biografiado cruzó las serranías con rumbo a un villorrio de aspecto desolado que sólo inspiraba tristeza.

Simón Bolívar, el gran Libertador de la América del Sur, a la misma edad de dieciséis años, después de recibir una brillante educación en España, salió para Europa en busca de mejores atractivos y en vía de estudios científicos que completarían su educación y sus conocimientos. Llegó a Francia y presenció la regia coronación de Napoleón Bonaparte; después pasó a Italia, donde se reunió con su antiguo maestro, el eminente educacionista Simón Rodríguez, y disfrutó de una vida llena de comodidades materiales y espirituales.

Edad florida y llena de promesas que Morazán no pudo tener, pues cuando más necesitaba de mejores horizontes, se traslada a un lugar casi desierto. ¡El secretario municipal era el único hombre capaz de sostener una conversación en aquel lugar! Y luego trabó relaciones con él y con el señor alcalde, captándose el cariño de éste y ofreciéndole sus servicios gratuitamente, con el objeto de hacer más liviana la pesantez de aquella monotonía.

Los momentos que le quedaban libres de las faenas hogareñas los dedicaba por entero a ayudarle a la municipalidad en los trabajos de oficina y revisaba los archivos en busca de algo útil. La confianza de la corporación edilicia para con Morazán llegó a tal grado que nada se resolvía en aquella comuna sin el voto favorable de aquel joven al que cariñosamente llamaban "el señorito".

La vida campestre no le halagaba y no tardó en hastiarse de esa vida pueblerina. Largas horas pasaba meditando sobre el porvenir incierto que le ofrecía el medio ambiente que lo rodeaba. Pensaba en la esclavitud en que mantenía a su patria el rey de España, por medio de la Capitanía General de Guatemala, esclavitud que abarcaba a todo el istmo centroamericano. Lamentaba la situación bochornosa en que se vivía, y en su espíritu reflejábanse los ideales redentores, sin poderlos externar siquiera, ni mucho menos ponerlos en práctica para conjurar el mal.

REGRESA MORAZÁN

Pocos años duró en Morocelí. Con la aquiescencia de su padre regresó nuevamente a Tegucigalpa. Morazán había aprovechado el tiempo leyendo y meditando sobre intrincados problemas, pero sus anhelos estaban cifrados en el adelanto propio y quería ampliar sus conocimientos de Derecho en alguna forma positiva y práctica.

En la ciudad ejercía su profesión el escribano público don León Vásquez, persona de muchas influencias en la sociedad y en los Tribunales, y que gozaba de la estimación general por su corrección e inteligencia. Morazán lo buscó y obtuvo de él una colocación de escribiente en su bufete, que le dio la oportunidad de mezclarse en asuntos jurídicos y con ello hacerse más visible ante las autoridades y ante la sociedad en general.

Hombre ya formal, circunspecto y caballeroso, de trato afable y modales distinguidos, no tardó en sobresalir y hacerse tomar por los hombres de la época como un elemento de primera categoría. Por estas razones lo encontramos en 1818 actuando como testigo, en unión de Joaquín Estrada, en el cotejo de pesas y medidas que practicó el señor alcalde ordinario de segunda nominación de la Villa de San Miguel, que lo era don Matías Irías.

El año siguiente fue nombrado oficial del alcalde de primera nominación, desempeñando además, en ciertos casos y en ese mismo año, el delicado cargo de escribano del alcalde mayor, abogado Narciso Mallol.

La inteligencia de Morazán, su carácter decidido y valeroso y sus aspiraciones justas lo iban llevando poco a poco por la senda del adelanto y del mejoramiento intelectual. Los ajetreos jurídicos le entusiasmaban y ponía todo empeño en las defensas que se le encomendaban. Así lo prueba la defensa del reo José Leandro Cabrera, en cuya causa logró probar las circunstancias exigidas para la legítima defensa y también los buenos antecedentes del acusado, logrando que este fuera indultado por la superioridad.

Ya se veía, pues, enrolado en los negocios públicos y les dedicaba toda su atención. Por el año de 1820 se dedicaba al despacho de algunos asuntos administrativos en la alcaldía mayor y actuaba, además, como defensor de oficio. Litigaba en materia civil y criminal con bastante acierto, no obstante sus escasos estudios y los pocos conocimientos adquiridos en la escribanía del señor Vásquez en la ciencia del Derecho.

CAPÍTULO II: MATRIMONIO Y BATALLA

Un hombre de pie
vale más que un pueblo de rodillas.
VÍCTOR HUGO

INDEPENDENCIA DE CENTROAMÉRICA

En las postrimerías del siglo XVIII hubo una serie de sucesos revolucionarios en la América Hispana, cuyo origen radicaba en Europa, pues con la toma de la Bastilla en París, el 14 de julio de 1789, y la proclamación de los derechos del hombre, fruto esta de la Revolución Francesa, el deseo de libertad en las Américas se generalizó y empezaron los trabajos de independencia en las colonias americanas, pues ya las inglesas del Norte, en un gesto imponente, habían sacudido el yugo opresor.

En el Sur aparece como el precursor de la libertad aquel iluminado de la Providencia que se llamó Francisco Miranda, quien, ayudado por Bolívar, en 1810, inició el movimiento revolucionario en la América del Sur.

Por ese mismo tiempo, el reverendo Padre Miguel Hidalgo y Costilla dio el grito de Dolores y sembró con él los principios de la lucha que trajo como consecuencia la emancipación política de México.

El 5 de noviembre de 1811, otro clérigo que se llamó José Matías Delgado, ardiendo en el fuego sacrosanto del patriotismo, subió precipitadamente al campanario de la iglesia de La Merced, en San Salvador, y con los broncíneos tañidos de las campanas llamó al pueblo para iniciar el levantamiento revolucionario de la independencia de la América Central. Las masas acudieron presurosas y una docena de patriotas intelectuales respondió a ese llamamiento del patriotismo. Fracasaron; pero la tea de la revolución quedó encendida y alimentada por los próceres de Guatemala; y aquella idea se fue infiltrando en el corazón del conglomerado, hasta encauzarlo por la vía efectiva que conduciría al éxito.

Diez años más tarde, 1821, la aurora del 15 de septiembre fue saludada por estruendosas salvas de artillería y enloquecedores repiques de centenares de campanas en Guatemala. El pueblo se movía delirante de entusiasmo y ebrio de indescriptible júbilo, dándose cita en el Palacio Nacional, que no tardó en verse lleno de bote en bote. Sus salones, antesalas, corredores y patios fueron invadidos por la muchedumbre, que daba gritos de ¡Viva la independencia!

Llegó la hora feliz para la patria. Los próceres discutieron serenamente por más de dos horas. El sabio hondureño José Cecilio del Valle se sentó muellemente en un sillón colocado junto a la mesa directriz y, entre el bullicio de aquel pueblo congregado en una fiesta sin precedentes, redactó el acta de independencia, documento glorioso que encierra la carta de ciudadanía de la América istmeña y que nos trajo la libertad y la nueva vida, que tantos beneficios ha aportado en nuestra existencia.

Todos los historiadores están de acuerdo en que la emancipación no se llevó a cabo en aquel acto político trascendental, porque la verdadera independencia se verificó cuando así lo estatuyó el decreto de 1° de julio de 1823. No vamos a contradecir esas opiniones autorizadas, pero sí queremos dejar constancia de que, en nuestro humilde criterio, el acta de independencia que redactara el sabio Valle fue el paso firme que sentó las bases primordiales de nuestra libertad.

La trascendencia del paso dado en Guatemala el 15 de septiembre de 1821 tenía que repercutir en todos los ámbitos del istmo. Correos expresos salieron de la capital llevando a los diferentes Estados la copia del acta que contenía el evangelio político-social; y el 28 del mismo septiembre se recibieron los pliegos en Tegucigalpa, por el Ayuntamiento.

Morazán encontrábase ocupado en sus asuntos judiciales y en sus labores administrativas, cuando llegaron aquellos documentos y, juntamente con los patriotas Dionisio Herrera, secretario de la corporación de Tegucigalpa; Tomás Midence, alcalde municipal; José Antonio Márquez, Diego Vijil, Esteban Guardiola, Esteban Travieso, Manuel Ugarte, Remigio Díaz y otros, juraron fidelidad a la causa libertaria y protestaron mantener y defender el nuevo régimen que se establecía con motivo de la separación de España.

He aquí al hombre que se inicia en la carrera política con el vehemente deseo de mantener en su patria el imperio de la libertad y la unidad que había soñado y que estaba dispuesto a hacer respetar, aunque para ello sacrificara su existencia.

PREMATUROS NUBARRONES

Cuando los grandes acontecimientos político-sociales se resuelven en una forma rápida, siempre suelen traer consecuencias separatistas que obstaculizan el curso de los mismos. Eso pasó, precisamente, con la proclamación de la independencia centroamericana.

El 24 de febrero de 1821, Agustín de Iturbide firmó el Plan de Iguala, llamado también de "las tres garantías", por el cual se constituía la independencia de México de manera absoluta, se autorizaba la religión católica como única, y nombraba rey a Fernando VII y, en su defecto, se subrogaría por otro príncipe. Era Apodaca el virrey mexicano y los absolutistas se habían sublevado contra el gobierno liberal de España; la sede del movimiento era el Estado de Guerrero, donde fue mandado Iturbide para acabar con los levantiscos, pero Monteagudo le propuso el Plan de Iguala y se adhirió aquél a este y muy pronto llegaron a la capital donde fue nombrado virrey don Agustín, con una independencia a medias.

Así, al independizarse Centroamérica, se llevó a cabo la anexión al joven Imperio mexicano y Comayagua aceptó en forma imperialista la emancipación de España. Pero Tegucigalpa no fue de la misma opinión, porque quería una independencia absoluta, por lo que no tardó la Vieja Valladolid[3] en querer someter a aquella por la fuerza y alistó sus milicias para poner sitio a la que es hoy capital de la república.

Los patriotas de Tegucigalpa no rehuyeron la lucha y también empezaron a organizar su ejército. El pueblo se presentó en masa a pedir las armas y la primera compañía designó como su jefe al teniente Francisco Morazán, quien había dado prueba de su valor y decisión.

---

[3] Nombre que se le da a Comayagua.

José Tinoco y Contreras era el gobernador de la provincia y personalmente iba comandando las fuerzas que someterían a Tegucigalpa. A las milicias de esta, divididas en varios batallones, les había avisado el sabio Valle, residente en Guatemala, que les enviaban dinero y unos barriles de azogue, elementos que llegaron a los llanos de Santa Rosa, y para evitar que cayeran en manos del enemigo, salió Morazán, simulando un viaje de negocios, para conducirlos por la vía de San Miguel, Estado de El Salvador.

Por una coincidencia, el enemigo estaba apostado en los valles de Comayagua; capturó al teniente Morazán y lo condujo, debidamente custodiado, a la ciudad, donde tuvo a esta por cárcel.

Como necesitaban saber la comisión que desempeñaba, lo expusieron a toda suerte de amenazas, llegando a ponerlo en capilla, o sea, una especie de velación que usaban únicamente para con aquellos que iban a fusilar. La serenidad y el disimulo tan grande del "reo" en aquellas circunstancias tan críticas, hicieron suponer su inocencia y lo pusieron en libertad, dándole franco y seguro pasaporte, con el cual regresó a Tegucigalpa, llevando doce soldados que en el camino había reclutado para su seguridad personal.

El 11 de diciembre de 1821 el Gobierno de Guatemala le concedió el título de ciudad a la villa de Tegucigalpa, lo que fue motivo de regocijo para sus habitantes, entregándose a festejar ese día con toda la pompa del caso.

UN RELÁMPAGO EN MEDIO DE LAS TINIEBLAS

Como Centroamérica se anexó al Imperio mexicano al proclamar su independencia, la situación en que se encontraban aquellos Estados era casi la misma anterior al 15 de septiembre de 1821. Pero este estado de cosas solo duró dieciocho meses, porque el emperador Agustín I tuvo que abdicar, y el Congreso Constituyente de Guatemala, en Decreto de 1° de julio de 1823, declaró libre a Centroamérica de España, de México y de cualquiera otra nación, pasando los centroamericanos a ser libres de manera positiva.

El mismo Congreso Constituyente acordó, entre otras cosas, que los Estados del Istmo reunieran sus Congresos parciales y que procedieran a nombrar sus respectivos jefes. Así fue como, en el mes de septiembre de 1824, fue electo para Jefe del Estado de Honduras el licenciado don Dionisio de Herrera, tomando posesión de su alto cargo el 16 del propio mes, y con fecha 25 nombró su secretario general al ciudadano Francisco Morazán.

Las dotes de este joven eran ya conocidas por los elementos más sobresalientes de la época, y fue por ello que el exsecretario de la comuna de Tegucigalpa, una vez elevado al rango de Jefe del Estado, quiso aprovechar los servicios de Morazán en un cargo tan importante como lo era la secretaría general del Gobierno.

Ardua era la tarea. Basta solo imaginarse lo intrincado de los problemas que habían de solucionarse en aquella democracia en ciernes, para considerar lo difícil de las funciones del gobierno que presidía el señor Herrera. La sagacidad y la inteligencia de Morazán iban a ponerse a prueba en tan compleja situación.

CONTINÚA EL NUBARRÓN

Al referirnos a la proclamación de la independencia, lo hicimos en términos generales, y ahora diremos que la Constituyente decretó también la Constitución Política de la República Federal de Centroamérica, que entró en vigor el 22 de noviembre de 1824, fecha en que se celebraba el aniversario de la conquista.

La independencia trajo como consecuencia lógica la necesidad de unificar a los cinco Estados, y el 25 de abril de 1825 fue nombrado presidente de la Federación el prócer general Manuel José Arce.

Sigamos el proceso histórico. El 6 de febrero de 1825 se instaló en Guatemala la primera Asamblea Federal, presidida por el doctor Mariano Gálvez; cada uno de los Estados formó su respectiva Constitución, así: el 12 de junio de 1824, El Salvador; el 22 de enero de 1825, Costa Rica; el 11 de octubre del mismo año, Guatemala; el 8 de abril de 1826, Nicaragua; y el 11 de diciembre, Honduras.

Esa misma Asamblea convocó a elecciones de presidente y vicepresidente federales, con una base de 79 votos, calculados en esta forma: Guatemala, 33; El Salvador, 18; Nicaragua, 13; Honduras, 11; y Costa Rica, 4. Ochenta días después de la convocatoria, Soconusco se agregó al Estado de Guatemala, y hubo de aumentársele a este Estado un voto por aquel y dos más por haber habido error en la computación anterior, por lo que Guatemala tuvo 36 votos, aumentando la base fijada hasta 82.

La intriga en aquella época fue grande. Los candidatos que salieron a la palestra fueron: el general salvadoreño Manuel José Arce, postulado por el Partido Liberal; y el sabio hondureño José Cecilio del Valle, lanzado por el conservatismo. Para hacer triunfar a Arce, la Asamblea se dio a la tarea de anular los votos de Valle y se negó a abrir los enviados por Cojutepeque, San Salvador y Matagalpa, con los cuales el sabio obtenía más de la mitad de la base fija.

Los conservadores no tenían odio contra Arce y solamente les preocupaba el asunto de la mitra salvadoreña; pero el candidato liberal les ofreció resolverlo conforme lo dispusiera el Congreso, lo que equivalía a neutralizarse en tal asunto. Con esa declaración quedó solucionado el problema y al verificarse el escrutinio resultó electo el señor Arce con 22 votos, contra 5 que obtuvo el sabio Valle. Para dorar la píldora se nombró a éste vicepresidente, quien no queriendo ser cómplice de tanto chanchullo declinó el nombramiento; entonces se designó a Barrundia, que tampoco aceptó, por lo que se aplazó tal designación hasta el 21 de abril de 1825 en que fue nombrado don Mariano Beltranena.

Como se comprenderá, Valle no quedó satisfecho y lanzó varios folletos demostrando los vicios de la elección y que los votos de la república no eran la base legal para ella, sino los sufragios emitidos. Esta opinión era contundente y en aquel entonces la tomaron como apasionada por la derrota política de nuestro eminente sabio; pero no era Valle un ambicioso vulgar que blandiera su pluma, ya consagrada, para defender intereses personales y solamente quería hacer resplandecer la verdad jurídica.

Dicha tesis es la verdadera aún en nuestro sistema electoral, donde las elecciones se practican de manera directa y también donde esos torneos cívicos son a tres grados.

El nuevo sistema federativo encontró como jefes de Estado a los siguientes: por Guatemala, don José Barrundia; por Honduras, el licenciado Dionisio Herrera; por El Salvador, don Juan Vicente Villacorta; por Nicaragua, don Manuel Antonio de la Cerda; y por Costa Rica, don Juan Mora; y vicejefes, los señores: Cirilo Flores, José Justo Milla, Mariano Prado, Juan Argüello y Mariano Montealegre, respectivamente.

En este estado las cosas, toca al ciudadano Francisco Morazán firmar la primera Constitución de Honduras, como secretario general. También evitó la conjuración absolutista fraguada por unos clericales de Tegucigalpa, que de acuerdo con unos españoles y apoyados por el alcalde y el comandante, Guadalupe Lagos e Ignacio Córdova, respectivamente, trataban de conspirar contra el Gobierno constituido.

También en ese año escribió Morazán al representante de la Federación en Londres, para obtener un cuño que se encargó de traer directamente la municipalidad.

El desacuerdo existente entre el jefe y el vicejefe del Estado de Nicaragua dio lugar a que el jefe Herrera mantuviera fuerzas expedicionarias en la frontera de Honduras, y para sostenerlas tomó dineros correspondientes a las arcas federales, en calidad de préstamo, con la autorización legal del Congreso; sin embargo, tal proceder disgustó al Gobierno Federal, quien pidió explicaciones a Herrera en forma descortés y con frases bastante descomedidas.

El secretario general dio las que juzgó convenientes al señor Ministro de Hacienda de la Federación, en oficio de fecha 24 de diciembre de 1824, argumentando razones poderosas y convincentes:

Cuando la Asamblea de Honduras acordó que con salidas de reintegro se tomase algunos fondos de las rentas federales,

dando aviso a las autoridades de la Federación, como se verificó, fue porque este Estado, que ha tenido que vencer mayores dificultades que ningún otro, se hallaba próximo a su disolución por falta de hacienda, y porque esta disolución hubiera acarreado a toda la República males muy graves, y para su remedio habría causado erogaciones que también lo fuesen.

Morazán se expresaba magistralmente a nombre de su gobierno y ese razonamiento contundente evidencia el conocimiento que tenía de los negocios públicos y su capacidad en el ejercicio de sus funciones como secretario general.

MATRIMONIO

Morazán frisaba en los treinta y cuatro años cuando ya era una destacada personalidad. Su apostura, sus modales exquisitos y su refinada cultura lo hacían acreedor al aprecio y estima de los hombres de valía.

¿Y qué diremos del atractivo que tenía en el mundo femenino?

Sus conquistas donjuanescas no son para describirlas en este trabajo; pero diremos que ya en 1826 nacía José Antonio Ruiz, como hijo del matrimonio de don Eusebio Ruiz y doña Rita Zelayandía, pero que en verdad era hijo natural de Francisco Morazán, como lo reconoció posteriormente.

Muchos de sus amoríos los han descrito con sutileza muy bien cortadas plumas, pero no encaja repetirlos ahora, por la índole del trabajo que nos proponemos llevar a cabo en estas líneas.

En este mismo año contrajo matrimonio con doña María Josefa Lastiri, joven viuda de don Esteban Travieso, el mismo que con Morazán había jurado fidelidad a la independencia patria el 28 de septiembre de 1821.

A la muerte del señor Travieso, instituyó heredera de una cuantiosa fortuna a su esposa, con quien había procreado cuatro hijos, tres mujercitas y un varón que llevaba el nombre de su progenitor.

La estirpe de doña María Josefa era de abolengo; su padre, de origen español, y su madre, hondureña, de una belleza deslumbradora y de esmerada cultura.

¿A qué puede atribuirse la elección de una viuda con cuatro hijos para hacerla la compañera de su vida? ¿El capital que poseía la señora Lastiri habría sido el móvil que inclinó a Morazán a escogerla para su esposa?

Con respecto a la primera interrogación, podemos decir que los genios tienen su manera de considerar el matrimonio de un modo serio y desinteresado, sin egoísmos. Napoleón se casó en primeras nupcias con Josefina Tascher de la Pagerie, viuda del vizconde de Beauharnais.

Y con relación a la segunda pregunta, no creemos que haya sido por el capital, porque nuestro héroe tenía por delante un porvenir venturoso que valía mucho más que las riquezas materiales de su esposa. Además, Morazán no buscaba otra cosa que formar un hogar donde pudiera encontrar reposo, alegría y el cariño desinteresado de una mujer inteligente y digna, porque las faenas de los negocios públicos encomendados a él le aburrían demasiado y quería encontrar, en el cariño de una esposa ejemplar y las caricias inocentes de los hijos, la distracción honesta que produce tantos goces.

Comprendía también que su misión era más grande todavía y que la patria necesitaba de su cerebro y de su brazo en las futuras luchas por la libertad; y que teniendo una esposa inteligente y abnegada, habría resuelto el problema de la tranquilidad positiva.

Si hacemos estas reflexiones, y las más que de ellas se desprenden consecuencialmente, llegaremos a la conclusión de que el matrimonio Morazán–Lastiri no llevaba más interés que el cariño genuino y desinteresado de ambos personajes.

Queremos, pues, sentar esta opinión como una verdad histórica.

RUMORES DE TEMPESTAD

El 6 de abril de 1826 sucede a Morazán en la secretaría general del gobierno don Liberato Moncada, y aquel es nombrado presidente del Consejo Representativo.

Va ascendiendo precipitadamente los escalones administrativos con una seguridad que pasma; su inteligencia, cultivada por sí mismo, era prenda de garantía en su vida luminosa. El genio se perfila con caracteres sobresalientes y su acendrado patriotismo va encontrando los senderos que deben conducirlo a la gloria que perdurará por los siglos.

Don Manuel José Arce, antes de su ascensión a la Presidencia de la República, combatió con hombría y denuedo a la aristocracia; pero esta, sagaz y oportunista, logró inclinarlo a su favor con el hecho de haber consentido el fraude de su elección y de haberlo adulado cuando ya estaba en la Presidencia, no tardando en convertirse en el representante genuino del absolutismo.

Dionisio de Herrera, jefe del Estado de Honduras, encarnaba los ideales avanzados de la democracia y los principios de libertad y respeto a las leyes, siendo así que representaba al liberalismo en todos sus aspectos democráticos. Arce y Herrera no tenían, por consiguiente, una misma ideología y, por lo tanto, aquel gobernaba a su antojo y abrigaba un odio africano contra este.

Para hacer más ostensible su desacuerdo, Arce trató de molestar a Herrera y buscó el apoyo de los clericales fray Ramón Casaus y Torres y vicario Nicolás Irías, quienes, con elementos monárquicos, facilitaron recursos a los descontentos de Herrera para que le hicieran la guerra.

José Justo Milla, hondureño, vicejefe del Estado, fue el instrumento que encontraron para lanzarlo a la revuelta, pues era sargento mayor de la Colonia y fiel e incondicional partidario del partido servil aristocrático.

Así fue como el primero de noviembre de aquel año se veían por las calles de Comayagua, cual bandadas de cuervos, a los sacerdotes y frailes, excitando al pueblo al derramamiento de sangre hermana. Por la noche quisieron asaltar la casa del jefe Herrera; hicieron unos disparos atentando contra su vida, la de su amante esposa y la de sus queridos hijos.

El vandalismo era inaudito; antes quisieron triplicar las víctimas, agravando su crimen con la muerte de la madre inocente y del hijo tierno que aquella tenía en sus brazos en el fatal momento. Y así, por una feliz casualidad, las balas se introdujeron en el colchón de la cama en que se hallaba la señora de Herrera, y otras rompieron una columna del catre en que dormía este, sin haberles causado daño alguno.

Frustrado ese intento criminal, el vicario Irías hizo uso del púlpito y lanzó tremenda excomunión contra Herrera para honra y gloria de Dios. Esta es el arma de los ministros del Señor, empleada contra Napoleón, contra Lorenzo Montúfar, contra Justo Rufino Barrios y otros que no comulgaban con sus ideas oscurantistas.

EMPIEZA LA TORMENTA

Historiemos nuevamente. En 1826 Arce encarcela al jefe del Estado de Guatemala y el vicejefe se encarga del mando y se traslada a San Martín Jilotepeque, pues comprendía la amenaza que sobre él se cernía por parte del presidente Arce. No seguro allí, dispuso trasladar su gobierno a Quezaltenango, donde llegó el 8 de octubre.

Los serviles siguieron el movimiento del jefe de Estado por la Ley y cinco días después de su llegada a la ciudad altense, el pueblo fanático se lanzó sobre él, que, acosado por la turba asesina, creyó encontrar seguro refugio en la iglesia, adonde llegó y se escondió detrás del confesonario; pero un sacerdote, desalmado e hipócrita, levantó la voz que resonó en el santo templo del Señor, exhortando a los fanáticos para que moderaran sus instintos salvajes y mientras con una mano sostenía la forma del Divinísimo, con la otra, disimuladamente, les indicaba el escondite del infortunado Cirilo Flores, al que sacaron y en plena iglesia hicieron pedazos con piedras y leños que traían de la calle.

Aquel horrendo crimen se llevó a cabo frente al altar mayor, causando el pánico entre los mismos victimarios. El presidente Arce, contra lo dispuesto por la Constitución, convocó a elecciones para jefe y vicejefe del Estado, resultando electos don Mariano de Aycinena y don Manuel Montúfar, respectivamente.

En abril del año siguiente, Arce ataca a El Salvador, toma Santa Ana y, cuando marchaba para la capital, fue derrotado en Milingo. Y téngase presente que Arce y Aycinena invadieron dos veces aquel Estado y que la tercera expedición la relataremos en su oportunidad.

El batallón número 2 del Ejército Federal, al mando del sargento mayor José Justo Milla, se introdujo a la villa de Los Llanos (Copán), pretextando custodiar los depósitos de tabaco existentes en dicho lugar. Pero su verdadero objetivo era deponer al jefe Herrera, por orden del presidente Arce. Aquel no se tragó el anzuelo y mandó cuarenta hombres al mando del oficial Casimiro Alvarado, quien al llegar a Intibucá envió a Francisco Ferrera, con diez soldados, a inspeccionar la marcha del enemigo.

Ferrera encontró en Yamaranguila al invasor Milla y, con el deseo de demostrar su arrojo y valentía, trabó combate con él, que llevaba un numeroso ejército, pero que logró detener el avance por varias horas, acción que demuestra el espíritu guerrero de aquellos soldados, dada la inferioridad numérica con que combatieron. Obligado a retirarse, Ferrera da parte de lo ocurrido a su jefe Alvarado y ordenadamente salieron para Comayagua a dar parte al gobierno de los sucesos acaecidos y los detalles completos de la invasión.

Arce quiso justificar la invasión de Milla arguyendo razones insulsas que solo podían condenar ese atentado a la soberanía del Estado. Quería hacer creer que el ataque de Ferrera en Yamaranguila había ocasionado la invasión de Milla a Comayagua. Morazán replica: que los diez soldados que atacaron a Milla en Yamaranguila no significaban hostilidad contra el insurrecto Milla, pues Herrera tenía seiscientos hombres en Comayagua y pudo oponerlos a los invasores de estar mal prevenido contra ellos.

Se aproxima el momento en que va a iniciarse en las lides guerreras Francisco Morazán. Él era el alma del gobierno de Herrera y los impulsos de su espíritu obedecían a tres fuerzas superiores: amor a la patria, poder de acción y poder de imaginación.

Se diferenciaba de Napoleón Bonaparte en el "amor a la patria", que este pospuso ante el "amor propio", según expresión del escritor Emil Ludwig.

ARRECIA LA TEMPESTAD

El 4 de abril de 1827, el sargento Milla amaneció en los suburbios de la ciudad de Comayagua; acuarteló su ejército en la iglesia de San Sebastián y abrió fuego rápido sobre la población adormilada.

Herrera había tomado sus precauciones y se atrincheró en las afueras de la ciudad, con el objeto de evitar daños materiales. La lucha empezó con indecisiones de una y otra parte, haciendo el gobierno una tenaz resistencia a los sitiadores para frustrar sus intentos.

Las hordas de Milla se entregaron pronto al saqueo más escandaloso. Los barrios que estaban fuera de la acción del gobierno sufrieron los desmanes de tan odiosos invasores, que con crueles instintos se lanzaron a toda clase de pillaje.

Morazán hace algunas salidas para los lugares vecinos con el objeto de proveerse de víveres y otros recursos necesarios para continuar la resistencia con decisión y entusiasmo. Coloca un cañón sobre la catedral y descarga con certera puntería haciendo blanco en el enemigo.

Eran las cinco de la mañana del 12 de abril citado, cuando Milla ordenó el incendio de 15 casas para amedrentar a los sitiados, a cuatro cuadras de la plaza central, lo que demuestra que los progresos de la lucha eran lentos y el desastre era más odioso.

Milla informa de sus progresos en el ataque a Comayagua al presidente Arce; Morazán jura dar una buena lección al intruso. Sale en unión de los coroneles Remigio Díaz y José Antonio Márquez, con rumbo a Tegucigalpa, en busca de fuerzas para rechazar la invasión.

Había sonado la hora de poner a prueba su talento en el arte de la guerra. Él deseaba esta ocasión y se le presentaba con doble oportunidad, porque el incendio de la ciudad capital había producido en su persona un odio acendrado y el deber le exigía actuar con rapidez y decisión, para reparar el ultraje inferido por mandato del presidente federal.

Organiza en Tegucigalpa trescientos hombres y sale con ellos a proteger a su jefe; y como temía ser atacado en el camino, salva con admirable estrategia las alturas de Protección y Támara y se dirige hacia la hacienda de "La Maradiaga". Acampa en ella y manda una fuerza expedicionaria con el oficial Felipe Peña para que se situara en la villa de La Paz. Pero apenas tuvo tiempo de llegar y fue atacado por cuatrocientos hombres que mandaban el coronel Hernández y el capitán Rosa Medina.

La resistencia del oficial Peña es algo digno de la causa que sustentaba, y cuando vio anulados sus esfuerzos, se replegó a la citada hacienda para esperar el ataque formidable y poner sobreaviso a su jefe de que las huestes llevaban a aquella dirección.

Efectivamente, Hernández y Medina marcharon en dirección del hato en persecución de Peña y, al llegar a la mencionada hacienda, desencadenaron su embestida con un tiroteo disciplinado. Morazán estaba listo para resistir y tenía preparada la defensiva, por lo que personalmente se dedicó a dirigir el combate.

Tan atinado era su plan, que a las pocas horas de empezar el fuego, la defensiva se tornó en ofensiva y luego los atacantes emprendieron la retirada sin detenerse hasta llegar a Comayagua a unirse con el resto de las fuerzas del coronel Milla.

Este triunfo de las fuerzas legitimistas fue el primero de nuestro caudillo y el que marcó una etapa gloriosa en su vida para las luchas del futuro.

RESULTADO DE LA BATALLA

¿Cuál fue el resultado de la batalla librada en "La Maradiaga"?

Ya dijimos que el triunfo coronó con sus laureles al pequeño ejército que capitaneaba Morazán, pero nos resta decir que este agotó sus municiones y no pudo prestarle su ayuda a los sitiados de Comayagua. Sus fuerzas quedaron dispersas y solamente los jefes pudieron reunirse, después del combate, para disponer sobre el derrotero que deberían seguir.

Rápido en la acción y despejada la mente después del fragor del combate, sale acompañado de los mismos coroneles Díaz y Márquez, nuevamente para Tegucigalpa, en busca de nuevos contingentes para volver sobre la carga y aliviar la situación del jefe Herrera, que todavía peleaba con heroísmo y muchas desventajas contra Milla, quien le asediaba sin tregua ni consideración. Pero no le fue posible organizarse y, con verdadero sentimiento, marchó desconsolado para el pueblo de Ojojona, en donde se encontraba su familia.

Mas no descansó en la búsqueda de elementos para auxiliar al gobierno y, en cuanto supo que de El Salvador enviaban a Tegucigalpa al coronel Cleto Ordóñez con una fuerza para ayudar a Herrera, salió a unirse a esas fuerzas. Desgraciadamente, el coronel Ordóñez llegó cuando ya Herrera había capitulado y se encontraba preso, gracias a la traición infame del español Antonio Fernández, capitulación que se llevó a cabo el 9 de mayo del año citado.

Ordóñez regresó en vista de los acontecimientos de Comayagua; y con él se fueron Morazán, Díaz y Márquez, pensando siempre en aprovechar cualquier oportunidad para vengar a su patria de tan vil ultraje. Las fuerzas salvadoreñas iban con rumbo a Nicaragua. "Un incidente desagradable, que podía comprometer nuestro honor, nos obligó a separarnos de él en la villa de Choluteca", dice Morazán en sus Memorias.

¿CUÁL FUE ESE INCIDENTE?

Miguel Madueño, natural de La Habana (Cuba), había venido a Centroamérica en negocios de comercio y se dirigía, en aquella época, de la población de Apopa en El Salvador, con rumbo a Olancho, en este Estado, conduciendo un cargamento de mercaderías en veinticinco mulas (Doctor Durón); entre el 12 y el 15 de mayo de 1827 llegó a la hacienda de "Hato Grande" y, como los arrieros llevaban mulas propias y supieron que Milla había tomado Comayagua, tuvieron temor de perderlas y optaron por regresar al lugar de procedencia, dejando las cargas al señor Madueño, solo en dicha hacienda. Las fuerzas de Ordóñez lo encontraron allí y, para despojarlo de lo que llevaba, lo asesinaron vilmente.

Por tal motivo, Morazán y sus compatriotas enviaron un correo a Comayagua con un oficio en el cual pedían a don Justo garantías para regresar a Ojojona y permanecer allá dedicados al trabajo honrado. Aquel gobierno de facto les mandó, con el mismo correo, el pasaporte que les aseguraba las garantías pedidas, por lo que sin demora salieron para dicho pueblo. Pero al día siguiente de haber llegado se presentó a casa de Morazán un oficial que enviaba el comandante local de Tegucigalpa; fue capturado y enviado a aquella villa, con las seguridades del caso.

El Libertador Simón Bolívar decía: "Miren ustedes lo que son las cosas; si no hubiera enviudado, quizá mi vida hubiera sido otra; no sería el general Bolívar, ni el Libertador, aunque convengo en que mi genio no era para ser alcalde de San Mateo." Bolívar enviudó antes de cumplir dos años de casado, y ese infausto acontecimiento lo hizo, con el correr de los años, ascender a la gloria.

Así podemos decir de Morazán, que si el crimen del "Hato Grande" no se lleva a cabo, nuestro biografiado hubiera continuado su marcha con el coronel Ordóñez; no hubiera pedido garantías a Milla para quedarse en Honduras; ni lo habrían capturado en Ojojona para remitirlo a Tegucigalpa, ni mucho menos hubiera verificado la fuga de que hablaremos enseguida, lo que lo hizo rebelarse contra el despotismo de su patria, poniéndose en persecución del ideal unionista por el cual sacrificó su existencia.

Pues bien; veintidós días estuvo guardando prisión el esforzado soldado de la libertad. La celda era demasiado húmeda y sin ventilación, y los reos que albergaba eran numerosos, por lo cual Morazán enfermó y, en este estado, solicitó y le fue admitida fianza para mientras curaba con más comodidad, trasladándose a su casa.

Al verse libre, se disfrazó y pensó en huir, saliendo por Río Grande, donde lo esperaba una bestia ensillada, la que montó y arrendó rumbo sur. Al día siguiente fueron a buscarlo para hacerle una notificación y, como no lo encontraron, se libró exhorto a todo el país para su captura.

"Este juzgado sigue causa criminal contra el reo Francisco Morazán, como a uno de tantos facciosos contra el supremo Gobierno de la Nación",

decía el señor alcalde en funciones de juez de primera instancia.

Se le reputaba como "criminal faccioso", porque así convenía a los intereses particulares del verdadero criminal Justo Milla, quien había sido ascendido a coronel por los servicios prestados al jefe Arce, incendiando la que otrora fuera gran ciudad de Comayagua.

FUGA A LA INMORTALIDAD

En la obra del escritor Stefan Zweig, intitulada Nuevos momentos estelares de la humanidad, para hablarnos del descubrimiento del Océano Pacífico, titula ese capítulo con el sugestivo acápite de "Fuga a la inmortalidad", que ciertamente no fue otra cosa la huida de Vasco Núñez de Balboa, quien inmortalizó su nombre con tan intrépida hazaña en que descubrió aquella inmensidad de agua salada.

RESULTADO DE LA BATALLA

Ahora nosotros queremos poner ese mismo acápite a la fuga de Morazán, ya que ella tiene para nuestra historia toda la importancia que encarna nuestra vida de libertad. Nuestro personaje no emprendió su huida para salvarse de sus acreedores como el inmortal Balboa. Huía buscando auxilio para redimir a su patria, y la oportunidad se le presentaba cuando sus enemigos lo tomaban como reo de causa criminal por faccioso.

Lo hemos visto salir por Río Grande montando briosa cabalgadura y seguir rumbo a la frontera salvadoreña. Llega muy pronto al puerto de La Unión, donde tuvo una feliz entrevista con don Mariano Vidaurre, comisionado por el gobierno de El Salvador para lograr un avenimiento entre jefe y vicejefe del Estado de Nicaragua, que mutuamente se hacían la guerra por futilezas y ambiciones bastardas. Morazán se incorporó a los contingentes que llevaba el comisionado aludido y llegó a la ciudad de León.

El vicejefe Argüello le proporcionó ciento treinta y cinco hombres equipados, con los cuales regresó a Honduras, y en Choluteca recibió más tropas que le enviaba el gobierno salvadoreño, formando una división considerable para combatir a Milla y restablecer el orden constitucional.

Puso en marcha su ejército salvando con matemática precisión los collados, alturas y poblaciones que encontró a su paso, dejando enfermo en Pespire al coronel Márquez. Organizó la vanguardia con los coroneles Ramón Pacheco, Román Valladares y Díaz, quienes, siguiendo con exactitud el plan de ataque hecho por Morazán y bajo la dirección del mismo, atacaron al orgulloso Milla en la pequeña altura de La Trinidad, el 11 de noviembre de 1827, batiéndolo con tan denodado entusiasmo y heroico empeño que en pocas horas quedó derrotado aquel opresor que había colmado de oprobio el Estado, deponiendo al jefe Herrera y haciéndolo prisionero, con la sinrazón del que se pone al servicio de las malas causas.

Morazán, en sus Memorias, no da a la batalla más importancia que la contenida en estas lapidarias palabras:

"Y en el campo de La Trinidad, acreditar a los hondureños que era llegada la hora de romper sus cadenas."

¿Habrá necesidad de que dijera más sobre tan inmenso triunfo? A nuestro juicio, tan grande fue aquella victoria, que así como los grandes dolores son mudos, también lo son los grandes acontecimientos. El silencio, pues, expresa con mayor sublimidad aquel grandioso triunfo morazanista.

CAPÍTULO III:

"Dios pone signos en las manos de los hombres con el fin de que todos puedan conocer, anticipadamente, sus obras."

JOB

BRILLA EL SOL DE LA LIBERTAD

Esa batalla de grandes contornos redentores, a pesar de sus escasos comentarios, da el grado de General a Francisco Morazán y pulveriza los prestigios del coronel Justo Milla, quien es reconcentrado a Guatemala, donde se le inicia proceso por juzgarlo culpable de negligencia e incapacidad militar; y de sargento mayor de la Colonia y coronel de la Federación que era, pasa a ser un militar a quien jamás se le volvió a conferir mando directo, militando solamente como subalterno, porque los mismos serviles que lo empujaron a la lucha contra el gobierno de Honduras le negaron su confianza y lo veían como a un ente despreciable.

Al día siguiente, 12 de noviembre, sigue Morazán con su ejército para Tegucigalpa, donde organiza dos columnas: una de doscientos hombres al mando del coronel Díaz para que saliera a tomar San Pedro y desalojar al enemigo que se había parapetado en el castillo de Omoa; y otra al mando del coronel Pacheco, con igual número de soldados, para pacificar Gracias, con instrucciones de que, conseguido esto, saliera para la frontera de El Salvador, donde se uniría con Morazán para operar en territorio salvadoreño, pues la capital estaba sitiada por fuerzas de Arce y había que dar en tierra con los insurgentes.

Como dijimos en otro lugar, el presidente Arce organizó una tercera expedición contra El Salvador, nombrando jefe de ella al brigadier Perks, pero a este se le sublevaron sus subalternos y lo destituyeron, dejando como sustituto al general Manuel Arzú; ganaron la batalla de Chalchuapa y pusieron sitio a San Salvador, poniendo en serias dificultades al vicejefe Prado, quien pidió auxilio a Morazán.

Tan luego como tuvo noticias de estar pacificadas las plazas antedichas, preparó su viaje a Comayagua para reorganizar el gobierno, haciendo su ingreso en esta ciudad el 26 de noviembre citado; y en su carácter de presidente del Consejo Representativo convocó a ese alto cuerpo, quien, conforme a la ley, designó al general Morazán para que ejerciera el Poder Ejecutivo del Estado y nombró vicejefe al ciudadano Diego Vigil, en sustitución del traidor Justo Milla.

Con la derrota de este en La Trinidad, el coronel Vicente Domínguez, que acuartelaba en Mejicanos como insurgente del Estado de El Salvador, atrajo a los derrotados de aquel y los incorporó a su ejército.

Morazán encontró vacías las arcas nacionales cuando tomó el poder, y sin embargo, con su talento financiero y militar, organizó la hacienda y el ejército para marchar a El Salvador.

Con tal motivo envió algunas fuerzas auxiliares, pero Domínguez lo supo y salió de Mejicanos a su encuentro, derrotándolas en Quelepa. Este pequeño triunfo lo hizo dueño del departamento de San Miguel, donde cometió inauditos crímenes, siendo uno de ellos el escandaloso fusilamiento del general Merino, quien había embarcado en Acajutla en el vapor Caupolicán con rumbo a Guayaquil, su tierra natal; al llegar a La Unión fue sacado del barco, contra todo derecho y desoyendo la protesta enérgica del capitán del navío y sin respetar la bandera de Chile, bajo la cual navegaba aquella embarcación. Extraído el general Merino del barco mencionado, se le condujo a San Miguel, donde fue fusilado sin formación de causa.

Morazán sostenía correspondencia sobre un posible entendimiento con Domínguez para evitar el choque de sus ejércitos; pero este asesinato sin ninguna mira política, esta víctima sacrificada a la venganza ajena, cerró todos los medios de conciliación entre Domínguez y yo —dice Morazán en sus Memorias.

Para efectuar su marcha en ayuda de los salvadoreños, Morazán depositó el poder en el vicejefe Vigil y se puso al frente de las fuerzas expedicionarias, estableciendo su cuartel general en el pueblo de Texíguat; y ya en Choluteca, asumió el mando supremo militar y acordó tomar el ejército existente en aquella villa.

A LAS PUERTAS DE SU SEGUNDA BATALLA

El 4 de junio del año citado, emprendió la marcha de Choluteca el general Morazán, capitaneando seiscientos hombres y con rumbo a San Miguel, donde, como ya dijimos, se encontraba el coronel Domínguez, convertido en un reyezuelo. Este le hizo saber, por medio de una comunicación, la existencia de un tratado entre los gobiernistas de Prado y los invasores de Arzú; pero como nada se le había comunicado oficialmente a Morazán, continuó su marcha hasta llegar a Lolotique, lugar estratégico que le daba toda comodidad para resguardarse del enemigo y esperar allí un contingente que le enviaba el gobierno salvadoreño.

El coronel Domínguez, con todas sus fuerzas, vino a situarse a distancia de una legua, en el pueblo de Chinameca —señala Morazán—, y continúa diciendo:

"Hizo varias tentativas para forzar las guardias avanzadas colocadas en los desfiladeros que conducían a la altura que yo había ocupado; y aunque siempre fue rechazado con pérdidas, logró, sin embargo, ver desplegarse las fuerzas y se enteró de su número. La confianza que le inspiró este conocimiento le acreditaron sus hechos posteriores. Domínguez pudo muy bien contar nuestros soldados; pero pronto conoció, por una costosa experiencia, que no es dado calcular a un jefe mercenario el valor de hombres que defienden su patria y sus hogares."

Trescientos hombres salvadoreños al mando del coronel Ramírez marchaban apresuradamente a cooperar con Morazán, pero iban evadiendo siempre el peligro, pues era más que posible ser atacados por las fuerzas superiores de Domínguez.

Llegó el día 15 de junio y las fuerzas esperadas no llegaban a su destino. Morazán, que pensaba en las dificultades y peligros a que estaban expuestas, salió de Lolotique sobre el Lempa, con tan mala suerte, que se desencadenó un invierno crudo, impidiéndole pasar el río y viéndose forzado a acampar en la hacienda de Gualcho.

Domínguez, al saber el movimiento, se situó a una legua de dicha hacienda, pues fue víctima también del aguacero.

"A las tres de la mañana, que el agua cesó, hice colocar dos compañías de cazadores en la altura que domina la hacienda, hacia la izquierda, en razón de ser el único lugar donde debía presentarse el enemigo. A las cinco supe la posición que este ocupaba, y pocos minutos después, el jefe de una partida de observación aseguró que se hallaba a tiro de cañón de las dos compañías de cazadores."

—Memorias

El ejército de Domínguez era tres veces mayor que el de nuestro héroe. ¿Podría batirse este con aquel en tal situación? El genio medita serenamente y ve que retroceder es crear la desmoralización de sus soldados; y presentar acción en la hacienda, que estaba dominada por una altura de doscientos pies, equivalía a cometer una imprudencia militar.

Aquella mañana lluviosa y despejada tenía algo de lúgubre y algo de alegría infinita. Bajo el dombo azulado de un cielo enrojecido por los primeros rayos del sol, divisábanse los verdes campos del hato, perlados de rocío. Los soldados preparaban su frugal desayuno y Morazán meditaba y reflexionaba con la impasibilidad del genio consagrado.

PÓLVORA Y LAURELES

El peligro era inminente; era preciso desocupar la hacienda porque el enemigo triplicaba en número a las fuerzas de Morazán, pero para mantener la moral era necesario batirse y triunfar o sucumbir con honor. Las desventajas eran enormes y podía vaticinarse el fracaso ante las circunstancias esenciales del terreno y del tiempo.

Oigamos al General Morazán relatar los pormenores de la batalla:

"Conociendo el tiempo que debía de gastar la división en salvar la altura que se hallaba entre el campo y la hacienda, hice avanzar a los cazadores sobre el enemigo para detener su movimiento, porque, conociendo lo crítico de mi posición, marchaba sobre estos a paso de ataque.

Entretanto subía la fuerza por una senda pendiente y estrecha, se rompió el fuego a medio tiro de fusil, que luego se hizo general. Pero 175 soldados bisoños hicieron impotentes por un cuarto de hora los repetidos ataques de todo el grueso del enemigo. Este, obligado por instinto a tributar el respeto que se debe al valor, no se atrevió a hollar la línea de cadáveres a que quedó reducido el pequeño campo que ocupaban los cazadores, para detener la marcha que volaba en su auxilio.

El entusiasmo que produjo en todos los soldados el heroísmo de estos valientes hondureños, excedió al número de los contrarios. Cuando la acción se hizo general por ambas partes, fue obligada a retroceder nuestra ala derecha, y ocupada la artillería ligera que la apoyaba; pero la reserva, obrando entonces por aquel lado, restableció nuestra línea, recobró la artillería y decidió la acción, arrollando parte del centro y todo el flanco izquierdo, que arrastraron en su fuga al resto del enemigo, dispersándolo después en la llanura."

Esta desigual batalla pone de manifiesto el genio militar de Morazán, y cabe recordar las palabras de Napoleón:

"Hay dos poderes en el mundo: la espada y el espíritu. El espíritu ha vencido siempre a la espada."

Entre el fragor del combate de Gualcho se veía a un personaje vestido con levita abotonada, montando un brioso caballo, dando órdenes con la mayor serenidad como en un día de parada. Era Morazán, el héroe de aquella jornada.

El enemigo se había dispersado en una derrota vergonzosa. Los salvadoreños auxiliares que capitaneaba el coronel Ramírez oyeron las detonaciones de la artillería y aceleraron el paso; casi corrieron para tomar parte en la batalla, y cuando llegaron, la acción estaba concluida en su fase principal, pero ayudaron a la persecución de los desbandados.

Esta fue la segunda batalla ganada por Morazán, el 6 de julio de 1828, donde la gloria coronó sus sienes con los laureles del triunfo, eternizado por las estrofas del poeta que escribió el "Himno a los vencedores de Gualcho".

Sucesos de encadenamiento para futuras glorias

El sitio del general Arzú continuaba sobre la ciudad de San Salvador, y el general Prem, jefe de operaciones del gobierno sitiado, se encontraba en una situación difícil.

Morazán, después de la batalla de Gualcho, marchó para San Miguel, donde exigió un empréstito de los propietarios para agenciarse dieciséis mil pesos y poder con ellos gratificar a sus soldados con el medio sueldo que les había ofrecido y atender al vestuario de los mismos.

Desde luego, para obtener ese dinero se emplearon amenazas propias del estado de guerra y en consonancia con el modo comedido del jefe. El que se negaba a dar la cantidad que se le había asignado, era alistado en el Ejército Libertador; y como en todo tiempo los ricos viven sin hacer plaza militar, como reclutas tenían que sufrir reprensiones y castigos que se imponen a los tales. Por tal motivo, todos entregaron su cuota correspondiente, a excepción del terrateniente Juan Pérez, quien prefirió exponerse a los rigores del cuartel y, cuando ya los había sufrido, entregó los cinco mil pesos asignados para lograr su baja.

Todo el dinero fue distribuido por el propio Morazán, en la plaza pública y en presencia de los jueces municipales y de los ciudadanos Gregorio Ávila —quien contribuyó voluntariamente con géneros para dos mil vestidos de la tropa—, Pedro Gotay y otros vecinos más que presenciaron el acto.

Napoleón, cuando venció a los mamelucos en la campaña de Egipto, exigió al imperio vencido una indemnización para vestir, alimentar y pagar a sus tropas; no tuvo necesidad entonces de hacer empréstitos, porque los vencidos sacaron de las arcas nacionales todo el dinero que necesitaba para sufragar aquellos gastos.

Morazán no podía hacer lo mismo; los propietarios aristócratas costeaban los gastos de los invasores que ninguna responsabilidad tenían y, desde luego, era a los ejecutores intelectuales a quienes les debía exigir los valores que necesitaba para sostener el ejército que mantenía el orden y la tranquilidad general.

"Pero es falso que se haya cometido crímenes como aseguran sus enemigos. El único atentado que yo supiese y pudiera remediar —dice Morazán— fue cometido por el capitán Cervantes, que arrancó del cuello a una señora prestamista su cadena de oro, por lo cual fue sentenciado a muerte y fusilado en la plaza de San Salvador."

Medidas drásticas como la anterior no se pueden tomar en situaciones iguales, y solamente aquel jefe puritano pudo hacerlo en precisos momentos en que la división leonesa pedía su retiro del servicio, por cansancio y por ser todos voluntarios, pues no pertenecían a ningún gobierno.

El general Arzú, abandonando el sitio de San Salvador pero dejando fuerzas que lo sostuvieran en su ausencia, tomó una fuerte división y se puso en marcha para San Miguel con objeto de atacar a Morazán.

Este, para evitarle el paso por el río Lempa, salió para allá y, a no haber sido el descuido del coronel José del Rosario López Plata, no hubiera podido desembarcar. Y como su fuerza estaba disminuida con el retiro de los leoneses y algunas deserciones, Morazán tuvo que retirarse a Honduras, siendo perseguido por el enemigo hasta Nacaome.

Como la retirada del ejército libertador se efectuaba sin los caracteres de la derrota, Morazán, al llegar a La Venta, dejó al coronel Manuel S. Ramírez construyendo fortificaciones para detener al enemigo y, para el caso de que fuese atacado, le ordenó resistir mientras él regresaba. Para protegerlo, dejó también, en el pueblo de Ojojona, al coronel Manuel Escobar con una columna bien equipada.

Al llegar a Tegucigalpa tuvo noticias exactas de los sucesos acaecidos en su ausencia. El célebre Rosa Medina se había hecho jefe de los opotecas sublevados y con ellos tomó Comayagua. Para sofocar ese movimiento subversivo, hizo salir al coronel Márquez con seiscientos hombres, y todo fue llegar como entrar en acción y derrotar completamente a los sublevados el 11 de agosto de 1828.

NUEVOS LAURELES PARA EL HÉROE

Con la completa pacificación de Honduras, empezó Morazán a organizar su ejército para marchar con él al Estado de El Salvador y romper el sitio de la capital cuscatleca.

El día 8 de septiembre emprendió la marcha el Ejército Libertador, saliendo de Tegucigalpa con rumbo a la frontera salvadoreña, llevando el general Morazán mil doscientos hombres. Al mismo tiempo salió de Comayagua el coronel Márquez con cuatrocientos y se le unió en Guascorán. En este lugar, Morazán dictó el decreto por el cual quedaba encargado del poder el vicejefe Vigil y recibió también la noticia de que las fuerzas federales, comandadas por el coronel Montúfar y que mantenían el sitio de San Salvador, habían capitulado, gracias a la actitud del pueblo salvadoreño, a la firmeza y varonil decisión del gobierno que presidía Prado, y a la notable organización y dirección de la defensa de la ciudad mantenida por el general Juan Prem.

Con tan halagadora noticia dispuso Morazán dirigirse a San Miguel, donde ocupaba la plaza el general Arzú; este no quiso presentarle acción y saltó por la vía de Usulután buscando camino para Guatemala. Atravesó el llano de La Pava para internarse al departamento de Gracias. Morazán trató de ocupar aquel llano mientras la vanguardia enemiga se parapetaba en la margen izquierda de un riachuelo, y evitar que los morazanistas ocuparan las alturas que rodean la hacienda de San Antonio. Los libertadores no hicieron esperar la acción y se lanzaron contra el enemigo con tanto arrojo y valentía, que infligieron tremenda derrota a las fuerzas del general Arzú, coronando nuevamente la victoria a nuestro genio militar.

La capitulación de San Antonio, redactada por Morazán e inmediatamente firmada por el teniente coronel Antonio Aycinena, produjo un efecto sorprendente en el ánimo de los vencidos. No fueron estos tratados como prisioneros de guerra enemigos; antes bien, se les dio libertad y se les habilitó para que regresaran a sus hogares.

La capitulación del ejército de Aycinena fue propuesta por este cuando se vio completamente rodeado por los libertadores. El enemigo pasó toda la noche deliberando, hasta llegar a un acuerdo con respecto a la capitulación.

En las bases capitulares se consignó un artículo garantizando por parte de los vencidos la seguridad de los pueblos por donde tenían que transitar, y para que fuera más segura esta garantía, Morazán les entregó tres mil pesos y les dejó cien fusiles equipados con treinta cartuchos cada uno. Sin embargo, las tropelías cometidas por los vencidos en todos los pueblos por donde pasaron, llegando hasta el asesinato, fueron el motivo por el cual se les hizo prisioneros y se les trató como a traidores.

Con el triunfo de San Antonio, Morazán quedó victorioso y en aptitud de elevar muy alto la bandera de la redención, pues los Estados de Honduras y El Salvador estaban pacificados totalmente. La nobleza de Guatemala había mordido el polvo y se debatía forjándose ilusorios planes para tomar la revancha.

Nuestro héroe se dirigió a la capital salvadoreña, siendo objeto de múltiples manifestaciones de entusiasmo y gratitud en los pueblos de tránsito.

De San Salvador le enviaron varias invitaciones a Cojutepeque, en las cuales lo urgían a que pasara lo más pronto posible a la capital, donde lo esperaban ansiosos para ovacionarlo y conocerlo personalmente, ya que hasta entonces se le tenía como a un bienhechor desinteresado y desconocido. Pero él contestó en la siguiente forma:

Comandancia General del Ejército de Honduras, Defensor de la Ley

Al C. Ministro General del Supremo Gobierno del Estado de El Salvador:

En los momentos de llegar a este pueblo me ha entregado el C. Capitán Manuel Arellano la estimable comunicación de Ud., de 16 del presente. En ella me manifiesta los deseos de ese digno Jefe, y los de la Municipalidad y honrado vecindario de esa ciudad. Yo aprecio en gran manera las manifestaciones honrosas con que me quieren distinguir, por unos pequeños servicios con los que no he hecho más que llenar, en una mínima parte, mi obligación como centroamericano; y agradecería se omitiese todo aquello que puede ser molesto o gravoso a unos ciudadanos de cuyos sentimientos y bondad estoy íntimamente penetrado. Yo salgo de este pueblo mañana al amanecer, y si no llego a Soyapango a la hora que desea ese Supremo Jefe, pasaré en dicho pueblo todo el día.

Sírvase usted manifestarlo así, y aceptar las consideraciones del distinguido aprecio que me merece.

Dios, Unión, Libertad.

Cojutepeque: Octubre 21 de 1828.

F. Morazán

Con esta comunicación que condujo el propio capitán Arellano, salieron las comisiones especiales del gobierno y de las diferentes asociaciones a encontrar al Ejército Libertador al pueblo de Soyapango.

El día 23 del citado mes hizo su entrada triunfal el general Morazán a la capital salvadoreña, en medio de grandes demostraciones de aprecio y gratitud de todo el pueblo, quien acudió en masa y se posesionó de las calles para ver entrar al glorioso caudillo que llegaba por primera vez a la ciudad, que, ansiosa de conocerlo y de prodigarle su respetuoso saludo, le esperaba como a su hijo predilecto.

INCIDENTES DE ALGUNA IMPORTANCIA

Estando en San Salvador el general Morazán, y siendo el fin del mes de octubre, tuvo noticias de que el rico y extenso departamento de Olancho se había sublevado contra las autoridades constituidas, pues las intrigas clericales e imperialistas habían tomado como pretexto para excitar a la revuelta a aquellos pacíficos habitantes, la imposición de algunos impuestos vecinales. Tomaron las armas los olanchanos y procedieron al saqueo y a la carnicería más escandalosa.

Morazán lanzó un manifiesto al pueblo sublevado, invitándolo a que depusiera las armas y evitarse fatales consecuencias. Este documento, fechado el 22 de noviembre y expedido del cuartel general en marcha, decía:

Conciudadanos:

Cuando creía ir a disfrutar los inmensos bienes que proporciona el reposo, me veo en la precisión de emprender una nueva expedición contra vosotros. Cuando, a la vista sólo de los ejércitos de El Salvador y Honduras, todas las fuerzas enemigas han pedido rendidamente la paz, que se les ha concedido con bastante generosidad, vosotros provocáis una nueva guerra.

Tristes serán sin duda sus resultados y desgraciada la suerte de vosotros, directores.

He aquí condensados los ideales de paz y la conminatoria decisiva que les hace a los enemigos de ella, con una autoridad casi imponente y con la seguridad de llevar a cabo sus propósitos de represión.

Morazán trataba a sus conciudadanos con un cariño casi paternal; sus arengas eran a base de consejos y excitativas:

No conocéis que estos son vuestros enemigos, que se valen de vuestra inocencia para obligaros a trabajar contra los derechos más sagrados de los pueblos? Ellos os dicen que debéis ser neutrales para no dar dinero ni hombres que sostengan la libertad ultrajada por los nobles y godos de Guatemala. Pero ellos, al mismo tiempo, os aconsejan que debéis tomar las armas para sostener esa neutralidad contra el gobierno legítimo del Estado, que ha defendido siempre vuestros derechos. Examinad cuáles son los bienes que os brindan esos directores, y encontraréis en lugar de ellos los mayores males.

¿No revela este segundo párrafo de su proclama los sentimientos nobles y el espíritu altruista de aquel soldado de la patria?

Quieren que no toméis las armas contra la nobleza de Guatemala, porque ellos pertenecen a aquel partido. Quieren que no deis dinero para sostener la libertad, porque tratan de esclavizaros. Quieren que obréis contra el jefe legítimo del Estado, sin tener elementos ningunos para vuestra defensa, porque desean veros perecer, ya que no pueden tiranizaros; porque quieren de este modo embarazar las providencias de un gobierno que se ha dedicado siempre a sostener las leyes.

A cambio de usar la amenaza para intimidar a los revoltosos olanchanos que se mataban unos a otros, pretextando el exceso de unas contribuciones, usa palabras suaves y convincentes para evitar en lo posible el derramamiento de sangre fraterna. No los increpa de traidores y desleales; los exhorta con buenas razones y les hace ver claramente el error que cometen al dejarse empujar a la matanza por los esclavistas de todos los tiempos.

Calculad el cúmulo de males que va a producir vuestra resistencia, y desistid de semejantes proyectos; examinad el delito que comete un pueblo, sustrayéndose a la obediencia de la legítima autoridad, y volved a poneros bajo su protección.

¿Habrá reconvención más prudente que la contenida en este cuarto párrafo de la mencionada proclama? ¿Habrá mayor ecuanimidad y alteza de sentimientos nobles?

Yo creo no remitiréis a vuestras débiles fuerzas lo que se puede terminar por la razón. Me persuado que esta hará en vosotros lo que debía hacer el ejército que marcha a mis órdenes. Estoy convencido de que evitaréis con tiempo los males que os anuncio, y que un sincero arrepentimiento, una nueva conducta, me obligará a abrazaros como amigos, en lugar de trataros como rebeldes.

Y ese procedimiento empleado contra un puñado de sediciosos por un militar que sumaba en su haber tres victorias y contaba con un ejército valiente y lleno de entusiasmo guerrero, ¿no revela, una vez más, sus grandes dotes de predestinado? ¿Por qué no optó por ponerles un ultimátum en forma severa, ya que bien se lo merecían por sus actos de vandalismo?

53

Increpa de manera drástica y con severidad a los directores de la revuelta y los amenaza sin ningún temor. Les dice:

Directores enemigos de los habitantes de Olancho:

El valiente ejército que ha vencido en los campos de Gualcho y triunfado en las llanuras de San Antonio, marcha sobre ese departamento.

Nada tienen que temer sus sencillos habitantes, que engañados han obrado contra sus propios intereses.

Vosotros debéis aguardar toda clase de males si no restablecéis la quietud a esos pueblos y abandonáis vuestras miras ambiciosas de dominación.

Nada más claro que esas expresiones duras para los enemigos jurados de los pueblos. Morazán comprendía que los directores intelectuales de aquel movimiento eran los únicos responsables por sus perversos procederes, y era a ellos a quienes debería hacer sentir todo el peso de su autoridad.

MAGNANIMIDAD DEL HÉROE

Siempre los grandes hombres practican la magnanimidad. Unos lo hacen con respecto a sus subalternos y tratan despiadadamente a los jefes, por ser estos los verdaderos culpables. Y son muy pocos los que la practican en forma general.

Morazán está catalogado entre los últimos. Estando ya en San Salvador fue depuesto de la presidencia de la República el general Manuel José Arce, quien tuvo que refugiarse en Santa Ana. Jefe Político de la capital era el ciudadano Manuel Rodríguez y recibió orden del Ministerio respectivo de hacer salir del Estado al general Arce. Morazán comprendió que aquella medida tomada con el expresidente le causaría un disgusto al mismo, y en sus Memorias hace este relato:

"Una persona afecta al mismo Arce me suplicó evitase a este Jefe el disgusto de ser conducido hasta el río de Paz por una partida de soldados que tenía ya preparados el Jefe Político. No quise perder la ocasión de acreditar a Arce que había yo olvidado la memoria que hizo de mí en la lista que dirigió al coronel Milla, para que, en unión de otros, me remitiera preso a Guatemala, a pesar del salvoconducto que me dio este Jefe.

Con aquel objeto mandé al coronel Gutiérrez que comunicase al presidente (Arce) la orden del gobierno, y le expresase mis deseos de evitarle el compromiso en que podía colocarlo su permanencia por más tiempo en Santa Ana.

Pero este hecho lo tuvo Arce como un agravio, según se expresa en sus Memorias, aunque yo lo consideraba como un servicio, puesto que le suplicaba lo que podía mandarle con el mismo derecho que él quiso se me condujese preso a Guatemala.

Con el mismo derecho digo, porque él usó de la fuerza para obrar contra mí, no estando autorizado por la ley, y yo podía haber usado también de esa fuerza, en justa represalia, cuando me tocaba a mi vez."

Nuestro biografiado aprovechó su estadía en la capital cuscatleca para disciplinar y organizar el ejército que debería seguir sosteniendo la Federación y, con ella, los principios liberales que venía implantando desde el recordado triunfo de La Trinidad. El gobierno salvadoreño estaba de lleno en esa campaña y se le presentaba propicio el campo para su organización perfecta.

Así terminó el año de 1828, durante el cual hubo una serie de sucesos importantes, como lo hemos relatado.

CAPITULO IV: RUGE EL CAÑÓN

Donde hay voluntad, hay un camino.
ABRAHAM LINCOLN

EL EJÉRCITO EN MARCHA

La aristocracia guatemalteca había perdido sus prestigios a fuer de tantos descalabros y de sus muchas perversidades.

El 22 de enero de 1829 hubo un levantamiento en la Antigua Guatemala, con tan buenos resultados que hasta las autoridades del departamento se adhirieron al movimiento. El jefe político, Sebastián Morales, asistía a las juntas que tenían los revolucionarios y acordaron no reconocer más autoridad que las disueltas en 1826.

El entusiasmo era delirante; la muchedumbre se veía satisfecha ante la solución de un problema de vital importancia para su vida independiente. Entre el brumoso amanecer de aquella ciudad legendaria, entristecido por el ambiente sombrío que sus majestuosos volcanes engendran, un sol irradiaba con destellos sublimes: el sol de la Libertad.

El propio jefe político Morales salió para la ciudad de San Salvador, comisionado por los revolucionarios para conferenciar con Morazán; y con los documentos necesarios que lo acreditaban como tal emisario, puso a la región sublevada de Guatemala al amparo de este jefe, quien aceptó tal responsabilidad, en vista de la espontaneidad con que se le ofrecía aquella decisión.

Así fue como nuestro caudillo se trasladó de San Salvador a la ciudad de Ahuachapán, con dos mil soldados, habiéndolo nombrado la Asamblea Nacional para el alto cargo de General en Jefe del Ejército Centroamericano, y este tomó el nombre de Ejército Aliado Protector de la Ley, componiéndose de hondureños y salvadoreños.

Como se ve, la organización de este ejército no tenía por miras dedicarse al saqueo de la ciudad de Guatemala, como afirma el doctor Francisco Asturias en su obra Belice, edición de 1941, página 92; Morazán no había impulsado la sublevación de la Antigua y de ella tuvo conocimiento cuando el jefe Morales llegó a comunicársela; luego, la afirmación de Asturias al decir que El Salvador y Honduras se ocupaban de atacar a Guatemala, carece de fundamento.

Cuando estaba ya provisto de todo lo necesario para continuar la marcha, Morazán dio la orden respectiva y salió una división de mil hombres al mando del general Prem, con destino a Chiquimula, de donde seguiría hacia la capital federal, haciendo alto en la hacienda de Aceituno, mientras llegaba la hora de atacar.

La otra columna de soldados, de igual número, salió al mando del propio Morazán, quien entraría a la capital por el lado de Pinula.

Así emprendió la marcha aquel ejército que llevaba la misión de deponer a las autoridades que oprimían al pueblo guatemalteco y que estaban procurando por todos los medios sembrar la cizaña en los otros Estados, como lo dejamos demostrado.

En Chiquimula se encontraba el coronel Domínguez, derrotado en Gualcho, y estaba dispuesto a acreditar sus galones en esta nueva lucha, por lo que tomó sin demora las llanuras de La Arada y se desplegó con su gente por el callejón del Junquillo, para esperar al ejército que comandaba el general Prem; este comprendió la situación que le daba a sus enemigos las ventajas del terreno y lo forzó a desocupar aquellas estratégicas posiciones. Domínguez quiso hacer resistencia en los callejones de Guastatoya, pero el resultado fue el mismo de Gualcho, quedando en pocas horas derrotado, de manera vergonzosa.

Morazán, en su marcha, llegó a Corral de Piedra, donde se le unió el general Isidoro Saget, quien comandaba una división antigüeña.

Al eco de aquella marcha, cuyo bélico rumor parecía vibrar en ondas de entusiasmo de uno a otro extremo de la patria, los enemigos incorregibles de su grandeza y unidad, agitábanse en un ir y venir por todos los pueblos de Guatemala, predicándoles por medio de sus frailes y sus monjas todos los absurdos sobre aquel avance que, como un carro de Ezequiel, parecía dejar abiertos los surcos de la verdad sobre aquellos pueblos fanatizados.

El arzobispo Casaus y la madre Teresa pusieron en juego todos sus recursos: él, vaciando en sus sermones y pastorales todo el odio hacia aquel genio, impregnándolos con anatemas a su nombre; y la otra, haciendo más objetivas e impresionantes sus conferencias con la

Divinidad, anunciaba a las concurrencias fanatizadas y sumisas haber visto palmas en el cielo, como emblema de gloria, que vendrían a aureolar las frentes de todos los mártires que se sacrificasen por la religión que iban a destruir los invasores.

Y, como si esa persuasión beatífica no bastase para reunir a los combatientes con que se esperaba defender la capital, los intereses y la vida preciosísima de los nobles, se manifestó aún más la propaganda por medio de bandos y decretos, en los que se amenazaba con la muerte y la maldición eterna a todos aquellos que no acudieran a tomar las armas.

MORAZÁNIDA

Como en Chiquimula enfermó de alguna consideración el general Prem, fue sustituido en el mando por el coronel Enrique Torrelonge, quien acampó en Aceituno como estaba convenido con el general en jefe.

RUGE EL CAÑÓN LIBERTADOR

Guatemala estaba guarnecida por una triple línea de defensa.

La primera, o exterior, comprendía por el Sur el que era conocido por el nombre de Buena Vista, extendiéndose por el Oeste hasta la Barranca del Incienso, y por el Este, hasta más allá de La Barranquilla. Del lado del Norte, la línea se trazó sobre las garitas del Golfo y de Chinautla, formando así un perímetro de Nor-nordeste a Sur-sureste, y de tres cuartos de legua de Este a Oeste. En cuanto a las dos líneas anteriores, de las cuales sólo la cercana a la plaza quedó concluida, consistía en un cordón de barricadas o parapetos, llamados aquí impropiamente trincheras.

—Miguel García Granados.

Con las noticias que Morazán tuvo en Pinula, envió una división a la Antigua para que tomara aquella ciudad, lo que lograron con la cooperación del coronel Nicolás Raöul, soldado que había militado en las campañas de Napoleón Bonaparte en Europa, siendo ahora de los perseguidos por Aycinena. Otra división, al mando del coronel Cerda, la envió a Mixco, con el objeto de cortar la llegada de víveres al enemigo de la capital, y llevaba órdenes de fortificar bien la población. Desgraciadamente, la poca pericia militar de Cerda le impidió cumplir lo ordenado, y el 18 de febrero por la noche fue atacado por el coronel Pacheco, que tenía una fuerza de mil hombres, y quien lo derrotó completamente.

Morazán, al entrar a la Antigua, organizó el gobierno con los mismos elementos que Arce había disuelto, nombrando jefe del Ejecutivo al senador Mariano Centeno, pues Barrundia se encontraba ausente.

La derrota de Cerda la refiere Morazán en estos términos:

"Este jefe, a quien sólo conocía por la buena recomendación que de él se me había hecho, se confió de un valor de que carecía.

Ni quiso fortificarse, ni tuvo la presencia de ánimo, ni arrojo que se necesitaba para defender un puesto que fue sorprendido por el enemigo. Cerda acreditó con esta derrota su ineptitud, y el enemigo su crueldad con el asesinato de los vencidos."

El triunfo de Mixco alentó a los serviles, quienes creyeron que la hora había sonado para sus victorias. Morazán pensó en vengar al ejército y, como el enemigo cargaba sobre los derrotados del coronel Cerda, salió de la Antigua al encuentro de las tropas contrarias; y oigámoslo a él:

"Yo marché inmediatamente a su encuentro; pero las noticias de los espías me persuadieron de que no lo encontraría en el camino que yo llevaba. Regresé por esto a la ciudad, dejando a las órdenes del coronel Torrelonge un batallón y un escuadrón para que explorara el campo. En San Miguelito, distante una legua de la Antigua, se encontró este jefe con el enemigo, y se batió con tal ardor, que la infantería, que había sido rodeada por aquél, se defendía a la bayoneta de tal modo, que se confundió con los contrarios y se le consideraba ya muerto o prisionero.

En este momento, usando de su arrojo acostumbrado, el teniente coronel Corzo, comandante del escuadrón, cargó con cuarenta dragones sobre el enemigo, con tan buen éxito, que llegó a tiempo de salvar nuestra infantería, que todavía peleaba sin quererse rendir.

Los contrarios retrocedieron asombrados, y una segunda carga completó su derrota. Cuando recibí el parte de que el coronel Torrelonge se hallaba al frente del enemigo, marché con el resto del ejército. Las descargas seguidas que oía en el camino me acreditaron que aquel jefe se había comprometido en una acción con tan poca tropa, pero todos mis esfuerzos por tener parte en ella fueron inútiles.

Sólo llegué al campo de batalla para premiar el valor, socorrer a los heridos y proteger a los prisioneros. Perseguí los restos del enemigo hasta Sumpango, y pasé al día siguiente al pueblo de Mixco, en donde permanecí algún tiempo."

Con la sencillez que le era característica a nuestro héroe, ha narrado los sucesos anteriores en sus Memorias. Es de advertir que en ellas no se les da importancia a sus batallas y omite casi siempre algunos detalles que pudieran darle mayor relieve a su personalidad.

El triunfo de San Miguelito fue el 6 de marzo de 1829; coincidencia rara: un día antes, la Asamblea Nacional del Estado de Honduras eligió a Morazán Jefe del Ejecutivo, pero como su ausencia tenía que prolongarse, continuó en el poder el vicejefe Diego Vigil. Esto prueba, además de sus prestigios, el desinterés con que luchaba, pues no ambicionaba más que la libertad de su patria y la redención del pueblo centroamericano.

DIEZ DÍAS DE GRANDES PREPARATIVOS

En su persecución contra el enemigo, llegó a Mixco y trató de restablecer sus posiciones con toda la pericia que aconsejaba el buen sentido y sus grandes conocimientos en el arte de la guerra.

Los serviles estaban anonadados y:

"Perdidas las esperanzas del triunfo y convencidos de la impotencia de sus armas, los nobles de Guatemala, reducidos como estaban a sus fortificaciones, apelaron a la mediación del representante de Holanda en Centroamérica, el general Nerveer, para pactar la paz con los aliados.

Dicho mediador, inclinando sus parciales simpatías a favor de la nobleza, interesábase tanto más a que se ajustasen los términos de paz, cuanto más veía perdida la causa de sus favorecidos.

Hubo, pues, con tales propósitos, conferencias en la hacienda Castañaza, pero fracasaron".

Morazánida.

En Quezaltenango esclavizaba al pueblo un hombre funesto que se llamaba José Antonio de Irisarri, enviado allá por Aycinena para ese efecto. Morazán quiso librar a aquellos pueblos de semejante plaga y para ello envió una división al mando del coronel Jonama. Al aproximarse las fuerzas de este, el pueblo se sublevó contra su opresor. El general Miguel García Granados dice:

"Irisarri era hombre duro, inflexible y con poco tacto para manejar nuestros pueblos. La administración de Guatemala estaba allí desprestigiada y encontró resistencia que creyó vencer con el rigor. Morazán envió una división en su seguimiento; los pueblos, sabiendo que serían sostenidos y auxiliados, se sublevaron contra Irisarri, lo derrotaron e hicieron prisionero."

Morazán, que estaba acuartelado en Mixco, no descansaba haciendo los preparativos para lograr la rendición de la capital. Iba y venía de un lugar a otro, visitando las diferentes líneas para alentar con su presencia a sus bravos y denodados soldados.

Aquellos amaneceres impregnados de una húmeda brisa que caía lentamente sobre la hierba que alfombraba los campos, se sucedían diariamente; y el sol de marzo tostaba la tez de los soldados que formaban la legión libertadora. La vida del vivac no se hacía pesada porque los que la convivían estaban llenos de entusiasmo y de fe, de esperanza y de ardor patrios.

Morazán formulaba sus planes con la serenidad que le era peculiar y con el acierto del que conoce a fondo los asuntos que le están encomendados. Pensaba en la victoria porque comprendía que servía una causa justa, pues luchaba por el implantamiento de la ley.

El partido servil se veía debilitado pero contaba con el fanatismo de sus adeptos y las prédicas constantes de los sacerdotes, quienes no omitían medio alguno para imprecar a los aliados y conminarlos en el sagrado nombre de Dios.

Por fin nuestro ejército con su heroico jefe se traslada a la hacienda de Aceituno para ultimar los preparativos del ataque a la capital.

MEMORABLE BATALLA DE LAS CHARCAS

Como la primera división del ejército aliado había marchado a Los Altos para ayudar a los altenses y el enemigo sabía perfectamente que Morazán quedaba con pocos recursos para hacer el ataque, en cuanto este se movilizó para la hacienda de Aceituno, aquel hizo mover sus fuerzas al mando del coronel Prado para iniciar la ofensiva.

Morazán llegó a la hacienda de Las Charcas y luego divisó que a una distancia como de un kilómetro flameaban las banderas enemigas y ya se distinguían las columnas de soldados del gobierno de Guatemala. La mencionada hacienda estaba ubicada en una extensa llanura, libre de emboscadas; la planicie verdeaba como una alfombra tendida sobre el tálamo donde el genio, majestuoso y grande, iba a desposarse con la diosa Victoria.

La lucha sería cruenta y desigual. Los ejércitos gobiernistas eran tres veces más numerosos que los aliados. Estos estaban ansiosos de batirse porque tenían la certeza de triunfar. Aquellos vacilaban y por eso caminaban con marcada lentitud.

Llega el momento decisivo. Quinientos soldados de la vanguardia de Prado, auxiliados por varias guerrillas de cazadores, rompen el fuego contra los libertadores, quienes contestan impávidos y disciplinadamente, con un valor y una decisión que solo se observaba en los ejércitos de la antigua Grecia, cuando defendían palmo a palmo su soberanía. El empuje es formidable y la resistencia acerada de la gloriosa división se hace infranqueable.

Morazán espera con ansiedad la acometida general de Prado; este vacila pero está comprometido, toda vez que ha sido el atacante, y retroceder sería nulificarse prematuramente.

La calma se prolonga más allá de lo calculado y, al comprender el significado de esa suspensión, que aún mantenía a la misma distancia a los otros combatientes, lanza a dos compañías de cazadores sobre el flanco derecho enemigo, las que a la vez que derriban al contrario en terrible acometida, hacían estallar algunas bombas en uno y otro cuerpo, cuyo estrago infundió tal pánico entre los soldados de Prado, que muy pronto la infantería, seguida por la artillería, apelaron a la fuga.

MORAZÁNIDA

Pudiera decirse que esta fue una batalla de una sola fase, pues el enemigo no entró en acción simultánea con todo su ejército. Al contrario, se dejó batir en detalle y nuestro héroe, más militar que sus adversarios, supo aprovechar la ocasión y con varias cargas certeras puso en fuga a los serviles que se habían colocado a la vanguardia. La retaguardia optó por lo más fácil y menos peligroso: siguió a los derrotados sin disparar sus fusiles.

El desorden de aquella bochornosa fuga fue a poner en aprietos a las fuerzas que defendían la capital. El clero, capitaneado por el arzobispo Casaus y las beatas dirigidas por la madre Teresa, estaban desilusionados interiormente, pero siempre azuzando al pueblo y colmando de improperios a los libertadores.

Fue el 15 de marzo cuando nuestro héroe se cubrió de gloria en los históricos campos de la hacienda Las Charcas.

SUCESOS SUBSIGUIENTES

Al día siguiente de la batalla de Las Charcas —dice Morazán— marché a la hacienda de Aceituno, en donde permanecí hasta la llegada de la tropa que se hallaba en Quezaltenango, de la que se reorganizaba en la Antigua Guatemala, y reclutaba en el Estado de El Salvador.

Pocos días después me dio parte el coronel Jonama de haberse echado el pueblo del barrio sobre los enemigos, y entregándoles prisioneros a los principales jefes. Pero a esta noticia, que no podía ser más satisfactoria, añadía otras sumamente desagradables. Me aseguraba que el teniente coronel Menéndez había sublevado contra él la división, a pretexto de obrar de acuerdo con los enemigos, por el buen trato que diera, en cumplimiento de mis instrucciones, al coronel Irisarri y demás prisioneros; y que la viruela maligna, que había comenzado a propagarse entre los soldados, le obligaba a regresar al cuartel general. Temiendo que muy pronto cundiese esta epidemia en todo el ejército, tomé varias precauciones para evitarla, aunque no quedé satisfecho por no haber encontrado la vacuna.

El general Morazán pensaba siempre en economizar la mayor sangre posible, y con tal propósito aceptó la mediación del ministro de los Países Bajos, general Verveer, y se reunieron en el sitio de Ballesteros los ciudadanos Arbeu, por el vicepresidente de la República; Pavón, por el Gobierno del Estado de Guatemala; Morazán, por el de Honduras y Nicaragua; y el general Espinosa, por el de El Salvador. Discutieron y al fin fueron desechadas todas las proposiciones.

Sin embargo, Morazán deseaba una transacción para evitar la guerra, pues temía que la viruela se propagara y le diezmara sus tropas; y de acuerdo con el general Espinosa propusieron cuatro puntos principales para llevar a cabo un arreglo satisfactorio. Estas bases eran:

a) Establecer un gobierno provisorio en el Estado de Guatemala, compuesto por un triunvirato de los ciudadanos Mariano de Aycinena, Francisco Morazán y Mariano Prado;

b) Que los ejércitos se redujeran a mil hombres, mitad guatemaltecos y mitad salvadoreños;

c) Que el Gobierno debería establecerse en Pinula y trasladarse después a la capital con su ejército para mantener el orden del Estado;

d) Olvido de lo pasado.

Tal proposición no podía ser más liberal, pero el servilismo es orgulloso y creyó tal vez una humillación la propuesta del jefe que con valor y gallardía derrotó a los ejércitos de Prado en Las Charcas. Así, aquellos cuatro puntos fueron desechados por el conservatismo, siendo por lo tanto ellos responsables de las ulteriores consecuencias.

La suerte estaba echada. El ejército aliado no tenía otro remedio que atacar y vencer a un enemigo debilitado por sus desprestigios y por su marcada intransigencia.

CAPITULO V: MAGNANIMIDAD EN LA VICTORIA

Los ideales dan confianza en las propias fuerzas.
JOSÉ INGENIEROS

ACONTECIMIENTOS PRELIMINARES

Agotados todos los medios pacíficos para obtener la paz deseada, Morazán aceptó el reto de sus adversarios tan tenaces como obcecados y empezó a preparar sus planes para atacar la ciudad de Guatemala.

La región de Los Altos estaba ya libre de la opresión de sus déspotas y todos los Estados habían acogido con patriótico entusiasmo los principios de la revolución. El ambiente era propicio y el ejército aliado estaba decidido a terminar su grande obra, cuya realización impedía algunas peripecias que luego harían olvidar las grandezas del triunfo.

El coronel Jonama estaba ya al frente de las operaciones con las tropas que habían libertado a los altenses y otra división que se le había agregado.

Morazán había logrado aislar la epidemia de sus soldados y tenía confianza en que, estrechando más y más el sitio, evitaría las mayores pérdidas posibles del enemigo y de los suyos. Su objeto principal era economizar sangre fraterna y hacer una campaña de liberación y no de exterminio.

Llegó el 6 de abril y nuestro glorioso capitán anunció haber terminado la elaboración de sus planes, que encerraban un ataque combinado, matemáticamente exacto. Los jefes y oficiales recibían un minucioso detalle de las instrucciones para poder obrar bajo la mayor unidad de acción. Todo estaba listo, y en lugar de que los soldados estuvieran cariacontecidos por la proximidad de la lucha, en sus semblantes se veía reflejada la alegría y aquellos corazones rebosaban del entusiasmo más patriótico y viril.

El día 7 del mes citado, el coronel Nicolás Raöul practicó los reconocimientos previos al desarrollo de los planes militares elaborados por Morazán; y con toda la caballería y dos compañías de infantería, exploró el campo situado al poniente de Buenavista, para fijar en este punto la atención del enemigo.

Es de advertirse que Raöul estaba designado para ejecutar la mayor parte de las instrucciones que el día 6, como dijimos, había dado el general en jefe.

El día 8 se distribuyeron todas las instrucciones mencionadas y Raöul salió del campo con toda la caballería, tres divisiones de infantería, la artillería y el escuadrón "Charcas" (1), marchando con el resto de los contingentes aludidos hacia la garita de Mixco para hacer así un desfile ante el enemigo, y que este creyera la notificación que le hizo Morazán a los espías, de que esa noche salían mil hombres para San Salvador, en virtud de haber conatos de revolución en aquella capital y que el resto de las fuerzas se retiraba a la Antigua, para esperar una mejor oportunidad para hacer el ataque. Si este ardid del estratega no surtía sus efectos, por lo menos haría comprender que sería atacado por la derecha, pero parece que sí resultó buena aquella maniobra, pues el enemigo sacó en la medianoche a las fuerzas de la garita del Golfo y de Chinautla, pasándolas a Buenavista, y exploraron el terreno de Mixco para observar la marcha de los aliados a la Antigua.

El sargento mayor Estupiñán era el comandante de los falsos ataques y había recibido del coronel Raöul las siguientes instrucciones:

Colocará tres guardias de caballería de doce hombres cada una sobre el frente de las fortificaciones del enemigo, desde La Barranquilla hasta el lado opuesto de Buenavista: cada gran guardia colocará tres centinelas a caballo sobre este frente, como a dos cuadras de su puesto; estas avanzadas, colocadas de día a distancia libre de los fuegos, se acercarán de noche a las fortificaciones, de modo que se reúnan en una de las tres avanzadas como al centro; las centinelas se retirarán en el mayor silencio cuando sea de noche y, en el curso de la misma noche, se mandarán muy cerca de las fortificaciones, patrullas de cuatro soldados y un cabo; cuando se acerquen al foso, uno se apartará como a una cuadra de la patrulla y dará el "¿quién vive?" a los otros; estos responderán una vez: "ronda mayor"; la centinela llamará de fingido al cabo de guardia, haciendo las demás formalidades de recibirlo y, para el buen éxito de la operación, la hará en persona el comandante de los falsos ataques, repitiéndola en cuatro puntos por lo menos, desde La Barranquilla hasta el otro lado de Buenavista.

Otra vez mandará dos soldados cerca de las fortificaciones, en los lugares ocupados por el enemigo; después que uno haya dado el "¿quién vive?" y haber respondido "San Salvador", este preguntará al otro en dónde está la primera división, a quien le responderá en muy alta voz: "Tomó el camino para la Antigua"; sobre otro punto, haciendo lo mismo y preguntando por la tercera división, contestarán: "Marchó a San Salvador".

A las tres de la mañana un tambor tocará diana; inmediatamente una de las dos bandas que se quedarán en la guardia de Mixco, tocará en este mismo punto y la otra a dos cuadras por lo menos; cada banda tocará diana en dos lugares diferentes; después, juntas, la llamada, y a las cuatro de la mañana precisamente, marchará hacia las fortificaciones; cuando estén a una distancia racional de ellas tocarán ataque y los que tengan armas harán algunos tiros; toda la caballería de los falsos ataques reunida en un punto, fingirá cargar sobre Buenavista; después de un rato harán silencio; el comandante en alta voz gritará que el general manda que se aguarde el día, regañando mucho en nombre del general por haber atacado importunamente; verificado todo esto, todos los individuos de los falsos ataques se reunirán y se retirarán por Ciudad Vieja al lugar donde esté el ejército.

El coronel Raöul tenía orden de reunir la mayor parte del ejército en la charca de Santo Domingo y mandar al escuadrón Charcas al Aceituno a reunirse con la segunda división que estaba a las órdenes del coronel Gutiérrez, quien debía salir de su campo a las diez de la noche para obrar conforme instrucciones especiales. A las nueve de esa misma noche, Raöul llegó de vuelta a San Pedro Las Huertas y, cumpliendo las órdenes recibidas, envió los contingentes ya dichos al coronel Gutiérrez y las siguientes instrucciones escritas:

Artículo 1.—El escuadrón Charcas, a las órdenes del teniente coronel Corzo, se agregará a su división a las diez de esta noche.

Artículo 2.—Como este escuadrón vendrá a San Antonio Las Huertas por el camino recto de la charca de Santo Domingo, será preciso que Ud. haga mantener un fogón en el lugar donde está acuartelado el batallón N° 8, para que sirva de punto de dirección al teniente coronel Corzo y no se extravíe en la marcha de noche.

Artículo 3.—Unido el escuadrón a su división, se pondrá Ud. en marcha para la garita de Chinautla, pasando por el molino de La Merced, o si fuere posible no dar esta vuelta, tomará un camino más corto, haciéndolo reconocer con mucha escrupulosidad, a fin de que no resulte ningún embarazo.

Artículo 4.—Como las marchas de noche son llenas de dificultades y exponen los soldados a extraviarse, y del orden perfecto de esta depende la suerte de la República, el comandante de la segunda división tomará todas las precauciones que estén a su alcance, y entre ellas la más importante es hacer un alto de diez minutos cada cuarto de hora.

Artículo 5.—Llegado con toda su fuerza arriba de la laguna de la garita de Chinautla, hará sus disposiciones para pasar el foso del guarda de la derecha de ella, de modo que vaya a resultar al potrero de Martínez, sirviéndose como prácticos de los tres patriotas que llegaron ayer de la capital por una vereda que atraviesa el potrero de Moreno.

Artículo 6.—Ud. mandará dos cuartos de caballería en el llano que está entre la ciudad y las dos garitas, con el fin de observarlas y hará guarnecer con su infantería los fosos que separan los llanos del potrero de Martínez, mientras que un batallón a las órdenes de un oficial de toda su confianza marche a ocupar el cerro del Carmen por la vereda del potrero de Moreno ya referida.

Artículo 7.—Si el ataque del Carmen tiene buen éxito, Ud. marchará con toda su tropa a ocupar la plazuela de San José el Viejo, mandando una compañía en el potrero de los Matamoros, a fin de destruir, en caso de resultar desgraciado el ataque que va a dirigir; debe verificarse por la calle que va a la plazuela de San José a los baños del Administrador, y de allí a Aceituno, por una vereda que indicará uno de los patriotas que han venido por esa dirección.

Artículo 8.—Al mismo tiempo Ud. mandará una partida de caballería por la calle más exterior, cual es la de Las Tenerías, hasta el potrero de Eustaquio, detrás de Santo Domingo, con el fin de establecer sus comunicaciones con el ataque mayor que debe dar una división del ejército de este convento.

Artículo 9.—El oficial encargado de la ocupación del Carmen prescindirá de ella, en caso de encontrar resistencia, e irá a esperar las órdenes de Ud. detrás de la iglesia de La Candelaria, mientras que él mande algunas partidillas en dirección al convento de La Merced, para saber si el enemigo lo ocupa.

Artículo 10.—En fin, señor Coronel, las instrucciones no pueden indicar sino los puntos generales que coordinan sus esfuerzos con las disposiciones del general en jefe: a lo imprevisto, Ud. opondrá el valor de nuestra tropa y la decisión que caracteriza a Ud.; debemos ser persuadidos todos que mañana se levantará sobre Guatemala el sol de la libertad, o que va a hundirse en la noche de la impostura: que la patria nos mira y que no hay medio para nosotros entre vencer o morir.

FULGOR DE UNA BATALLA

Asediada la capital y ya con todos los preparativos, la ejecución del plan concebido era lo único que faltaba.

En aquellas llanuras extensas y escarpadas podían avistarse muy bien los batallones de caballería que montaban cabalgaduras de diferentes clases y tamaños; las bandadas de soldados patriotas esperaban serenos la hora de prueba; y de cerca se llegaba a escuchar el canto añorante y decidor de los gratos recuerdos familiares que suelen evocarse en los campamentos.

Los grillos chillaban ensordecedores en la vasta extensión, como las últimas plegarias del rito cuaresmal.

Conocidas las instrucciones y llegado el momento, Morazán dio la orden de ataque en todos los sectores. El enemigo estaba acampado en diferentes posiciones y esperaba con sobresaltos el desencadenamiento de los sucesos.

Morazán tenía fe en lo bien coordinado de sus planes y en que la ejecución de los mismos sería matemática, dada la pericia y voluntad acerada de sus jefes subalternos. La noche se presentaba oscura y silenciosa; la brisa que corría era vaporosa y todo el conjunto infundía absoluto respeto.

Se oyeron por La Barranquilla los alertas:

—¿Quién vive?

—Ronda mayor.

Luego las demás ritualidades para hacer avanzar al visitante y recibirlo. Después y más allá de Buenavista:

—¿Quién vive?

—San Salvador.

Era el jefe de los falsos ataques que cumplía fielmente las instrucciones recibidas del coronel Raöul. Eran los gritos del patriotismo y de la lealtad que anunciaban el principio de una jornada gloriosa que debía libertar a los ciudadanos oprimidos por tan nefanda tiranía.

El coronel José María Gutiérrez emprendió su marcha a las doce de la noche con una división, una compañía de dragones y una sección de alumbrado y ordenanzas que iban a las órdenes del teniente coronel Doroteo Corzo; la marcha era imponente y silenciosa y llevaba dirección del molino de La Merced.

Al amanecer se oyeron nutridas descargas de fusilería sobre las fortificaciones enemigas de Chinautla; los vivas fueron entusiastas y la lucha se hizo intensa y rápida. Eran el oficial Calderón y el teniente coronel graduado Felipe Peña quienes hacían tan singular embestida, pues como el camino que seguían bajo las órdenes de Gutiérrez era poblado de malezas y la oscuridad excesiva, no pudieron llegar de noche a Chinautla, como esperaban, y tuvieron que atacar por la mañana antes de ser descubiertos.

El enemigo perdió diez hombres, catorce carabinas, muchas municiones y se le hizo un prisionero, quien informó que en la garita del Golfo había doscientos hombres. Sobre ellos cargaron el Coronel Peña y el Teniente Curbal, quienes se posesionaron del punto indicado sin oposición de parte enemiga.

Con estos preliminares, los soldados libertadores se entusiasmaron, y deseosos de vencer totalmente a los sitiados, demostraron un arrojo inimitable.

El Coronel Corzo avanzó a paso de trote con la caballería, por la calle de San José, protegido por el Coronel Peña y dos compañías de infantería; Gutiérrez iba en la misma forma sobre el cerro del Carmen, punto que tomó sin oposición alguna y donde dejó al Teniente Coronel

Villaseñor con un batallón, siguiendo Gutiérrez hacia el convento de La Merced, con sólo una compañía que mandaba el Capitán Cabañas.

Al llegar al primer fortín de este punto fueron recibidos con una descarga enemiga y luego se adelantaron cinco cazadores que hicieron una descarga en ráfaga y cargaron a la bayoneta, tomando dicha posición. Al llegar a la calle de la iglesia de La Merced, la caballería enemiga, pistola en mano, se aprestaba a defender sus trincheras, pero el ataque formidable de los sitiadores los hizo volver grupas y dejar abandonada aquella posición, que ocupó inmediatamente el Coronel Gutiérrez. Este siguió su marcha hacia el centro en la Plaza Vieja, se unió a los Coroneles Corzo y Peña, mandando tomar, sin pérdida de tiempo, las fortalezas de Santo Domingo.

Mientras tanto, Morazán operaba a la cabeza de su columna de valientes y pensaba en la suerte que habrían corrido el Coronel Gutiérrez y los suyos. Hizo arreciar el fuego de la artillería y avanzar con rapidez para asediar al enemigo y obligarlo a distraer toda su suerte sobre sí. El Coronel Hueso, que comandaba el batallón de cazadores número 7, se lanzó impertérrito contra los sitiados y, con la furia del huracán, barría a los enemigos y tomaba las trincheras sembrando el pánico.

Nicolás Raöul, militar valiente y técnico, brazo derecho de Morazán, al ver la valentía y la decisión de los soldados en aquella batalla de primer orden, y en vista de que todas las posiciones de La Barranquilla habían sido tomadas con el mejor de los éxitos, se movía de un lugar a otro, infundiendo valor y confianza a los que luchaban denodadamente por la libertad.

Aquellas voces de aliento de que era portador y aquellas órdenes que comunicaba en el período culminante del combate, venían directamente del General Morazán, que ni un momento olvidaba a sus soldados a pesar del fragor de la contienda.

Luego mandó a su ayudante, Coronel Pedro Molina, para que con la caballería opusiese resistencia al enemigo, por la retaguardia, a efecto de cortarle la retirada en el centro. Desafortunadamente, Molina no cumplió estrictamente las órdenes recibidas de Morazán y, en vez de seguir un camino recto, dio vueltas que le ocuparon mucho tiempo, y esto supo aprovecharlo el enemigo.

El Norte estaba despejado por Gutiérrez, como ya dijimos; el empuje del Sur fue un éxito con el ataque de Morazán. Y ahora viene el ataque general, en donde entraron en juego todos los contingentes de la revolución.

El Coronel Cordero tomó las defensas de San Francisco; Angulo asaltó el edificio de la Universidad; la cuarta división se colocó en todas las bocacalles, siendo aquella la que corría mayor peligro, porque estaban estas bien fortificadas; allí fue muerto el valiente Coronel Villacorta, que tan sentido fue por sus jefes.

En el ataque del día nueve, los serviles, contando con la complicidad del cónsul de Holanda, se parapetaron en el edificio de la legación y por sorpresa dieron muerte a los bravos militares Coronel Hueso y Capitán Guzmán. Estas muertes y la falta de neutralidad del cónsul holandés, dieron por resultado el ataque al referido edificio, que fue tomado con rapidez.

Por todas partes se combatía duramente y se vencía con admirable intrepidez; el enemigo íbase reduciendo a sus últimos baluartes.

Las sombras de la noche cubrían lentamente aquella capital convertida en un campo de batalla. Morazán ordenó que se replegaran a sus cuarteles las tropas combatientes, en este orden: la primera división, al edificio de la Universidad; la segunda, a La Merced; la tercera, a San Francisco; la cuarta, a Santo Domingo; y la caballería, a los potreros que estaban a la retaguardia de este último convento.

Las acciones de San Miguelito, La Charcas y las series de combates librados en la capital, habían cansado un poco a las fuerzas morazánicas que, aunque voluntarias y decididas, habían perdido algunas energías; además, escaseaban los fusiles y las municiones, así como el combustible necesario para hacer fuego por la noche cuando se necesitaba.

Los sitiados estaban en número de dos mil combatientes y tenían todo lo indispensable, desde armamentos hasta víveres, y no dejaban de tener el temor consiguiente de ser atacados por sorpresa. Afortunadamente, la noche pasó sin novedad.

El General Morazán tenía sus temores de que la situación continuara así por varios días y, en previsión de que les escaseara más y más el parque, en la mañana del diez salió en visita de sus cuarteles para prohibir el gasto de municiones inútilmente, pero algunos jefes se habían adelantado y salieron a las bocacalles para atacar nuevamente al enemigo. La lucha se trabó con tal vigor que hubo pérdidas valiosas por parte de los aliados.

Las cosas se presentaban tan difíciles que al general en jefe no le quedaba otro recurso que ordenar el asalto a las trincheras para evitar que las municiones se terminaran y tropezar en el momento decisivo con una grave situación que pudiera haberle dado ventajas a los serviles.

Se mandó colocar un cañón sobre el campanario de La Merced y, colocando sobre la iglesia mencionada algunos tiradores de los más certeros, quedaba asegurado el éxito contra las guerrillas del enemigo de ese sector. Raöul se abrió paso desde La Merced hasta la calle de Belén, para lo cual tuvieron sus soldados que saltar de tejado en tejado, imitando a los gatos. Su objetivo principal era llegar frente a la casa del vicepresidente para atacar desde allí las trincheras que tenía el enemigo detrás del Sagrario. No habiendo llegado los otros jefes encargados de unírsele para la toma de tal fortificación, como a las tres de la tarde, decidió Raöul retirarse al cuartel de Santo Domingo para avisar a Morazán de la situación de las operaciones.

TRIUNFO MORAZÁNICO

Mientras Raöul excursionaba por el sector aludido, Morazán dirigía a sus soldados y le infligía graves derrotas al enemigo. Montado en su briosa cabalgadura y escudado en su valor extraordinario y su estrategia inimitable, avanzaba paulatinamente, pero con paso firme y majestuoso, demostrando a los Pavones y Aycinenas la pujanza de su embestida y la certeza de sus planes militares.

El batallón número 5 se encontraba entre la iglesia de San Francisco y la Santa Clara, cubriendo las bocacalles para impedir la salida por el flanco derecho; el 6° batallón cubría la retaguardia por la Tercera Orden. Este no tenía caballería y, como lo observaba el enemigo, no tardó en cargar sobre él con cuatrocientos hombres de infantería, sesenta de caballería y una pieza de artillería de cuatro pulgadas.

La lucha se entabló con vigor y acudieron en auxilio del 6° batallón los Coroneles Cordero, así como otros valientes oficiales, quienes con enérgico entusiasmo y patriotismo frustraron los intentos del adversario y generalizaron los ataques en toda la plaza. A las cuatro y media de la tarde, desesperado el enemigo, se lanzó en masa y como un solo hombre a tomar el Calvario, pero el Coronel Cordero los rechazó con la 3ª división y cargó sobre ellos con la caballería. Este empuje formidable alentó al Coronel Raöul, quien volvió a galope sobre las trincheras del Sagrario para preparar el asalto. La noche vino a demorar las operaciones y los soldados se entregaron al descanso.

Amanecía el once de abril con su frío glacial y sus arreboles que tachonaban el cielo azulado, con tenues nubecillas de verano. Las tropas estaban ansiosas de combatir sin tomar en cuenta su falta de municiones y carestía de fusiles. "Hoy combatiremos cuerpo a cuerpo" decían; "la falta de elementos la supliremos con el valor y la decisión". Morazán preparaba sus planes y daba sus instrucciones para emprender de nuevo la lucha, auxiliado por el jefe del Estado Mayor, Coronel Carlos Salazar, y por sus ayudantes de campo, Pedro Molina, José del Castillo y José Robles. Un oficial desconocido hasta entonces se acerca al jefe, se cuadra militarmente y le hace entrega de un oficio cerrado. Morazán rasga el sobre y ve la firma: "Mariano de Aycinena".

La nota proponía la suspensión de las hostilidades mientras se arreglaban los términos de una capitulación; que se designara el lugar y la fecha donde deberían reunirse los comisionados para tales arreglos y que se procurara fuera todo cuanto antes para llevar a cabo la suspensión total y definitiva de la lucha.

La posición en que me hallo no me permite perder un momento, ni convenir en otra cosa que no sea la rendición de la plaza, ofreciendo que se garantizarán las vidas y propiedades de cuantos existan en ella. Creo, señor General, que está en los intereses de Ud., y de cuantos se hallan a sus órdenes, el adoptar esta proposición, pues estoy seguro de que los nuevos esfuerzos no harán más que multiplicar víctimas y desmejorar su situación.

Así contestaba Morazán al jefe de la plaza mayor, pues conocía demasiado a dicho jefe, quien en las diversas conferencias anteriores nunca quiso tratar en serio los problemas nacionales y de confraternidad. Su falacia era grande y más grande aún su deseo de seguir oprimiendo a un pueblo digno de mejor suerte.

La debilidad de los sitiados era manifiesta; el temor de los jefes defensores de la tiranía era ya una enfermedad y no podían esperar más tiempo: les urgía capitular para salvaguardar sus propios intereses.

Nueva nota es enviada al jefe sitiador:

Aún es tiempo, General – decía Aycinena – de poner término a estos desastres, cuya responsabilidad no puede ya pesar sobre el gobierno que es a mi cargo. La conferencia sería indispensable aun cuando la plaza se hallase en el caso de una rendición, y no veo los inconvenientes que puedan impedirla, así como tampoco alcanzo que esta llegue a verificarse sin una suspensión simultánea de hostilidades.

Quería con este desplante el señor Aycinena quitarse por sí y ante sí una responsabilidad que sólo a él directamente le correspondía. Jamás han sido los libertadores responsables de los grandes males causados por las nefastas tiranías de los gobiernos que, rindiendo culto a la esclavitud, mantienen a los pueblos en el oprobio más escandaloso.

Las fuerzas morazánicas continuaban su avance atronador; los triunfos por parte de los aliados se sucedían unos a otros. Mientras el enemigo retrocedía cansado y aturdido, los morazánicos cargaban contra él sembrando el pánico.

Y con el orgullo que le daban su situación y las quejas suplicantes de los opresores del pueblo guatemalteco, Morazán le contesta al jefe Aycinena:

Cuando Ud. se sirva decirme que conviene a lo que he propuesto en mi nota de hoy, estaré pronto a admitir los comisionados, y entonces se suspenderán las hostilidades por el tiempo que sea necesario.

Es decir que Morazán se mantiene firme, tanto en sus avances para dar fin a su adversario, como en sus resoluciones para llegar a una capitulación.

Los males de la guerra que afligen a Centroamérica, pesarán sobre los autores de ellos, y nunca sobre aquellos que la han hecho por defenderse y por sostener los derechos del pueblo.

Con este párrafo lapidario terminaba su respuesta nuestro héroe y con ello dejaba concluido el negocio que se le proponía.

Mientras Morazán estaba poseído de una serenidad asombrosa, dictando aquella contestación y al mismo tiempo contemplando los progresos de sus soldados, don Mariano de Aycinena se paseaba a lo largo del salón de la casa que ocupaba la vicepresidencia, desasosegadamente, viendo desfilar fantasmas ante su calenturienta fantasía; el miedo lo tenía acosado y experimentaba horribles pesadillas, en plena tarde y bien despierto. Para tranquilizar su espíritu atormentado hizo enviar una tercera nota al jefe sitiador, en la cual le decía:

Estoy de acuerdo con las bases que Ud. fija en su primera nota y esto quise decir en la mía última. En tal concepto mandaré los comisionados al punto que Ud. designe desde luego que Ud. se sirva darme el correspondiente aviso.

Solamente la simple lectura de estas frases nos da la medida del estado de nerviosidad en que se encontraba aquel jefe traidor y déspota. Y si nos fijamos en que casi juntamente con la nota envió sus representantes, sin esperar la respuesta de esta y poniendo en las credenciales de ellos estas palabras, que sólo el miedo pudo dictárselas: "suscribiré a TODO LO QUE CONVINIESEN", entonces llegaremos a comprender que los temores abrigados por el jefe rebelde habían llegado a su clímax.

Capitulación de Aycinena

La noche del 11 pasó sin ninguna novedad y al amanecer del 12 todo estaba listo para poner término a la lucha. Los comisionados de Aycinena y Morazán discutieron muy poco; este dio sus bases y la capitulación se escribió y firmó en los términos que a continuación se expresan:

1° — Desde esta fecha habrá suspensión de armas, y tanto el ejército del General Morazán como el que se halla en la plaza, recogerán sus partidas a los puntos que ocupan, evitando todo acto de hostilidad.

2° — Mañana a las diez del día entrará el ejército sitiador a la plaza principal de esta ciudad.

3° — Las tropas sitiadas se replegarán antes de este acto a sus cuarteles y se depositarán en la sala de armas todas las existentes en la plaza mayor.

4° — El General Morazán, si lo tuviere por conveniente, incorporará a su ejército los individuos de las fuerzas capituladas que no quieran ser licenciados, ya sean de las milicias del Estado, o de la fuerza federal que existe unida a ellas.

5° — Cuatro comisionados del ejército sitiador pasarán mañana a las ocho del día a la plaza, para asegurarse del cumplimiento del Artículo 3° y luego que se hayan recibido todos los elementos de guerra y armas que existan en la plaza, darán aviso de ello, para la ocupación de la misma plaza.

6° — El General Morazán garantiza la vida y propiedades de todos los individuos que existan en la plaza.

7° — Les dará pasaporte, si lo tuviere por conveniente, para que salgan a cualquier punto de la República o fuera de ella.

8° — El General Morazán, y los comisionados a nombre del jefe que representan, ofrecen bajo su palabra de honor, cumplir esta capitulación en la parte que les toca.

Firmado en Guatemala, a 12 de abril de 1829.

Francisco Morazán. — Manuel Arzú. — Manuel Francisco Pavón.

MAGNANIMIDAD DEL VENCEDOR

Firmado el anterior documento que ponía fin a tan sangrienta lucha, toda la tarde del día 12 de abril se ocuparon los aliados de organizar lo mejor posible su entrada en la ciudad. La alegría era indescriptible; los soldados vivaban a su general con entusiasmo inusitado y los comentarios que se hacían eran alentadores para el futuro.

La noche de ese día fue de descanso general; no estaba ya la zozobra de una sorpresa enemiga. Tenían ante sí un armisticio, pues la capitulación, aunque se tenía la certeza de ser aprobada por el gobierno de Aycinena, no estaba aún en tales condiciones.

Amaneció el día 13 y como estaba estipulado en el Artículo 2° de la capitulación que el ejército aliado ocuparía la plaza principal a las diez de la mañana, el General Morazán ordenó al Coronel Gregorio

Villaseñor que ocupara la plaza con su ejército y que se pusiera a las órdenes de Aycinena para que este dispusiera la sofocación de la sublevación que se había provocado en virtud de que unos comerciantes españoles, para obstruccionar los arreglos del día anterior, habían repartido sus mercaderías a la tropa, con pretexto de que al entrar los salvadoreños harían un saqueo general.

Aycinena se había alojado en el palacio episcopal y cuando Villaseñor quiso hablarle se encontró con un jefe hermético, que no quería entrometerse en los asuntos públicos, sin duda porque ya no podía continuar su despótico proceder. Avisado Morazán de tal actitud, se preparó para hacer su entrada en la capital, arengó a su ejército y le suplicó el mayor orden y el mejor comportamiento.

Era una mañana despejada y clara; el carro de Febo pugnaba por subir rápidamente al cenit y las nubes blanquecinas hechas jirones adornaban el espacio como cortinas raídas por el tiempo. Los habitantes de la ciudad esperaban anhelantes la entrada de aquel predestinado que venía sembrando libertad y haciendo florecer la democracia; la nobleza también quería conocer a su vencedor y aunque con caras arrugadas por el orgullo y por el odio, espiaban tras las cortinas, tratando de contener su nerviosidad.

A las diez de la mañana aparece la figura arrogante del militar más aguerrido de la época. Montaba un hermoso caballo que marchaba garboso y tascaba el potente freno, que hacía escapar borbotones de espuma como si mascara jabón. El ejército le seguía con su paso acompasado y las bandas tocaban alegres dianas; los clarines y los tambores daban al viento sus alentadoras marchas triunfales. Ni un solo disparo de fusil se oyó en aquel regio desfile.

Momentos después de su llegada, se le presentó el señor Ministro de Relaciones del Gobierno Federal y le entregó una nota del vicepresidente de la república, ciudadano Mariano Beltranena, quien le preguntaba si debía continuar en el ejercicio del Poder Ejecutivo. No hemos olvidado aún que Beltranena usurpó el poder deponiendo al presidente Arce, usurpación escandalosa que dio origen a los acontecimientos que hemos visto desfilar. Por tal motivo, el General Morazán contestó negativamente a la pregunta inoportuna que se le hacía.

En tal situación, otro jefe habría hecho muchos prisioneros de guerra; pero la magnanimidad del héroe no se lo permitió.

Los Estados de la Federación pedían la prisión y el castigo de los incendiarios de Comayagua y San Salvador, cuyos responsables directos eran los miembros del gobierno de Aycinena.

Así fue como ese mismo día se procedió a la detención del presidente y vicepresidente de la República, los miembros de su gabinete, el jefe Aycinena y algunos militares importantes, todos los que fueron conducidos al edificio de la Universidad, para que estuvieran cómodamente y pudieran recibir, cuando quisieran, a sus familiares.

Si se hubiera tratado de un jefe déspota, los presos habrían sido encerrados en las bóvedas mortíferas y pestilentes que ellos mismos usaban para los patriotas; pero la misión de Morazán no era para vengarse de aquella nobleza que gozaba con el sufrimiento de los pueblos.

A pesar de que, en mi opinión, el número de presos debía ser el menor posible, como lo había acreditado reduciéndolo a cinco

individuos de los más notables, la de los pueblos, así como de los Gobiernos de tres Estados y la del ejército, era enteramente contraria. El gobierno de El Salvador, por medio de sus comisionados CC. José María Silva y Nicolás Espinosa, y el de Nicaragua y el de Honduras, por las exposiciones que se publicaron entonces, pedían el castigo de todos los culpables; y yo, que no desconocía la justicia de estos reclamos, y debía cumplir las órdenes de los jefes que habían depositado en mí su confianza, me vi obligado a reducirlos a prisión.

MEMORIAS

Al decir esto se refiere a los jefes de alguna importancia que después de estar todo en completa calma, trataban de conspirar contra el nuevo orden de cosas y a quienes hizo llamar a casa presidencial el 19 de abril a las cuatro de la tarde; una vez en su presencia los amonestó con buenas maneras y los mandó arrestar en el edificio de la Universidad.

CONDUCTA REPROCHABLE DE AYCINENA

La perfidia siempre ha sido aliada inseparable de la nobleza y nunca puede cumplir con fidelidad sus compromisos. Ningún pacto o convención llevado a cabo con los serviles ha podido dar los frutos deseados, por su mala fe y su odio a las buenas causas. Así fue como Aycinena, no obstante estar comprometido por el Artículo 3° de la capitulación firmada el 12 de abril citado, a entregar las armas que existían en la plaza mayor, quiso evadirse del compromiso y mandó esconder el armamento a las bóvedas de la catedral.

El doctor Asturias en su obra Belice, ya citada, dice que el General Morazán declaró roto el convenio y apresó al presidente Arce, al vicepresidente Beltranena, al jefe Aycinena y los más culminantes miembros del partido caído. Debemos recordar que Arce fue depuesto de la Presidencia porque se metió a dirigir una serie de invasiones guerreras a los Estados que estaban bajo su amparo legal; que Beltranena usurpó el mando que aquel tenía, de manera cínica, y que Aycinena fue elegido jefe del Estado contrariando los preceptos legales; por ello no era posible tener confianza en tales individuos y como este último se negó a la entrega de las armas como lo estatuía la capitulación y se negó a darle su apoyo al Coronel Villaseñor para develar la sublevación de sus mismos soldados, era lo lógico, en aquella situación caótica, detener a los jefes que podían valerse de su influencia y de su maldad ya puesta a prueba, para evitar consecuencias funestas. Los miembros prominentes fueron el arzobispo Casaus y Torres y demás clérigos, a quienes se les desterró y cuyos nombres calla el doctor Asturias para no distinguir "al pato entre las gallinas".

La ruptura del convenio la hizo Aycinena y no Morazán, y este proceder disgustó a nuestro biografiado, y para no proceder festinadamente, mandó practicar una información sumarísima que se efectuó el 20 del mismo abril y en la que se recibieron declaraciones de testigos imparciales e idóneos, comprobándose la verdad de los hechos. Entonces Morazán decretó la nulidad de la capitulación, declarándola insubsistente y sin ningún valor legal. También dio entonces la orden de arresto de todos los jefes de alguna importancia, siendo los capturados sesenta y dos y conducidos al convento de Belén; entre ellos figuraban el incendiario José Justo Milla y el general Manuel Arzú, que tantos oprobios había cometido en San Salvador.

La capitulación fue religiosamente cumplida, aun despúes de haberse derogado, dice el General Morazán, y agrega:

La obligación cedió entonces su lugar a la generosidad, y no tuve que arrepentirme. Y no se diga que faltaba sangre que vengar, agravios que castigar, reparaciones que exigir. Entre otras muchas víctimas sacrificadas, los Generales Pierson y Merino, fusilados, el uno sin ninguna forma judicial, y arrancado el otro de un buque extranjero para asesinarlo en la ciudad de San Miguel, pedían entonces venganza, así como los incendios y saqueos de los pueblos de El Salvador y Honduras demandaban una justa reparación.

COMENTARIOS OPORTUNOS

En el Libro de las Efemérides del escritor guatemalteco Federico Hernández de León, tomo II, página 71, leemos:

Todo el Estado se encontraba bajo la acción de las tropas invasoras. Sólo la capital resistía. La última batalla campal se había dado en Las Charcas, obteniendo un triunfo las tropas combinadas de Raöul y Morazán. El cerco se apretó: esta nuestra pobre ciudad hubo de presenciar tres días de combates en las calles, después de dos meses de sitio: caían bajo el rigor de las balas las mujeres y los niños y, conforme se ocupaban los barrios de la capital, las tropas se entregaban al saqueo y al pillaje.

El escritor Hernández de León es un gran periodista guatemalteco a quien conocemos y apreciamos en tal sentido; pero tratándose de escribir la historia de Centroamérica, creemos que su chispeante pluma no es la llamada a juzgar una época tan lejana; ni mucho menos tergiversar los acontecimientos que han narrado con abundancia de documentos y datos, escritores cumbres como Lorenzo Montúfar.

"Caían bajo el rigor de las balas las mujeres y los niños," dice don Federico, haciendo gala de su fecunda imaginación, pues bien supone que así era, porque se trataba de ejércitos. Lo que no dice es que esas víctimas las hacían ambos contendientes, pues debe entenderse que los conservadores no enviaban confites por la boca de sus fusiles. Y cuando los hechos estaban frescos nadie lo dijo, a pesar de tanto ataque que se le dirigió a Morazán por la prensa y en panfletos que daban la medida de sus detractores, por el lenguaje hampesco que se empleaba.

Lo del saqueo y el pillaje es otra imaginación de tan fecundo escritor, basada sin duda en el dicho de aquel español que repartió sus mercaderías con el ostensible objeto de poner en mal predicado a las fuerzas libertadoras.

El doctor Asturias mencionado, haciéndose eco de lo dicho por Hernández de León, dice:

Así empezó Morazán en Guatemala, creyendo que con el terror conservaría la unión y su dictadura y lo que hizo fue provocar el fraccionamiento, por los odios que sembró.

A esto debemos decir que Morazán fue el único centroamericano que reconstruyó la Patria Grande, sirviendo la Presidencia Federal dos períodos consecutivos; luego no procuró el fraccionamiento sino que la unidad. Y con respecto a la dictadura, puede verse la contestación que les dio a quienes le rogaron encarecidamente que se declarara como tal, con fecha 16 de abril de 1838, y lo que comentaremos más adelante.

Asturias dice también que Montúfar, para defender a Morazán y justificar sus procedimientos en Guatemala, escribió:

Pero faltando una parte de lo que escribió Marure, ha sido preciso comenzar desde fines de 1828, circunstancia que me ha proporcionado ocasión de palpar las falsedades con que el partido servil ha desfigurado los sucesos memorables de 1829.

Y se le atribuye a don Lorenzo el padecimiento de "indigestión clerical" cuando escribió su Reseña Histórica, suposición antojadiza que sería igual a que ahora dijéramos que los actuales historiadores padecen de "indigestión liberal", para atacar la memoria del ínclito patricio Francisco Morazán.

ORGANIZACIÓN LEGAL DEL GOBIERNO

Morazán bien pudo declararse dictador en aquellas circunstancias especiales, pero su carácter no se lo permitía y tan pronto como estuvo tranquilo el país, trasladó a las autoridades de la Antigua y se organizaron los servicios de manera legal. Don Mariano Centeno, que ejercía el Poder Ejecutivo, entregó el mando al jefe del Estado, ciudadano Juan Barrundia, quien había sido depuesto por la nobleza conservadora.

Reunida la Asamblea de Guatemala y ya organizado el Gobierno del Estado, se le dio aviso oficial al general en jefe del ejército aliado, quien contestó los oficios satisfecho de su obra, pues a no haber sido la lucha sangrienta sostenida por él para redimir al pueblo guatemalteco, el poder habría continuado en manos de los eternos enemigos de los pueblos indefensos.

Con fecha treinta del citado abril, la Asamblea de Guatemala emitió un decreto acordando condecorar con una medalla de oro al General Morazán; y otro decreto por el cual se le otorgaba la distinción de Benemérito de la Patria; y ordenaba a la vez que se mandara colocar en el salón de sesiones su retrato de cuerpo entero.

También las asambleas de El Salvador y Honduras dieron decretos análogos.

Los fulgores de la gloria se esparcían luminosos y entre ellos se destacaba la imponente figura de Francisco Morazán, el hijo predilecto de la América Istmeña.

ODIO DE TIRANÍA

Después de ocupada la plaza de Guatemala por el General Morazán, se dio cuenta al Gobierno con el número de prisioneros de guerra notables, siendo los que se encontraban en el edificio de Belén los siguientes: Miguel González Saravia, Jorge Ubico, Juan Chavarría, Antonio Villar, Juan Emeterio Echeverría, Luis Pedro Aguirre, José Piloña, Juan Ignacio Irigoyen, José Petit, José Velasco, Francisco Solivera, Pedro Menocal, Juan Monge, Blas García, Ángel Trevillas, José Bernardo Sagaceta, Mateo Subieda, Rafael Agustín Pardo, Luis Basagostia, Domingo Reyes, Ramón Pacheco, Juan Francisco Lanruaga, Francisco Quevedo, Manuel Arzú, Antonio Batres Asturias, Juan Piñol, Antonio Batres Nájera, José María Beltranena, Francisco Arrivillaga, Cayetano Arrivillaga, Ignacio Larrazábal, José Francisco Valdés, Pedro Aycinena, Manuel Pavón, Juan Pavón, Luis Batres, Manuel Beteta, Francisco Vigil, Juan E. Milla, José Santos Milla, José Justo Milla, Mariano Córdova, Francisco Beteta, Manuel Zea, Fernando Prado, Francisco Cáscaras, José Antonio López, Manuel Meza, Manuel Vargas, Ingeniero Barly,

Manuel González, Mariano Asturias, Pedro Arrazola, José Antonio Ariza, Juan de Dios Castro, Manuel Ramírez, Basilio Porras, Pedro González y Calixto Sánchez.

Nótese bien que Jorge Ubico estaba prisionero: un ascendiente directo del actual presidente de Guatemala, que aconsejado por su partido prohibió el año pasado las celebraciones preparadas para conmemorar el primer centenario del fusilamiento del General Morazán y, no contento con eso, mandó recoger todos los ejemplares de la Cartilla Morazánica que publicó el Club de Leones de Tegucigalpa en octubre de 1942, de la cual soy el autor y que resultó premiada en el concurso que para el efecto se llevó a cabo el 15 de septiembre de aquel año.

Cien años después de muerto aquel genio unionista es todavía escarnecido por el separatismo de Guatemala. Da vergüenza este proceder en un gobernante de la talla del general Ubico, que ha podido sumir en la más completa abyección a sus gobernados y se lanza como un cobarde contra los restos mortales del héroe de cien combates.

Pero la actual guerra europea tiende a llegar a su fin y, cuando todo esté en calma, no habrá detentadores del poder y las tiranías, con todo su cortejo de odios, rodarán por el suelo para no levantarse más.

CAPITULO VI: MORAZÁN, PRESIDENTE DE LA FEDERACIÓN

No confíes en aquel que una vez ha quebrantado su fe.
SHAKESPEARE

MEDIDAS NECESARIAS PARA LA TRANQUILIDAD

El clero y la nobleza de Guatemala se unieron para hacer una propaganda tendenciosa y criminal contra el gobierno legalmente constituido. Morazán continuaba en sus propósitos de pacificar el Estado por medio de las prédicas fraternas, de reuniones conciliatorias y de obras netamente liberales.

El arzobispo Casaus y Torres continuaba también exhortando a su feligresía para que se rebelara; empleaba todos los medios adecuados para conseguir su objeto y se creía amparado por su dignidad eclesiástica. Ahora estaba auxiliado por las monjas Santa Teresa de Jesús de Aycinena y María de Jesús Prado, quienes se ocupaban de escribir cartas sediciosas a los departamentos, que antes eran leídas, corregidas y aumentadas por el señor arzobispo. Todo el clero guatemalteco y sus afines en los otros Estados conspiraban o excitaban a la conspiración.

Antes de cerrar sus sesiones, la Asamblea de Guatemala emitió un decreto indultando a todos los que en una u otra forma habían tomado parte en los acontecimientos bélicos desde 1826 a esa época. Morazán había propiciado ese decreto, pues no quería que en su patria, Centroamérica, hubiera vencedores y vencidos. Los Estados de Nicaragua, Honduras y El Salvador protestaron por tal medida, porque muy bien comprendían que no se debía confiar en aquellos que una vez han quebrantado su fe, como dice Shakespeare.

Y no estaban errados: los trabajos de zapa que dirigía el clero vinieron a demostrar el fundamento de los temores que abrigaron entonces aquellos gobiernos hermanos.

Morazán se indignó de semejante proceder insidioso y, para comprobar los hechos, hizo seguir muy de cerca a esos clérigos conspiradores hasta que se convenció de la verdad. Y cuando estuvo en posesión de la sediciosa correspondencia de aquellos "lobos con piel de oveja", se decidió a mandar una escolta al palacio episcopal, donde encontraron reunidos en grandes tertulias al propio arzobispo, a los frailes de Santo Domingo, a los de San Francisco y a los de la Recolección. Con este aviso, decretó la expulsión de los jesuitas, que se llevó a cabo en la medianoche del 10 al 11 de julio, siendo conducidos todos por la garita del Golfo, con dirección a Gualán, de donde se les condujo a Omoa. Un barquichuelo levó anclas y se llevó a tan detestable carga rumbo a La Habana.

En aquella época se publicaron ataques furibundos contra ese decreto; entre tales ataques descuella como el mejor escrito el del padre José Trinidad Reyes, hombre de talento que figuró en la intelectualidad hondureña; y aún en la actualidad sigue siendo objeto de furiosos ataques aquella medida tan atinada, en circunstancias malsanas. Pero esas discrepancias no tienen ningún fundamento para los que estudien con imparcialidad y sano criterio la figura del genio, sobre todo si se hace cargo de aquella grandiosa tarea en tan difíciles situaciones. La época del oscurantismo estaba en su apogeo y aún quedaban resabios de aquel servilismo incapacitado para conocer sus desvíos y sus torpezas.

El doctor Lorenzo Montúfar, apellidado "el Mirabeau centroamericano", ha comprendido aquella situación y, asimilando los mismos principios que Morazán sustentaba, hizo expulsar a los jesuitas del suelo centroamericano y escribió El Syllabus y Un dualismo imposible, que ponen de relieve su carácter anticlerical. A Montúfar se le han concedido todas las primicias del genio y se le tiene como el hombre de más recia personalidad, científicamente hablando, que ha tenido Centroamérica.

Sin embargo, es el defensor más asiduo de Francisco Morazán.

Y por ello, no pasará este siglo sin que algún Don Nadie trate de declararlo loco o, cuando menos, mediocre.

INSTALACIÓN DEL CONGRESO FEDERAL

Ya era una necesidad imperiosa llegar a la vida ciudadana en todas sus fases, y fue así como el 22 de junio se instaló el Congreso Federal en la ciudad de Guatemala, con las solemnidades de estilo. Los

88

secretarios de tan alto cuerpo colegiado dieron el aviso respectivo al jefe que había restablecido el régimen constitutivo y con ello empezó sus labores de aquel período legal.

Muchos asuntos había que tratar para restablecer las cosas que trastornara el gobierno de facto que de manera absolutista regía los destinos de Guatemala antes del 12 de abril anterior.

Y no debemos pasar por alto los trabajos sediciosos que continuaban haciendo los enemigos, escribiendo cartas y dirigiendo prédicas continuas. Los vencidos, amparados en las garantías otorgadas por el gobierno morazánico, llegaron hasta a lanzar duras protestas contra los decretos emitidos por la Asamblea cuando las medidas tomadas eran contrarias a los intereses de los serviles. Don Manuel José Arce envió, al propio Morazán, una protesta virulenta, llena de diatribas y calumnias, de lo cual se jacta en sus Memorias, por haberse dirigido con valor e hidalguía a un tirano, sin comprender, por maldad o por malicia, que si efectivamente nuestro biografiado hubiera sido un tirano, no hubiera tenido tiempo para anotar en sus famosas Memorias la jactancia de haberlo atacado.

Iguales oficios recibió Morazán de don Antonio José de Irisarri y de don Manuel Montúfar, quienes creyeron que esa actitud decidida, pero ruin, infundiría algún temor a quien nunca lo tuvo en ninguno de los combates que libró, ni en el momento que le fue notificada, años más tarde, la orden de su fusilamiento.

LA REVOLUCIÓN EN HONDURAS

La Federación estaba casi consolidada y nuestro héroe en aptitud de defenderla a toda costa. Él no tenía otro guía que el porvenir, ni otro escudo que la unión de la patria. Se había impuesto una tarea ardua y difícil, pero se consideraba superior a todas las dificultades que sobrevinieran. Tenía fe en su potencia física e intelectual; en sus profundos conocimientos militares y en la audacia de sus legiones.

El partido oscurantista no desperdiciaba oportunidad para encender la tea de la discordia y poder embestir contra las autoridades constituidas. El Coronel Domínguez, vencido vergonzosamente en Gualcho y perdonado generosamente por su vencedor, acechaba desde su guarida de San Salvador, esperando el momento propicio para continuar su sangrienta tarea, trastornando el orden en cualquiera de los Estados.

Mientras Morazán estaba empeñado en vencer a los conservadores de Guatemala, Domínguez saltó de su madriguera y, tomando rumbo oriente, se internó en Honduras, marchando lentamente hasta hacerse de recursos para insurreccionar el país. Llega al departamento de Yoro tras una jornada estupenda y, después de atravesar sus intransitables montañas, penetra como un salteador al departamento de Olancho, donde reinaba el fanatismo de aquellos habitantes, amantes del absolutismo.

Los círculos de Catacamas, Agalta y El Zapote estaban infestados de imperialismo y, al presentarse el Coronel Domínguez, se sintieron con fuerzas y suficiente valor para emprender su agresiva lucha, empezando por matar e incendiar impunemente a indefensos ciudadanos y casas de familias enteras que convertían en escombros. Los olanchanos se pusieron en contacto con los opotecas y, unidos, hacían estragos de escandalosa barbarie sin ninguna piedad ni misericordia.

Estos sucesos hicieron salir de Guatemala a Morazán. El Coronel José Antonio Márquez estaba persiguiendo a los insurrectos de Olancho y logró dar un triunfo significativo en Telica; pero era tal el incremento que tomaron aquellos facciosos, que no fue posible contenerlos en su avance.

El General Morazán llegó a San Salvador y logró aumentar sus fuerzas con cuatrocientos hombres que el Gobierno del Estado le permitió reclutar. Y sin tiempo que perder, siguió camino a la frontera hondureña. Conociendo Morazán la psicología de los pueblos, el 22 de noviembre y desde su cuartel general en marcha, lanzó una proclama al pueblo olanchano, en la cual los llamaba al orden y a la cordura, siempre con frases colmadas de fraternidad, con hábiles consejos paternales y con palabras llenas de sinceridad. Heme aquí ante vosotros, les dice a sus conciudadanos. Yo me presento ahora con el símbolo de la paz y del olvido, agrega. Y todos los conceptos de su manifiesto son dignos de los sentimientos puros que albergaba en su alma grande.

Llega con su ejército a Tegucigalpa y, como el 5 de marzo había sido electo jefe del Estado de Honduras, toma posesión de su cargo y lo comunica así a todas las cancillerías, organizando su gobierno en forma adecuada a las circunstancias.

EL EJÉRCITO ALIADO SE APUNTA OTRA VICTORIA

Veinte días después de hacerse cargo de la jefatura del Estado, o sea el 24 de diciembre, Morazán dispuso ir a combatir personalmente a los revoltosos de Olancho y depositó el mando en el senador Juan Ángel Arias, empezando a hacer los preparativos para la marcha. El Gobierno de El Salvador le envió para tal fin otros cuatrocientos hombres voluntarios y con ellos engrosó sus filas. Como el Gobierno Federal tenía conocimiento perfecto de la situación creada en Honduras, también le mandó algunos contingentes y, con ellos y los que tenía de antemano, se marchó a Tegucigalpa, de donde salió rumbo a Olancho y en los primeros días de enero de 1830 se posesionó de la ciudad de Juticalpa.

Los insurrectos huyeron al sentir la presencia del hombre que estaba consagrado por la gloria para caminar de triunfo en triunfo hasta el final de la lucha. Morazán siguió persiguiendo a los sublevados, quienes, cansados de una peregrinación infructuosa que solamente les acarreaba un desprestigio marcado y vergonzoso, fueron a presentar acción en Las Vueltas del Ocote, donde salieron vencidos y se obligaron a capitular, sometiéndose a las autoridades constituidas y prometiendo no volver más a trastornar el orden público, ni alterar la tranquilidad de la nación. Este triunfo se llevó a cabo el 21 de enero citado, y con él quedó pacificado el Estado, porque si bien abortaron otros pequeños grupos de insurrectos, el Coronel Gutiérrez se encargó de liquidarlos el 19 de febrero siguiente.

Pero no era solamente Honduras la que estaba revolucionada: también el Estado de Nicaragua era víctima del imperialismo, y cabía a Morazán el deber de ir a pacificarlo. Luego vino una idea salvadora que nuestro genio decidió poner en práctica.

Creyendo que la presencia de don Dionisio de Herrera en aquel Estado daría mejores resultados que la de un ejército, dadas las dotes que poseía tan ilustre estadista, Morazán pensó enviarlo en misión pacificadora para que, agotados todos los recursos del caso, lograra volver al orden a los sublevados y, de no ser posible, dar el aviso respectivo para enviar inmediatamente suficientes fuerzas para someterlos.

Afortunadamente la misión de Herrera tuvo el éxito deseado y los rebeldes se sometieron pacíficamente a las autoridades legales, quedando solucionado aquel intrincado problema y consolidada la Federación de los cinco Estados.

Los olanchanos y opotecas sometidos pasaron a prestar servicio militar al castillo de San Felipe, juntamente con su director, presbítero Antonio Rivas.

El General Morazán volvió a Tegucigalpa el día 22 de abril, asumiendo la jefatura del Estado y dedicándose a la organización política y militar del ejército, así como a la reconstrucción de la hacienda, que estaba agotada por la situación bélica anterior.

MORAZÁN ES ELEGIDO PRESIDENTE FEDERAL

En el año de 1830 vacaban las autoridades de los Estados y las federales. Don Francisco Barrundia ejercía la presidencia de Centroamérica con carácter de interino, y en junio se practicaron las elecciones federales, apareciendo las candidaturas del propio Barrundia, el sabio José Cecilio del Valle y del General Francisco Morazán, torneo cívico que se realizó en completo orden y con entera libertad.

Valle, desde luego, tenía muchos partidarios, pues se le reconocía su vasta capacidad intelectual y sus dotes de gran estadista que superaban a las de sus contrincantes; con él estaban todos los amigos de la independencia, pues era uno de sus próceres.

Barrundia, ejerciendo el poder, no quería ser elegido y se inclinaba por Morazán, quien tenía a su favor la gloria ilimitada de los triunfos obtenidos desde La Maradiaga hasta Las Vueltas del Ocote; su grupo lo componían todos los liberales.

Sabemos y no queremos dejar de repetirlo, que Morazán se encontraba en Honduras; el Congreso procedió al escrutinio de votos y encontró que este había obtenido el mayor número de sufragios, pues como Barrundia no hizo trabajos suyos, la elección se dividió entre aquél y Valle. No dejaba de haber cierta discordia por motivo de no haber mayoría absoluta, pero los miembros del Congreso se pusieron luego de acuerdo y subsanaron tal inconveniente. Así, el alto cuerpo declaró electo presidente de Centroamérica al ciudadano Francisco Morazán, a la sazón residente en el Estado de Honduras.

La discordia a que aludimos en el párrafo anterior versaba sobre la misma cuestión del año 25, o sea en la forma legal de computar los votos; pero como entonces se tenía a la mano los folletos del sabio Valle, publicados cuando la elección de Arce, el Congreso recogió aquella autorizada opinión y se tuvo como base los sufragios emitidos. El doctor Asturias (obra Belice) dice que como la Asamblea estaba compuesta en su mayoría de partidarios del General Morazán, se declaró a este popularmente electo, con lo cual quiere hacer creer que no fue elegido por la voluntad de los pueblos. Y para darle énfasis a su aseveración cita a Montúfar, que para él ya no estaba padeciendo de "indigestión clerical", cuando dice: Pero en 1830 el brillo de una espada eclipsaba la ciencia y la profundidad de cálculos del gran pensador centroamericano.

Si el señor Asturias hubiera ahondado más su lectura en la Reseña Histórica, se hubiera encontrado con este párrafo:

El año 30, conforme el texto literal de los folletos de Valle, se tomó por base el número de los sufragios emitidos y se declaró electo popularmente al General Morazán. Valle no reclamó. Para hacerlo habría tenido la necesidad de combatir sus doctrinas y sus protestas del año 25. El Congreso Federal se componía casi en su totalidad de partidarios de Morazán. Si se declara que la base debía ser los sufragios que debieron emitirse, el Congreso habría procedido a decidir entre Morazán y Valle, y en aquellos momentos la elección no podía ser dudosa. Bastaba para la ambición de Valle haber podido competir desde su bufete de abogado con Morazán, en días en que Centroamérica, políticamente hablando, casi no hacía más que tributar elogios al vencedor de Gualcho.

Después de leer este párrafo, nuestros lectores tendrán que calificar aquellas aseveraciones como maliciosas y las que le atribuyen hechos censurables a quien ya no puede defenderse. Más patriótico sería, para los enemigos de Morazán, contentarse con dedicarle aquellos versos del joven intrépido y poeta exquisito que se llamó Ismael Cerna, quien después de atacar frente a frente al general Justo Rufino Barrios, cuando este desempeñaba la presidencia de

Guatemala, en el aniversario de su muerte gloriosa (1886) y sobre la tumba de tan ilustre Reformador, improvisó:

No vengo a tu sepulcro a escarnecerte,
no llega mi palabra vengadora
ni a la viuda, ni al huérfano que llora,
ni a los fríos despojos de la muerte.
Ya no puedes herir ni defenderte,
ya tu saña pasó, pasó tu hora;
solamente la historia tiene ahora
derecho a condenarte o absolverte.
Yo que de tu implacable tiranía
una víctima fui, yo que en mi encono
quisiera maldecirte todavía,
no olvido que un instante en tu abandono
quisiste engrandecer la patria mía.
¡Y en nombre de mi patria, te perdono!

Se fijó la fecha del 15 de septiembre para la toma de posesión de la presidencia y por tener que celebrarse el noveno aniversario de la independencia patria, se transfirió al día siguiente.

Inmediatamente se comunicó la elección y todo lo dispuesto al General Morazán, en un oficio que le dirigió el ciudadano Barrundia. Yo le envidio a usted su gloria al mismo tiempo que ansío por mi retiro, pues no nací para el mando. Comprendía que su gobierno provisorio era demasiado débil para la situación; su modestia lo hacía declarar que nada estable podía hacer en el poder y que se enorgullecía de entregarle los destinos de la República al hombre que había nacido para grandes empresas, por lo que le hablaba de una bella oportunidad para llevar a cabo la grande obra del canal de Nicaragua.

En el mes de septiembre hizo su salida de Tegucigalpa el General Morazán, depositando el poder del Estado en el consejero José Santos del Valle, llegando a la capital de Guatemala el 14 del propio mes, adonde entró acompañado de un séquito numeroso y siendo recibido con desbordante entusiasmo por todo el pueblo capitalino. Su entrada fue una verdadera apoteosis; las campanas de todas las iglesias lanzaron al viento sus ecos broncíneos y los diferentes cuarteles hendieron el aire con sus estruendosas salvas de artillería; los clarines y tambores ensordecían con sus acordes y dianas.

Ese día y el siguiente fue objeto de múltiples atenciones nuestro biografiado y se hacían solemnes preparativos para la toma de posesión.

SOLEMNES CEREMONIAS EN UNA FECHA HISTÓRICA

Caía una lluvia menuda que formaba perlas minúsculas en las azoteas de los edificios y en las aceras. Era un amanecer gris y opaco como los amaneceres en una enhiesta montaña. Sin embargo, las calles se veían invadidas por grupos de gente alborozada que vestía de gala; los fuertes lanzaban a intervalos sendos y convenidos cañonazos que repercutían en todos los ámbitos de la ciudad; las casas particulares lucían cortinajes lujosos y, cosa rara, los nobles también contribuían a la celebración adornando las puertas y ventanas con vistosos colores.

Era el 16 de septiembre. En la Casa del Gobierno se reunían los miembros de este y los mejores elementos que residían en aquella metrópoli; todo era júbilo y entusiasmo; sólo los serviles estaban cariacontecidos y huraños, porque su vencedor en toda la línea iba a empuñar las riendas del poder de la Patria Grande, tan odiada por ellos como escarnecida.

Los honorables diputados congregábanse en el Palacio Legislativo y en actitud solemne se designaron dos comisiones importantes: una que pasaría al palacio del Gobierno para acompañar hasta el recinto de la Asamblea al presidente Barrundia; y otra que acompañaría al General Morazán hasta el mismo lugar, para que tomara posesión de la presidencia, previo el juramento de ley.

Luego los clarines y los tambores dejaron oír sus aires marciales y el pueblo comprendió que se acercaban las autoridades superiores de la República; las compañías militares que formaban valla de uno a otro palacio, escucharon la voz penetrante de sus jefes que mandaban: "¡Presenten armas!", y el desfile continuó regio hasta llegar al portón del Palacio Legislativo, donde una tercera comisión introdujo a tan honorables personas hasta el recinto donde estaba preparado el ceremonial.

Barrundia y Morazán fueron colocados uno al lado del otro, puestos de pie, y en esta misma actitud todos los presentes; fueron invitados aquellos a acercarse a la mesa directiva, donde el primero hizo formal entrega al segundo del bastón presidencial y con severa majestuosidad, el ciudadano Francisco Morazán rindió la promesa constitucional ante el presidente del Congreso, señor E. Lorenzana, quien acto seguido tomó la palabra, vibrante y elocuente, empezando su alocución así: "El décimo año de nuestra Independencia ha venido a ser la segunda época constitucional de la República".

Esa era la verdad escueta; los años anteriores habían sido una farsa con ribetes de tiranía.

Lorenzana creía que se había alejado el fantasma del clericalismo, único trastornador del orden público y sostenedor de las nefastas tiranías de la Patria Grande. Sin embargo, hacía un recuento de todos los infortunios y de todas las calamidades que engendrara el absolutismo en esos diez años de libertad menguada y ultrajada, reconquistada por la gloriosa espada del que en aquel momento asumía la presidencia de la Federación.

"Vuestra es ahora la empresa de conservar los felices resultados de la victoria, continuó el orador parlamentario; y para terminar decía:

Difíciles son aún las circunstancias de la República: no es el placer tranquilo, no es el descanso para los funcionarios de un pueblo naciente; pero ¿qué obstáculos hay que no pueda vencer la armonía entre sus poderes, la confianza entre sus gobernantes y los conatos de civismo ilustrado por afianzar la paz, conservar el orden público y dar impulso a todas las cosas que hacen prosperar las naciones? La nuestra será feliz, ciudadano Presidente. Para la generación actual, para nosotros los funcionarios públicos, más inmediatamente son los trabajos: quizá la ingratitud será la recompensa; mas ¿la posteridad no conservará en las páginas de la historia el nombre de los defensores de sus instituciones, el de sus conservadores, el de aquellos que haciendo desaparecer el espíritu odioso de partido, derramaron la confianza y el placer en los corazones de sus compatriotas? Duerma enhorabuena el mío en el pacífico olvido con tal que mi último sentimiento sea el de la consoladora esperanza de un feliz porvenir para la Patria".

Morazán contestó con solemnidad y bosquejó su hermoso y amplio programa de gobierno al cual pensaba ceñir sus actos de mandatario. *Cuando abracé la causa común, decía, no existía un solo principio de esperanza sino es para aquellos que desean morir en defensa de la ley.* Sigue comentando la situación en que se encontraba Centroamérica cuando él se lanzó a su liberación. Llega seguidamente a las luchas sostenidas para entrar al orden constitucional. Y no olvida la necesidad de establecer relaciones serias con la Silla Apostólica, pues debemos saber que era católico y que las medidas que se dictaron contra los clérigos se debieron a la situación en que actuaba y al entrometimiento de ellos en la política interna para impedir las libertades a que los ciudadanos tenían perfecto derecho.

Habló nuevamente de la alianza americana, cifrando sus esperanzas en que ella hará aparecer al Nuevo Mundo con todo el poder de que es susceptible por su ventajosa posición geográfica e inmensas riquezas, por la justicia de los gobiernos y por la identidad de sus sistemas; por su crecido número de habitantes y, sobre todo, por el común interés que los une.

En la actualidad se habla de la Unión Americana; se dice que después de la guerra pendiente entre Alemania, el Japón e Italia, contra Rusia, Inglaterra y el continente americano, habrá una sola constitución política para regir los destinos del mundo de Colón y que la solidaridad continental será un baluarte para futuros derroteros políticos. Morazán buscó esa unión hace más de un siglo. Es decir, que se adelantó a nuestros actuales hombres públicos. La gloria será siempre de quien incubó la idea que deberá realizarse en este siglo de las luces y de las crisis.

La industria de su patria fue para Morazán una preocupación constante y en su discurso la aborda de manera decidida:

"Los diversos obstáculos que se han opuesto hasta ahora a las miras benéficas de los que han intentado dar a la industria la protección que merece —decía—, es tiempo ya de removerlos; nada omitiré que se halle en mis facultades, para mejorar este ramo interesante y para darle impulso al mismo tiempo a todo lo que sea utilidad general. Tal es la apertura del canal en el istmo de Nicaragua. Esta obra grandiosa por su objeto y por sus resultados, tendrá el lugar que merece en mi consideración; y si yo logro destruir siquiera los obstáculos que se opongan a su práctica, satisfaré en parte los deseos de servir a mi patria".

No era posible que la Asamblea se quedara callada en acto tan importante y ante el modo franco de expresarse el General Morazán, así fue como nombró su orador a don Alejandro Marure, diputado, que se expresó así:

"Ciudadano Presidente:

La Asamblea Legislativa de este Estado felicita a usted por su elevación a la silla del Poder Supremo Nacional. Siente el más vivo placer de contemplar al hijo de la victoria sosteniendo con la autoridad legítima y constitucional, los derechos y la libertad de un pueblo que conquistó usted con triunfos singulares. Este Estado es reconocido a tanto beneficio: su representación hoy nos honra confiándonos la comisión de hacerlo así presente a usted, y también de manifestarle la espontánea voluntad que tiene de hacer en adelante los mismos servicios que actualmente ha prestado al Supremo Gobierno, de tener firme y continuamente unida a él y de probar en todo tiempo su amor decidido por la ley.

Nosotros a la vez ofrecemos a usted nuestro respetuoso afecto a la persona de usted".

En esas palabras[4] se escuchaba la voz de la nación. Marure era un genio representante y su elocuencia, unida a lo fundamental de sus frases, hizo decir a Morazán:

"El sistema federativo sólo puede sostenerse por la íntima y estrecha unión de los Estados entre sí y con el Gobierno Nacional; por lo mismo me es muy grata la actual demostración de la Legislatura de este Estado, con la cual deseo vivamente mantener la mayor armonía, sin perdonar para ello medio ni sacrificio alguno".

Bastan estas frases para poder apreciar las sanas intenciones del nuevo gobernante y su interés marcado por conservar la unidad del Istmo Centroamericano.

El discurso que siguió fue el del ciudadano José Francisco Barrundia, quien entregaba el poder. Fue una pieza oratoria de grandes alcances. Con la palabra galana y voz pausada, como si cada

---

[4] Copiamos íntegro el discurso de Marure como diputado porque haremos alusión a él en otro lugar, como ciudadano y como historiador.

palabra la dictara la experiencia, fue enhebrando los hechos y las cosas, dilucidando los problemas y aquilatando las virtudes ciudadanas del nuevo mandatario.

Disertó sobre las cargas que pesan sobre un gobierno de leyes; explanó con magistral claridad sus puntos de vista políticos y administrativos; emitió opiniones sabias en lo tocante al mando de una nación que no ha sabido comprender los beneficios de la libertad; y auguró para el futuro un cúmulo de felicidades que fuera la mejor recompensa para aquellos escogidos que ponían su vida y sus intereses al servicio del pueblo centroamericano y de la patria fuerte y respetada.

Fecha gloriosa y de significación histórica es el 16 de septiembre de 1830. Se celebraba el triunfo de la democracia, pues el pueblo se daba el gobierno que mejor le parecía, en unas elecciones libres y sin el espectáculo triste del odio y de la cárcel para los perdidosos. Habían ejercido un derecho: el del sufragio, y sus resultados eran un motivo de fiesta general, un triunfo para todos los ciudadanos.

Morazán queda, pues, en su elevado cargo; el pueblo redimido por él delira de entusiasmo, y la nobleza, esa nobleza hipócrita y llena de acometividad, callaba… pero siempre acechaba a los que la habían derribado de un solo golpe.

EL IMPERIO DE LA DEMOCRACIA

Con la ascensión al poder supremo del General Morazán y en una situación casi despejada, la vida de la Federación empezaba a deslizarse por un ambiente de optimismo y descollaba en toda la República la democracia que se fortalecía con la emisión de leyes adecuadas y el ejercicio libre de todos los derechos civiles y políticos.

Sobre el dilatado campo que otrora fuera dominado por la teocracia, veía levantarse en Centroamérica el bello y potente edificio de la civilización. Proclamada la igualdad de todos los hombres, surgían los claros rayos que disipaban inmisericordes los tormentos de la esclavitud impuesta por la nobleza, tal como cuando a los rayos del sol huyen rápidamente las sombras de la noche.

La reforma debía ser total. Se desconocen los privilegios de casta y la superioridad sólo existía en el talento y en la virtud; se abolieron los títulos de abolengo y solamente quedó el tratamiento de ciudadano, que se otorgaba a los que verdaderamente amaban y sostenían la libertad. Los claustros y conventos fueron cerrados para abrir escuelas laicas que alfabetizaran al pueblo y mejoraran así su condición. Una ley especial de instrucción declaró la enseñanza en las escuelas públicas con carácter de gratuita y obligatoria. Gratuita, porque siendo así, el Estado podía exigir la concurrencia de todos los niños a las aulas; y obligatoria, porque para todo es libre el hombre, menos para ser ignorante. Así lo entendieron aquellos legisladores y lo siguen practicando los actuales.

La enseñanza superior dejó de ser patrimonio de unos cuantos nobles adinerados y las universidades quedaron abiertas para todo el que tuviera capacidad de seguir una carrera profesional. El Colegio de Abogados, la Universidad y el Protomedicato fue una trinidad que se convirtió en la Academia de Ciencias, donde el dogma y la escolástica casuística fueron sustituidos por la razón.

Una de las reformas de mayor relieve que hiciera Morazán fue la introducción en el derecho de gentes de la exhibición personal, o sea, el habeas corpus. La libertad de imprenta se garantizó en toda su extensión, así como la libre emisión del pensamiento por medio de la palabra oral; la libertad religiosa y el derecho de locomoción fueron una realidad.

Se celebraron tratados comerciales y de otra índole con potencias extranjeras; se ensancharon las relaciones diplomáticas y consulares, acreditando representaciones en todo el continente y en algunos países de Europa.

No descansó Morazán, ni un solo momento, en la tarea de darle a su patria todas las comodidades y libertades, esforzándose por hacer un gobierno de leyes avanzadas y una nación de grandes recursos, fuerte y respetada. Para lograr ese objetivo no necesitó emplear medidas drásticas ni violentó los acontecimientos; empleó la persuasión más que el castigo; la sonrisa más que el gesto grotesco de los infatuados por el poder.

La majestad soberana de la ley regía los destinos de Centroamérica. La libertad era un símbolo sagrado y el altar de la patria tenía su puesto preferente en cada corazón de los ciudadanos. Ya alguien dijo que aquella época fue la "era de oro de la Federación".

CAPÍTULO VII: EL MARQUÉS AYCINENA, ENEMIGO DE MORAZÁN

Yo pienso que no puede haber amistad sino entre los buenos.

Cicerón

DOS GENIOS

Apenas quince meses fueron de tranquilidad aparente en el gobierno del General Morazán. Mientras este se esforzaba por implantar normas avanzadas en el país, los serviles oponían toda clase de obstáculos para que el adelanto no prosperara; Morazán buscaba la manera más adecuada para hacer comprender al pueblo sus derechos y sus deberes, encauzándolo por la senda de la democracia; y los nobles agotaban sus ingeniosas invenciones para decirle al mismo pueblo que el gobierno los estaba engañando y que solamente quería servirse de un mito para hacer de ellos carne de cañón.

Cuando Morazán lanzaba circulares y manifiestos exhortando a sus conciudadanos para que se dedicaran al trabajo, los serviles dirigían luengas cartas llenas de virulencia, acomodando una sarta de diatribas contra el redentor de la patria.

El uno luchaba sabiamente por la redención total de sus gobernados; los otros hacían trabajos de zapa entorpeciendo la marcha libre del carro del progreso.

Mientras el gobernante atendía a las necesidades de su pueblo, los ultramontanos metían la cizaña en el mismo para frustrar los trabajos de aquel.

Morazán se perfilaba como un genio del bien, multiplicándose para dar vida a su obra benéfica. Aycinena y comparsa también se multiplicaban como el genio del mal, para atraer hacia sí a los incautos y derribar aquella obra.

Era una lucha tenaz y constante entre dos genios. La paz no podía ser duradera en tales condiciones.

CONVULSIONES INTERNAS

Era a finales de 1831 cuando empezó a oírse el rumor de una nueva revuelta preparada por los conservadores. Al fin ese odioso partido había formado opinión en los eternos descontentos y en los desalmados ambiciosos que vivían al amparo de las absolutas garantías que les daba el Gobierno Federal.

Nicaragua estaba gobernada por el representante de las virtudes cívicas, don Dionisio de Herrera; en Honduras estaba al frente del gobierno el pundonoroso militar José Antonio Márquez, hombre caracterizado y de gran disciplina; en Costa Rica ejercía el Poder Ejecutivo don Juan Mora, quien era el genuino representante del orden y de la legalidad; en Guatemala representaba la jefatura del Estado don Mariano Gálvez, prototipo del talento y de la ilustración; pero desgraciadamente en El Salvador gobernaba don José María Cornejo, representante legítimo de la traición.

Fue en este mal hijo de Centroamérica que encontraron al hombre deseado los serviles y con él el apoyo que necesitaban para saciar sus instintos criminales.

El expresidente federal Manuel José Arce creyó oportuno el momento y, en vez de cooperar para el mantenimiento de la paz, garantía indiscutible para el bien de la patria, levantó la bandera imperialista de la revolución e invadió a Guatemala por el lado de Soconusco. El Coronel Vicente Domínguez entró a Honduras por Trujillo, y el contumaz revoltoso Ramón Guzmán enarboló la bandera española en el castillo de Omoa. Todos luchaban en conjunto y de común acuerdo con el traidor Cornejo.

Aycinena apellidaba a Morazán como a un tirano: "...un soldado con la espada en la mano holló con tanto descaro como escándalo las garantías sociales, las leyes, los derechos naturales del hombre y hasta los sentimientos de humanidad", decía el famoso Marqués. ¿Podía comprobar sus aseveraciones este noble que sólo males le acarreó a la patria? ¿Resistiría un parangón su desastrosa administración con la del héroe consagrado por la gloria? ¿Podría atribuírsele a Morazán acción despótica o proceder tiránico en toda su carrera política y militar, o en su gobierno?

Respondemos a estas interrogaciones con la palabra autorizada del doctor Montúfar, cuando refuta al señor Aycinena:

"Sin embargo, a ninguno fusiló. Menos se obligó a ninguno a que abriera su propio sepulcro para fusilarlo después. Mucho menos se obligó a nadie a que, abriendo su fosa, se cubriera de tierra hasta la garganta, quedando su cabeza al nivel del suelo, para sufrir en ella, después de algunas horas de martirio, golpes que consumaran el mísero sacrificio. Estos crímenes que se vieron perpetrar bajo la santa dominación de las leyes, los derechos naturales del hombre y los sentimientos de humanidad. Lo único que huella todo esto, es la expulsión de conspiradores como Domínguez, instrumento de Aycinena; como Arce, que se convierte en filibustero y viene a hollar el suelo de la patria; como Pedro González y su círculo nobilísimo, que iza la bandera española en el castillo de Omoa".

Y ahora oigamos lo que dijo el poeta en aquellos desastrosos tiempos:

VIRTUDES DE MARIANO AYCINENA
Jefe intruso del oprimido Estado de Guatemala

¿Quién todo el mundo ha mimado
para entregarse a España?
¿Quién a los pueblos engaña
hipócrita cual malvado?
¿Quién cual tigre coronado
se presenta hoy en la escena?
　　　　　AYCINENA

¿Quién puso a la aristocracia
en los más altos empleos?
¿Quién tiene vivos deseos
de destruir la democracia?
¿Quién con mayor eficacia
quiere monarquía plena?
　　　　　AYCINENA

¿Quién la más estrecha alianza
con el chapetón ha hecho?
¿Quién contra el común provecho

injustos decretos lanza?
¿Quién la bárbara matanza
de Milingo ve sin pena?

AYCINENA

¿Quién es causa de que siga
con El Salvador la guerra?
¿Quién la paz santa destierra?
¿Quién atiza la enemiga?
¿Quién más negro pecho abriga?
¿Quién nunca hará cosa buena?

AYCINENA

Este era el concepto que en aquel remoto tiempo se tenía del que ilegalmente había llegado al poder. Así se juzgaba al que poco después quería mancillar el nombre de quien estaba a muchos codos sobre su nivel político y moral.

SUEÑOS DE ESCLAVITUD

"El año de 1829 Fernando VII, rey de España, intentaba la reconquista de sus antiguas posesiones en el Nuevo Mundo.

Una expedición que debía atacar las costas de México y Centro América se anunciaba y no se hizo esperar: el Brigadier Isidro Barradas salió de España con cinco mil hombres y en la isla de Cuba recibió refuerzos.

Barradas contaba, para obtener su triunfo, con la cooperación del clero y la aristocracia.

El clero católico no tiene más patria que el Vaticano.

El Papa León XII había declarado enemigos del ungido del Señor a los héroes de la independencia americana, y era preciso volver a las legumbres de Egipto bajo el yugo del Faraón.

La pretendida aristocracia, que sólo aspira a honores, a timbres y a distinciones, no podía soportar verse al nivel de los hijos del pueblo y quería un rey.

El clero y la aristocracia se entendían con el General Barradas y era su activo cooperador un español desterrado: el arzobispo Fray Ramón Casaus y Torres, que se hallaba en La Habana.

El clero y la aristocracia siempre han suspirado por la monarquía.

El año de 1822 ensangrentaron una parte de la América Central para sujetar al país al efímero imperio que se levantaba en Méjico; el año de 1829 se adherían a la expedición de Barradas; el año de 1832 enarbolaron la bandera española en el Castillo de Omoa y pidieron auxilio al Capitán General de la isla de Cuba.

Barradas traía frailes de San Francisco que debían abrir misiones para conquistarnos con el breviario.

El 27 de julio de 1829 trece buques de guerra a las órdenes del Almirante Laborde anclaron en Cabo Rojo.

El Partido Liberal, siempre DESORGANIZADOR, se propuso DESORGANIZAR la intentona de los serviles y la expedición de Barradas.

La dicha de Centro América estuvo entonces en que el Partido Liberal se hallaba en el poder... Presidía la República en 1829, como senador más antiguo, el ciudadano José Francisco Barrundia, quien desde el sitial culminante del Capitolio, dirigió a los Estados una proclama que comienza así:

"Todo el pueblo americano es independiente: todas las provincias que antes fueron esclavas se elevaron a naciones soberanas. El régimen despótico se cambió en instituciones republicanas.

La libertad cubre bajo sus alas el más vasto continente.

La regeneración fue simultánea y asombrosa, y una luz inmensa, una revolución feliz, agitó al mundo elevando la especie humana."

Sentadas estas premisas, habla el Senador Presidente del proyecto de reconquista y de sus móviles, y truena sobre los pretendidos reconquistadores y sus cómplices en la América del Centro.

La voz de Barrundia fue escuchada: el Congreso Federal dictó un decreto que declara la guerra a España mientras aquella nación no reconociera la independencia de la República de Centro América".

Autobiografía del Doctor Montúfar

PREPARATIVOS PARA LA NUEVA LUCHA

No era posible permanecer inactivo ante las amenazas del enemigo.

El cielo de la patria volvía a oscurecerse cuando tres de sus Estados eran invadidos por la revolución. El Congreso Federal autorizó al General Morazán para que depositara el poder supremo y saliera de la capital a combatir a los traidores.

Antes de su marcha, Morazán pidió al Jefe del Estado de Nicaragua le enviara ochocientos hombres a la capital de El Salvador para organizar el ejército que pacificaría a la nación.

Reinaba entusiasmo general entre los militares que acompañarían a Morazán.

Estaba ya ensillado el brioso caballo que había asistido a varias batallas y que marcharía luego al campo del combate, llevando en su lomo a un jinete nimbado por la gloria y acreditado por su extraordinario valor.

El desfile se hizo en el mayor orden; las ventanas estaban repletas de muchachas curiosas y damas resignadas, divisando aquel grupo de soldados que marchaban al compás de cornetas y tambores.

Luego salieron de la ciudad y, alejándose paulatinamente, dejaron de ser visibles a los espectadores.

Morazán iba serio, tal vez contrariado por el proceder incorrecto de aquella nobleza que presenciaba el desfile; no eran ni treinta hombres los que lo acompañaban; su estado mayor le formaba una valla respetuosa y cuando hubieron salido de la ciudad, aquel jefe era alegre y jovial hasta llegar al carácter campechano.

Aquella comitiva llega por fin a Jalpatagua, frontera salvadoreña.

Acampa y se prepara el alojamiento y la comida. Nuestro héroe aprovecha esos momentos para dictar a su secretario general un manifiesto al pueblo centroamericano.

En ese documento hace consideraciones generales de los sucesos que estaban desarrollándose y los cuales le habían obligado a depositar el mando supremo para salir a conjurarlos, previo permiso o autorización del Congreso Nacional.

Hablaba de la perfidia de algunos amigos y de las sinrazones alegadas para llegar a las armas.

Elogiaba la lealtad del pueblo salvadoreño y su ameritado heroísmo

...así como la perfecta unidad que mantenía con el Gobierno Federal. Lamentaba la determinación de la Asamblea que había decretado, extraordinariamente, la separación de la Federación y el desconocimiento de las autoridades de la misma.

Declaraba que marchaba contento, sin arredrarle aquellos decretos; iba desarmado para que no creyeran que les llevaba una amenaza; lo acompañaban veintiocho hombres solamente. ¡Ejército numeroso era este porque su jefe era un titán!

La Asamblea había amenazado a Morazán con arrojarlo del territorio salvadoreño.

Él terminó su manifiesto con estas palabras:

"Perpetre, enhorabuena, la Asamblea de El Salvador el crimen que anuncia en mi persona, resista mi entrada y arrójeme de su territorio: no es a mí, es a la Nación a quien ofende, y ella me confió su desagravio."

Era el 2 de enero de 1832 cuando se escribía este trascendental manifiesto en aquel humilde pueblo fronterizo.

Dos días después, nuestro héroe, con su escuadra militar, hace su entrada a la histórica ciudad de Santa Ana. Ya en esta metrópoli, el 6 del propio enero, Cornejo, envalentonado por sus congéneres, envió a Morazán un oficio donde le ordenaba que desocupara el territorio, pues de no hacerlo así, ordenaría a sus fuerzas que lo atacaran. Y tras la intimación hizo movilizar sus fuerzas de San Salvador con dirección a occidente.

Como el Presidente Federal no disponía de recursos suficientes para enfrentar al traidor, que estaba fuerte y que disponía de todo el poder en aquel Estado, optó por regresar a Guatemala, donde alistó elementos de alguna importancia para salir con dirección a Honduras.

CONTINÚAN LOS PREPARATIVOS

Cornejo creyó haber obtenido un triunfo sobre el genio, y esta creencia le infló como se infla un globo de papel.

Pero nunca se imaginó, ni pudo comprender, que las acciones de los traidores jamás perduran ni prosperan.

Al contrario, la ingratitud que anida siempre en corazones corrompidos, como el que albergaba en su pecho aquel tránsfuga de las libertades, tenía que escarmentar duramente, cuando el intimado en Santa Ana lo atacara con el mismo coraje con que había acometido a su adlátere Justo Milla en la pequeña altura de La Trinidad.

En el mes de febrero salió Morazán para Honduras con un ejército compuesto de guatemaltecos, nicaragüenses, hondureños y salvadoreños, y con fecha 28 lanzó un manifiesto a los pueblos centroamericanos, expedido de su cuartel general en marcha, y en el cual exponía los sucesos revolucionarios que lo hacían volver a la lucha para mantener la integridad de la Federación.

Decía que algunos jefes que juraron fidelidad a la causa libertaria lo habían traicionado en sus esfuerzos por el mantenimiento de la paz; y exhortaba a todos los ciudadanos para que cooperaran, en la medida que les fuera posible, a expulsar los inconvenientes que afligían al país.

La organización de las fuerzas reivindicadoras se estaba llevando a cabo en una forma completa y bajo la dirección del Jefe Supremo, al grado de estar ya terminadas en los primeros días de marzo siguiente.

Se había dispuesto invadir por el lado de San Miguel, para hacer escarmentar al traidor José María Cornejo.

EL TRIUNFO DE LA LIBERTAD

Este jefe salió personalmente de San Salvador con seiscientos hombres y, al llegar a Jocoro el 13 de marzo citado, acuarteló, tomando todas las precauciones necesarias; y como apenas hacía dos meses que a una intimación suya había retrocedido Morazán, creyó que su presencia podía hacer que se repitiera la misma escena.

Morazán no llevaba esta vez los veintiocho hombres que lo acompañaron a Santa Ana: era un ejército capaz de responder por el triunfo en cualquier combate.

Cornejo estaba en un error al considerarse capacitado para sostener una lucha con el genio militar que asombraba a sus adversarios en cualquier parte que se les enfrentaba.

"Cornejo tenía seiscientos hombres en Jocoro.

Morazán avanzó a marchas forzadas a ese pueblo y se situó en El Portillo. A las dos de la mañana del catorce de marzo, la descubierta del Presidente se enfrentó con una avanzada enemiga y hubo tiroteo.

Morazán cubrió la retaguardia del enemigo con trescientos hombres, y el batallón número 1 de la división de Nicaragua, con cien hondureños del mismo cuerpo y con una compañía de caballería.

El Presidente esperaba que amaneciera para reconocer el campo y disponer el ataque, teniendo el resto del ejército sobre el camino recto.

A las tres y media de la mañana, el enemigo rompió el fuego por la derecha, cesó después de una hora y continuó antes de rayar el alba.

Morazán dispuso dar el ataque; pero a los primeros tiros de la primera compañía del batallón número 2, mandada por el Coronel Ramón Valladares, huyeron las tropas de Cornejo.

Morazán las siguió hasta El Portillo y no pudo continuar porque sus tropas estaban sumamente estropeadas.

La división del Presidente sufrió pocas bajas, pero entre estas se encuentra la del valiente Capitán Bustillos.

Cornejo perdió, entre sus muertos, heridos y prisioneros, 500 hombres" **(Reseña Histórica).**

Cornejo, en su huida vergonzosa, llegó a San Salvador, donde se fortificó, abrigando la esperanza de vencer a su adversario. Pero su desilusión fue grande cuando se informó de que los comandantes de armas de Sonsonate, Metapán y Chalatenango, así como las autoridades civiles y militares de otras poblaciones, habían desconocido al jefe Cornejo y se adherían al ejército legitimista que comandaba el General Morazán. Este llegó a San Miguel y, comunicándose con el general Prem, convinieron en el ataque de la capital.

Arce fue batido en la frontera mexicana por el Coronel Raöul y deshecho completamente.

En Honduras, los coroneles Torrelonge, Ferrera y Gutiérrez, de combate en combate, derrotaron a Domínguez y Guzmán, en una serie de encuentros que empezaron desde los campos de Tercales, siguieron por Jaitique, El Espino, Opoteca, Omoa, y terminaron en Trujillo, donde fueron completamente derrotados y fusilados por la salud de la patria.

En San Miguel recibió algunos refuerzos el General Morazán para organizar su avance sobre los derrotados que se habían parapetado en San Salvador.

LA MARCHA DEL PODEROSO EJÉRCITO

Organizadas las fuerzas legitimistas en San Miguel, se dictaron las órdenes pertinentes para la marcha.

El calor sofocante de aquella región y el sol de marzo que parecía abrazar los campos, casi tenían desesperados a los soldados, y la orden de marchar la recibieron con delirante entusiasmo.

Los clarines dejaron oír sus alegres sones y empezaron a moverse, cual si fuera una enorme serpiente adormilada, por la cinta gris del polvoriento camino, aquellos batallones aguerridos que buscaban el bienestar de la patria, exponiendo su existencia para conseguir tal objetivo.

La vanguardia del ejército iba comandada por el Coronel colombiano Narciso Benítez, quien llevaba un total de cuatrocientos hombres; era jefe de la primera brigada de infantería, compuesta de oficiales y soldados nicaragüenses; y la segunda brigada, a cargo del Coronel F. Domínguez, compuesta de hondureños; todo bajo el mando inmediato del Coronel Benítez, quien era ayudante de campo del General Morazán.

No había vacilaciones. La confianza que inspiraba nuestro héroe no era para que los que lo acompañaban se sintieran embargados por malos presagios. Iban alegres y entonaban canciones populares; tenían el chiste a flor de labios.

Cualquiera que los hubiera observado habría imaginado que se trataba de un grupo de peregrinos que caminaba en romería, y no hombres que iban a la guerra; así caminaba aquella fila de soldados, alegres, decidores, festivos...

SAN SALVADOR RECIBE AL HÉROE

Cornejo estaba en una situación comprometida, sin otro remedio que hacer frente a los sucesos que se aproximaban y que él mismo había acarreado. No descansaba en su afán de sostenerse en la capital; había rodeado completamente la ciudad con retenes bien fortificados, los que eran visitados personalmente por aquel jefe insidioso. Sus soldados no tenían esperanzas ni confiaban en aquel orden de cosas, y murmuraban muy bajo comentando la traición cometida por su jefe.

El Coronel Benítez, como jefe de la vanguardia, fue el primero en llegar al pueblo de Soyapango, donde se encontraba una avanzada de Cornejo, tan distraída, que cuando se dio cuenta de la presencia del adversario y quiso tomar las armas, aquel les gritó:

"¡Ni un paso más! ¡Cuidado quien toca las armas!"

Y toda la avanzada quedó prisionera. Este podemos decir que fue el principio del ataque a la capital, pues luego llegó Morazán con el resto del ejército y se procedió a disponer en forma adecuada la embestida general, que empezaría por Milingo, en el camino recto de Soyapango y La Chacra.

Amanecía el 28 de marzo y los libertadores se encontraban de pie, listos para entrar en acción. Las órdenes emanaban del jefe supremo y se difundían entre los demás jefes, quienes ejecutarían los planes de batalla con el mayor acierto y matemática exactitud.

Morazán inició la lucha con su ayudante de campo, atacando las fortificaciones de La Chacra, las cuales estaban desprovistas de fosos, y por lo cual pensó el jefe que era urgente tomarlas con rapidez. Ordenó al Coronel Domínguez que distrajera la atención del enemigo por el ala izquierda, frente a la trinchera que tenía un cañón emplazado de cuatro pulgadas, y que Benítez marchara hacia la derecha, donde estaba otra avanzada en una pequeña altura. El ataque fue simultáneo y con buen éxito.

El Coronel Benítez hizo tan buen empuje por su lado que llegó hasta la plaza y quedó comprometido, casi en un peligro inminente; pero el Coronel Domínguez comprendió aquella situación y cargó con tal dureza contra el enemigo que rodeaba a su valiente compañero, que sin vivas ni toques de ordenanza que animaran la acometida, pero sí con entusiasmo, valentía y decisión, el triunfo coronó aquel esfuerzo en que campeaba la osadía de los asaltantes.

Sobre la plaza mayor hizo mucha oposición la soldadesca de Cornejo, que ya estaba reducida a sus últimos atrincheramientos; allí se sostuvieron por más de una hora los sitiados, pues una de las fortificaciones mejor guarnecida era la de la iglesia de San Francisco, donde, en una embestida que le hizo Morazán, fue muerto el hermoso caballo que montaba.

La casa que se levantaba frente a la trinchera le servía de muralla al enemigo, y careciendo de instrumentos adecuados para demolerla, el Coronel Valladares se dio a la tarea de romper a golpes de fusil una de sus puertas que daba al solar, y por allí subió unos soldados al techo, siendo estos de los mejores tiradores y quienes empezaron el fuego graneado. Una compañía de la 4ª división marchó al mismo tiempo por el frente, y con ayuda de la 1ª y 3ª brigadas barrieron la trinchera, derrotando al enemigo y tomando posesión de ella el capitán Lacayo.

Los cornejistas se dispersaron, huyendo a todo correr, y el General Morazán, presidente de la Federación, quedó victorioso nuevamente, aplastando esta vez a un traidor empedernido que osó defraudar las aspiraciones del pueblo centroamericano y amedrentar al egregio caudillo que ya estaba consagrado por la gloria.

NECESARIAS ORGANIZACIONES

Como era natural, después de la toma de San Salvador tenía que venir la organización más perfecta, por cuanto debía escogerse a los hombres para el manejo de los empleos públicos, tomando en cuenta las experiencias anteriores.

Como una medida que podía tomarse en tal situación, asumió el poder del Estado el propio General Morazán, quien convocó a elecciones para la subrogación legal, resultando electos jefe del Estado el ciudadano Mariano Prado y vicejefe don Joaquín San Martín.

Con la insurrección de Cornejo no dejaron de quedar algunas dificultades y muchos resabios en aquel Estado, por lo que el señor Prado se vio obligado a dejar el mando en manos del vicejefe.

Una vez libre El Salvador de las amenazas cornejistas, Morazán se trasladó a Guatemala, asumiendo, desde luego, el poder supremo. Volvió a dedicarse a los trabajos de Estado para continuar su obra democrática y la lucha incesante para defenderla y defenderse de los serviles que lo acechaban de continuo.

La renuncia de Prado en El Salvador venía a confirmar los rumores que corrían de una nueva revuelta. San Martín ambicionaba el poder y por ello intrigó para que se le postulara como vicejefe, pues bien suponía que era la manera más fácil de atrapar el mando. Desde el día en que tomó posesión de la vicejefatura se concretó a trabajar solapadamente para acarrearle toda clase de desprestigios y dificultades al jefe Prado; circulares por aquí y tertulias conservadoras por allá, hasta que al fin se salió con la suya: el jefe del Estado renunció y asumió el poder aquel intrigante que luego se declaró contra el Gobierno Federal.

Con el interinato de San Martín, vinieron para El Salvador nuevos y graves trastornos; y, con su fatídica figura, Centroamérica vio alzarse una nueva estirpe de traidores, empeñados en oscurecer sus glorias más preciadas y de llevarla a su fraccionamiento.

MORAZANIDA

Las cosas caminaban en el Estado salvadoreño de un modo diferente a como sucedía en los demás; y como los acontecimientos acaecidos se prestan a muchos comentarios, abriremos el siguiente capítulo para continuar nuestra narración.

CAPÍTULO VIII: MUERTE DE VALIENTES CAPITANES

EL TERROR SANMARTINISTA

El vicejefe en el ejercicio del poder cuscatleco nada tenía de aquel discípulo de San Hilario que llevaba su mismo nombre; era todo lo contrario del santo varón de Panonia. Ni tampoco tenía el valor y patriotismo del vencedor de Chacabuco y Maipó.

Era don Joaquín San Martín un magnífico ejemplar de los traidores; y tenía sus ribetes de tirano sanguinario, con lo cual demostraba su cobardía.

Por decreto del soberano Congreso Federal se había acordado el traslado del gobierno supremo a la ciudad de Sonsonate, y su cumplimiento estaba postergado debido a los sucesos provocados por Cornejo, Arce, Domínguez y Guzmán.

En vista de los acontecimientos acaecidos en San Salvador y de acuerdo con el Senado, el General Morazán depositó el poder en el vicepresidente, general Gregorio Salazar, y salió con rumbo a la frontera salvadoreña, llevando unos pocos hombres para lograr con ellos la pacificación de aquel Estado.

En sus planes de sometimiento contaba con las fuerzas que comandaba el Coronel Benítez, pero desgraciadamente este se vio obligado a enfrentarse a las fuerzas de San Martín y fue derrotado en San Vicente, quedando además en una posición desventajosa para poder unirse a las compañías de Menéndez y Angulo.

Llegado nuestro héroe a la ciudad de Ahuachapán, instala allí su cuartel general; hace publicar los planes de su campaña pacificadora y se dirige al señor ministro de guerra del Gobierno Federal, dando cuenta de que Benítez había sido derrotado en San Vicente, que los facciosos estaban envalentonados y que creía cargaban sobre los contingentes de Menéndez y Angulo que se le habían unido. Que los presos de San Francisco habían propalado la noticia de que el Estado de Guatemala los ayudaría a combatir a Morazán, y que para poder hacer frente a tales circunstancias, necesitaba del gobierno una ayuda de quinientos hombres disciplinados para obrar como mejor se acomodara a la situación; que consideraba mejor y más oportuno trasladar las autoridades supremas a El Salvador, para poder así controlar y conjurar los acontecimientos. Ya para terminar esta nota, dice:

"El sacrificio de mi vida no será la primera vez que lo ofrezco a la Patria; pero no quiero perder aquella sin ninguna utilidad para esta; como sucedería, indefectiblemente, si hubiese de obrar con ochenta hombres de que consta la fuerza federal, contra una que podrá aumentarse, cuanto no es creíble, después del triunfo que ha adquirido y lo que la halagan los ofrecimientos que, aunque yo creo falsos, son bastante lisonjeros para los hombres que no conocen su falsedad".

Estas frases vertidas en el oficio que con fecha 15 de marzo de 1833 dirigió el General Morazán al ministro federal, valen tanto como si hubiese participado el triunfo sobre los sanmartinistas que ahogaban la libertad con su proceder antipatriótico.

LA PRUDENCIA DEL GENIO

Morazán era un hombre extraordinario. Sus nervios estaban siempre bien templados y jamás lo abandonaba su proverbial serenidad. No creía en un fracaso completo y tenía siempre la fe de un creyente. El peligro no le arredraba, pero tampoco lo violentaban las sandeces del enemigo.

Él pensó trasladarse a Santa Ana, donde el Gobierno Federal tenía algunos fondos que muy bien podía tomar para reclutar más soldados, pero luego supo que las fuerzas de San Martín habían llegado a Coatepeque al mando del Coronel Paredes y que le cortarían el paso o le harían entablar una lucha que no reportaría ningún beneficio. Entonces optó por retirarse a Guatemala, saliendo por el lago de Güija.

Doce horas después de haber salido Morazán para la ciudad de Metapán, entró Paredes con trescientos hombres en Ahuachapán.

Parecerá extraño que habiendo tenido nuestro biografiado doscientos hombres no haya querido enfrentarse con los trescientos de Paredes, pues dada la capacidad y la justicia que le asistían al primero, el triunfo hubiera sido un hecho para las armas legitimistas.

Pero nosotros creemos que aquel genio pensó de diferente manera, pues como su misión se contraía solamente a la pacificación del Estado, buscaba mejores medios para llevarla a cabo, evitando el derramamiento de sangre hermana.

En San Salvador no había fuerzas que pudieran evitarle la entrada y deshaciendo a Paredes habría entrado marchando, sin ningún obstáculo, en la capital. Pero él reflexionó lo suficiente sobre todos los puntos que presentaba el problema de la pacificación y vio con claridad que entrando de tal suerte en la referida capital, hubiera venido como consecuencia el cambio de autoridades por medio de otra lucha electoral y pocos meses después volvería el fantasma de la revolución.

Así fue como decidió salir para Metapán y de allí continuar por El Trapiche de Vargas hasta llegar a Mita, de donde, con fecha 30 del mismo marzo, dirigió al jefe insurrecto la protesta de su disgusto y con ella una última exhortación al orden legal.

Le explicaba que se había retirado evitando el contacto con sus fuerzas para poder evadir responsabilidades de funestas consecuencias; había visto con desagrado la rapidez con que caminaban las tropas facciosas con el objeto de atacarlo. Le hacía ver el sacrificio que hizo hasta de su amor propio herido en lo más tierno: el impulso de sus jefes subalternos y el de sus soldados que no querían esquivar la lucha. Reclamaba que se le dijera si aceptaría San Martín su plan de pacificación o si tendría que renunciar a sus maneras correctas que estaba empleando o si tendría que cambiarlo por la fuerza para llegar a la pacificación deseada. Después de agotar toda una fraseología pacifista, exclama el genio:

"Mas, de cualquier manera, yo quiero saber lo que hay de positivo. Reclamo contra el proceder, cualquiera que sea su emanación. Pido se me dé la satisfacción correspondiente por la tropelía intentada. Exijo se me diga con franqueza a qué debo atenerme en lo sucesivo".

El jefe insurrecto aguzó su ingenio y logró convencer a Morazán de que estaba decidido a cooperar con las autoridades federales para llegar a un orden perfecto, para lo cual se cumpliría uno de los puntos del plan pacificador de Morazán, reuniendo una Asamblea en la ciudad de Metapán y que regresara este a Guatemala a asumir su alto cargo.

Así se hizo; pero la tal Asamblea no se reunió, alegando San Martín que sus subalternos no cumplían las órdenes que él giraba.

LA TRAICIÓN EN SU APOGEO

Cansado de tanta cobardía e insinceridad; agitado del ir y venir; de bregar en una lucha que se había hecho estéril a causa de la intransigencia, Morazán pidió su retiro del Gobierno Federal para irse a Honduras a entregarse al descanso con su familia.

El General Salazar tomó el mando provisorio y procedió a darle cumplimiento al decreto que mandaba trasladar las autoridades a la ciudad de Sonsonate, arreglándose todos los asuntos previos para tal efecto.

No andaba guerreando Morazán, como afirma el doctor Asturias; estaba en Comayagua al lado de su familia y gozando de unas vacaciones que había logrado para descansar de tantos afanes. La historia no miente y tergiversar los hechos juzgados por ella es harto malicioso en todo tiempo.

Al llegar Morazán a Comayagua hizo saber al pueblo hondureño el estado en que se encontraban las cosas con motivo de los sucesos de El Salvador.

San Martín quiso aprovechar la ausencia de Morazán como pretexto para violar el convenio de 6 de abril, por el cual se comprometió al sometimiento completo y para lo cual aquel se retiraba a Guatemala. Quiso tener un fundado motivo para apartarse de lo pactado, alegando que Morazán había salido para Honduras contraviniendo lo dicho en el plan pacificador. Este puso en claro las cosas, refutando lo dicho por San Martín, pues este no tenía autoridad ni facultad alguna para confinarlo en lugar determinado.

Pero la tiranía continuaba en su apogeo. San Martín impartía órdenes siniestras y las víctimas se iban duplicando. Bien puede decirse que el año 33 fue para los salvadoreños la época de terror.

Llega el año de 1834. Las autoridades federales estaban radicadas en Sonsonate y el vicepresidente de la República, encargado del Poder Ejecutivo, con fecha 1.º de marzo emitió un decreto por el cual asumía nuevamente la presidencia el General Morazán, con lo que las cosas tenían que cambiar extraordinariamente.

Este cambio no lo esperaba San Martín y pensó violentar los acontecimientos, haciendo más marcado su odio contra el jefe supremo; creyó amedrentarlo y para ello se dio a la tarea de perseguir despiadadamente a los amigos más íntimos del presidente. Pretextando que se fraguaba un complot, ordenó la captura del Coronel Máximo Menéndez, a quien sin formación de causa se le fusiló, cometiendo con ese acto un verdadero asesinato y de los más horrorosos.

El doctor Martínez López dice al respecto:

"El Coronel don Máximo Menéndez, que tenía mucho prestigio en el ejército por su valor e intrepidez, y ser además partidario y amigo del General Morazán, fue reducido a prisión sin más pretexto que el de suponerse que intentaba conspirar contra el jefe salvadoreño. Esto incomodó a los habitantes todos de San Salvador, y de común acuerdo se propusieron sacarlo por la fuerza de la cárcel. En efecto, en la noche del 11 de mayo de 1834, se juntaron pelotones de gentes, armados de cuchillos y palos, se dirigieron al lugar donde se encontraba Menéndez, y cuando empezaron a romper las puertas fueron sorprendidos por descargas continuas y nutridas que les hacía una compañía que con anticipación se había situado en el atrio de la catedral, sabedora de lo que iba a suceder, habiéndose retirado todos sin poder llevarse a su jefe favorito. Al día siguiente fue encontrado Menéndez en la cárcel, muerto y lleno de heridas, suponiéndose que aquel asesinato fue ordenado por San Martín".

SE PONE COTO AL DESENFRENO

La prudencia del genio parecía agotarse en presencia de aquel oleaje desbordante y capaz de arrollar hasta con los cimientos de la Federación. Sin embargo, no procedió festinadamente. Lamentó la muerte inicua de su amigo y, sobre todo, la crueldad neroniana de su ejecución. Sus nervios sufrieron la primera impresión y, sobreponiéndose a su sistema, controló sus impulsos, se serenó, dio aviso de lo ocurrido a los gobiernos de los Estados para prevenirlos de los sucesos futuros y de la necesidad de unirse más y más para hacer frente al despotismo y reprimir el desenfreno de los traidores.

Otra medida de importancia para solucionar el conflicto fue la de solicitar el traslado de las autoridades federales a la ciudad de San Salvador, lo que se decretó sin pérdida de tiempo.

Morazán, ya en esta capital, no quiso emplear la fuerza contra San Martín y procuró servir de mediador entre el pueblo descontento y enfurecido y aquel jefe que se había hecho odioso por sus procedimientos tiránicos. No fue posible hacer entrar en el alma ya corrompida del jefe insurrecto y depravado los sentimientos de franca lealtad y humanitarismo que habrían fructificado en la vida ciudadana de la nación.

San Martín, desoyendo las palabras pacíficas del jefe supremo con toda la ingratitud y jesuitismo que le era peculiar, hizo alistar sus fuerzas y las envió a Cojutepeque, yéndose él en seguida, sin manifestar los fines que perseguía. El Congreso Federal quiso por última vez evitar las consecuencias que traería la fuga del jefe del Estado y lo llamó al orden; pero este no atendió, porque ya estaba poseído del espíritu del mal. El Teniente Estrada llevaba a Cojutepeque los pliegos del Congreso; poco antes de entrar en la ciudad, una avanzada de San Martín lo capturó y, por más que aquel protestó por ser enviado especial y de haber mostrado las notas que lo acreditaban como tal, fue asesinado cruel y horrorosamente.

LA METRALLA PERSUADE MEJOR QUE LAS PALABRAS

El gran genio de la lengua española, don Miguel de Cervantes Saavedra, en su discurso sobre las armas y las letras, opina magistralmente que jamás las armas pueden hacer ventaja a las letras. Respetable opinión que perdura y perdurará siempre, cuando las letras vayan dirigidas a personas sensatas y de alma noble. Pero cuando se trata de tiranos empedernidos, de mediocres indignos o de espíritus desequilibrados, las más convincentes razones son aquellas que salen estrepitosamente por las bocas de los fusiles.

Los habitantes de la capital experimentaban ciertos temores; la salida de San Martín era con seguridad una tregua corta para volver sobre la ciudad en son de guerra. Y tenían sobrada razón para creerlo así. Morazán estaba tranquilo, sereno como siempre, alistando sus defensas para la mayor seguridad, como quien sabe que el éxito ha hecho pacto definitivo con él.

La calma reinaba durante los días 21 y 22 de julio. La ciudad estaba bien fortificada y las fuerzas dispuestas a castigar con dureza al traidor.

Guatemala envió a Morazán quinientos hombres para sostener el gobierno constituido. El enemigo atacaría con tres mil hombres; el gobierno apenas si tenía mil y estaba seguro de la victoria.

Amanecía el 23 de julio citado. Un sol de invierno apareció tras los últimos tintes de la aurora y, cuando apenas había subido para empezar a alumbrar la ciudad, una avanzada del gobierno dio aviso de tener a la vista al enemigo por el lado de San Jacinto.

Con este aviso, Morazán ordenó a su corneta de órdenes que tocara reunión al centro y se preparó para recibir a sus soldados en la plaza mayor. En una organización perfecta fueron llegando los diferentes batallones para formar el cuadro militar.

Una vez reunidos todos, se dejó oír la voz firme y tonante del jefe que arengaba en esta forma:

"Valientes soldados: Dentro de breves instantes seremos atacados por el enemigo. Es necesario que no vayáis a desmentir vuestro valor. Allá (señalando al enemigo) está la muerte; aquí (blandiendo su espada) está la gloria. El que no quiera pelear, que lo diga con franqueza, porque jamás se puede obtener un triunfo con hombres forzados".

—Doctor Martínez López

Luego mandó colocar retenes en todas las bocacalles, pues su plan de defensa estaba limitado a no dejar penetrar al enemigo al centro de la ciudad.

Oigamos lo que dice el doctor Martínez López ya citado, pues es una de las fuentes mejor documentadas de las que nos sirven de fundamento para escribir esta biografía:

"Las fuerzas de San Martín, en número de 3000 hombres, hicieron alto a la orilla de la ciudad, disponiendo que empezara el fuego por las compañías que, avanzando por la calle de La Merced, llegasen hasta la de San Francisco, llevando consigo la vanguardia unos diez tiradores, encargados de hacer fuego sobre el General Morazán. Al llegar a aquel lugar rompieron el fuego sobre una avanzada de las fuerzas defensoras, que retrocedió al ver el considerable número que se arrojaba sobre ellos. Morazán se fijó en este movimiento, y ordenó al Coronel Yánez, comandante de la caballería, que protegiera la avanzada, que se lanzó con denuedo sobre la infantería enemiga, que retrocedió diezmada por las calles anegadas de sangre.

Otras compañías del ejército de San Martín lograron romper todas las manzanas en que hoy se encuentra Casa Blanca, sorprendiendo a Morazán con una lluvia de balas que le arrojaron. En ese instante fue herido Morazán en un dedo, e hizo derribar a cañonazos las puertas del edificio de donde le hacían fuego, e introdujo por ella unos cuantos escuadrones que, a bayoneta calada, desalojaron al enemigo y corrió la sangre a torrentes.

Las fuerzas enemigas eran rechazadas por todas partes por las de Morazán, distinguiéndose las que se batían bajo las órdenes de Yánez, que cargó con tal ímpetu sobre el enemigo, que logró desconcertarlo y ponerlo en derrota después de cinco horas de reñido combate. Las calles y los campos quedaron cubiertos de cadáveres, y una nueva guirnalda de laureles vino a ceñir la frente del intrépido General Morazán".

Ahora nos resta decir que las pérdidas de San Martín fueron tan numerosas, que cuando cesó el fuego apenas si pudo revistar trescientos soldados de los tres mil que entraron al combate.

De las fuerzas del General Morazán se lamentaron pérdidas en menor número pero algunas sensibles como la muerte de los valientes capitanes Francisco Salazar y Vicente Cuembate y los ayudantes Pedro Castillo y Mariano Enríquez, siendo heridos el propio General Morazán, los Coroneles Vicente Hueso, José Yánez y Francisco Madrid, los subtenientes Miguel Bran y José Tomás Arrivillaga.

San Martín huyó a Zacatecoluca con los pocos soldados que le quedaban. El Coronel Isidoro Saget lo persiguió muy de cerca y le dio alcance en Jiquilisco, donde lo batió con heroísmo hasta deshacerlo completamente.

El jefe rebelde estaba fuera de combate. Su ejército fue numeroso pero la causa que perseguía era de las más ruinosas, lo que agregado a su falta de pericia militar, completó su fracaso.

La traición había sido vencida y la tranquilidad volvía al pueblo salvadoreño, tan valiente como leal y decidido.

CAPÍTULO IX: MUERTE DEL SABIO

La patria es tu pasado, tu presente y tu porvenir. Enaltécela y
hazla respetar de los demás.
BOLÍVAR

SUCESOS IMPORTANTES

Derrotados los rebeldes y terminado el fantasma sanmartinista con su cortejo de barbarie y deslealtades, Morazán se preocupó por organizar los poderes del Estado y garantizar la vida y las propiedades de todos los salvadoreños. Ninguno sufrió persecuciones; aun los más encarnizados rebeldes gozaron de todos los derechos inherentes a la ciudadanía.

Por unos pocos días se encargó del gobierno del Estado el general Gregorio Salazar y luego se lo entregó al vicejefe don José María Silva. Este hubiera podido mantener al pueblo en el goce de sus derechos y habría laborado efectivamente en favor del Estado, pero le faltaron consejeros y personas de buena voluntad que lo acuerparan.

Se procedió a elegir a los nuevos funcionarios, resultando favorecidos: para jefe del Estado el meritísimo ciudadano don Dionisio de Herrera y para vicejefe el mismo señor Silva. No pudo aceptar el primero por causa de enfermedad y el segundo continuó en ejercicio del poder. Luego se eligió para llenar la vacante de Herrera al general Nicolás Espinosa.

A principios de este año se convocó al pueblo de Centroamérica para que eligiera autoridades federales, pues estaba para terminarse el período legal.

Los servicios que a la patria había prestado el general Morazán eran tan reconocidos y de tanta importancia que, después de la rebelión de San Martín y pacificado el país, la Asamblea del Estado de El Salvador se reunió en la ciudad de San Vicente y, con fecha 11 de octubre de 1834, emitió un decreto por el cual otorgaba el título de General de su Ejército al ciudadano Francisco Morazán, así como el de benemérito de la patria. También les reconoció el grado de generales y se les mandó hacer honores de tales a los ciudadanos Nicolás Espinosa y Gregorio Salazar, declarándolos a la vez beneméritos de la patria.

La no aceptación por Herrera de la jefatura del Estado, como ya dijimos, trajo a este alto puesto al general Espinosa, quien no tardó en entrar en choque con el vicejefe Silva y surgieron algunas contrariedades que causaron muchos daños en el pueblo y gobierno salvadoreños.

A los pequeños trastornos interiores del Estado de El Salvador se sumaban algunos que amenazaban de muerte a la Federación, pues Arce volvía como rebelde contumaz a aparecer por la frontera mexicana y el Estado de Honduras parecía ser el punto principal de su objetivo, pues se creía fácil la toma de los puertos de Omoa y Trujillo. También el cónsul de Inglaterra, Mr. Chatfield, intrigaba para amedrentar a Morazán y no desperdiciaba oportunidad para tener una entrevista con el presidente federal y hacer que este se violentara, negándole a la Gran Bretaña sus pretensiones de ocupación o expansionismo. Para hacer frente a tales acontecimientos, el gobierno hondureño tomó algunos fondos pertenecientes a la Federación, tales como los del tabaco, lo que dio origen a cierto descontento y a querer, de manera insidiosa, destruir el pacto federal.

Para evitar funestas consecuencias, el gobierno de la República dispuso comisionar al general Morazán para que pasara a Honduras a arreglar ese difícil problema y mediar en lo posible para consolidar la unidad.

Morazán, que vivía por la patria y para la patria, no vaciló en aceptar la comisión que se le confiaba, y depositando el mando supremo en el vicepresidente, salió para Honduras, dirigiéndose a Comayagua directamente, donde la Asamblea del Estado estaba reunida deliberando sobre la situación creada y ante lo cual expuso tan distinguido comisionado las razones persuasivas de la necesidad y apremiante urgencia que había para que el gobierno devolviese la administración de sus puertos y las rentas de tabaco. Tan fundamental era su exposición, que la Asamblea decretó inmediatamente la devolución de lo pedido.

Arreglados estos asuntos en Honduras, dispuso nuestro biografiado regresar al Estado de El Salvador, donde parece que las cosas estaban a punto de convertirse en una monserga capaz de llevar a cabo la despiadada guerra civil. Espinosa y Silva continuaban en completo desacuerdo. Gálvez se dirigió desde Guatemala a Morazán, diciéndole que Espinosa trataba de soliviantar los ánimos en aquel Estado, fomentando una revolución. El general Espinosa era incapaz de tales procedimientos, pues era hombre disciplinado, amigo leal de Morazán y gran partidario de la unión centroamericana. Silva era quien había dado esos informes a Gálvez para que este se distanciara con aquel y se produjera un choque de fatales consecuencias para la unidad de la patria.

El jefe supremo quiso averiguar la verdad y se dirigió a la capital con doscientos federales, y al pasar por San Vicente se le agregaron muchos soldados voluntarios. Siguió su camino y, tras largas y continuas jornadas, llegó a la capital, en donde constató que unos cuantos ambiciosos querían hacer de Espinosa un traidor, como lo hicieron con Cornejo y San Martín. Afortunadamente, los méritos que poseía aquel integérrimo ciudadano no admitían discusión, y para probar una vez más su lealtad al jefe predilecto y a la causa que defendía, le envió una comisión para manifestarle que estaba pronto a dejar la jefatura del Estado, y que solamente quería que, con él, dejara la vicejefatura el señor Silva.

LA MUERTE DE UN SABIO

Cuando se firmó el acta de independencia en 1821, un hombre que frisaba en los cuarenta años dejó oír su voz potente en el augusto recinto de la Asamblea; era abogado, orador y político de los más destacados de su época. Varios compañeros de diputación le consultaban en aquellos críticos momentos y, si alguien hubiese observado, habría comprendido o adivinado que trataban de convencerlo. Pero nosotros creemos que era un sujeto convencido y solamente había en él cierta discrepancia que en nada entorpecía los acontecimientos que se estaban sucediendo.

Era el sabio José Cecilio del Valle, que venía trabajando denodadamente por aquel paso solemne que se estaba dando y que significaba la reivindicación de los derechos de los centroamericanos.

Nacido en Choluteca, Honduras, se educó y vivió desde niño en la ciudad de Guatemala; era de costumbres sencillas, amante de las bellas artes, sobre todo de la música y la poesía. Varias veces fue diputado y le tocó redactar el acta de la independencia el 15 de septiembre de 1821; fue Ministro del Emperador Agustín I de México.

José Cecilio del Valle era en Centroamérica el genuino representativo de la ciencia. Y cuando la convocatoria a elecciones de autoridades federales de que venimos hablando al principio de este capítulo, el pueblo lo designó candidato a la presidencia de la República. El otro candidato era el general Morazán, quien ejercía el poder, pero que garantizaba la más completa libertad electoral.

Al abrir los pliegos de las elecciones en el escrutinio, resultó que había obtenido mayoría de sufragios el sabio Valle, por lo que se le declaró popularmente electo y se le llamó para que llegara a tomar posesión de su alto cargo, pues entonces se encontraba en su hacienda, dedicado al descanso y al estudio.

Alistó su viaje y, desgraciadamente, en el camino falleció de manera repentina el 2 de marzo de 1834.

LA ELECCIÓN DE UN GENIO

Con el fallecimiento del presidente electo y para salvar la situación que se presentaba, se dispuso devolver al pueblo los votos que había depositado a favor de Valle y se le insinuó que pensara en otra persona que mereciera su confianza para llevarla a la primera magistratura de la Nación.

Así fue como el 2 de junio del mismo año se convocó nuevamente a elecciones federales.

¿Quién más que el general Morazán para continuar dirigiendo los destinos de la patria, con tanto acierto, desinterés y patriotismo? ¿Había, por ventura, persona alguna que le disputara con mejores o iguales títulos el elevado puesto que había sabido mantener en lucha abierta con el servilismo?

No se trataba de un militar que había ganado muchas batallas ayudado por varios centenares de soldados valientes y jefes decididos; ni tampoco del hombre que tenía sugestionados a los pueblos; ni mucho menos de un engrandecido por la gloria, capaz de sentirse orgulloso de sus triunfos, como se sentía Napoleón Bonaparte, quien no creía que otro humano fuese capaz de ponerle la corona al emperador, por lo que la arrebató de manos del santo prelado y se la colocó en las sienes por sí mismo. No, se trataba de un genio que se había perfilado como un gran estadista y, más que todo, como galante enamorado de la Unión de Centroamérica, cuya integridad había jurado mantener.

El 2 de febrero de 1835, el Congreso Federal, reunido en pleno en la ciudad de San Salvador, procedió a abrir los pliegos electorales y, llevado a cabo el escrutinio, resultó electo para el nuevo período constitucional el ciudadano Francisco Morazán, en sustitución del sabio Valle, que había fallecido.

El júbilo del pueblo fue grande y la patria vistió sus galas por tal acontecimiento.

"Los hombres cimas llevan dentro de su congénita grandeza una como singular predestinación para cumplir, contra las borrascas y tormentas de su vida procelosa y agitada, la misión trascendental de su destino.

Pásmase la mente y el ánimo se maravilla al seguir con el pensamiento esa acción no interrumpida de la vida de Morazán, y en cuyos registros no se ven sino triunfos inauditos; enemigos vencidos y perdonados, que vueltos a sus actividades reaccionarias, formábanle sin término ni interrupción montañas de dificultades que él aplasta y desmorona con sólo el peso de su pasmosa voluntad regeneradora, que lo transfigura en el titán de nuestra naciente Democracia. Y fue a través de ese hacinamiento de dificultades sin cuento que lo hemos visto vencer, primero en los campos de batalla a los enemigos de la patria, luego como presidente de la República, haciendo triunfar sus principios y, después de terminado su período, vésele reelegido casi por unanimidad".

Morazánida.

SUCESOS DE ENCADENAMIENTO

El 14 de febrero del año citado tomó posesión de la presidencia el General Francisco Morazán, empezando un nuevo período legal. Como ya dijimos, el asiento de las autoridades federales era la ciudad de San Salvador.

Muchos daños causó la falta de tino en los dirigentes de la nacionalidad, al no haber designado una porción del territorio, fija, para erigir la capital federal. Ese andar de aquí para allá con todos los enseres y poderes de la República fue siempre una rémora para el desarrollo de los planes de adelanto y estabilidad de la Federación.

También hablamos de las dificultades creadas por Espinosa como jefe del Estado de El Salvador, quien al renunciar su alto cargo, salió rumbo a La Unión, donde embarcó el 28 de noviembre de aquel año, abandonando el suelo centroamericano.

En ese mismo año fue electo en Guatemala, para un nuevo período constitucional, el doctor Mariano Gálvez, amigo íntimo de Morazán, y quien, sobre todas las cualidades, tenía la de ser un unionista convencido.

En el primer capítulo de esta obra dijimos que existe una relación misteriosa en la vida de los pueblos y ahora tenemos que decir que, por relaciones igualmente inescrutables, los acontecimientos de una época influyen considerablemente en el carácter de los hombres que nacen bajo la influencia de la misma. En este año de 1835, el 19 de julio, nació en el pueblo de San Lorenzo, departamento de San Marcos, Estado de Guatemala, un niño al que sus padres hicieron bautizar con el nombre de Justo Rufino Barrios, y quien más tarde luchó denodadamente por la nacionalidad, levantando el estandarte que empuñara Morazán, derrocando al mariscal Vicente Cerna, sucesor de Carrera; decretando la campaña nacional, asumiendo la jefatura militar de Centroamérica el 28 de febrero de 1885, y muriendo gloriosamente por el ideal morazánico, treinta y tres días después, en los campos de Chalchuapa.

Mayores detalles de esta personalidad acopiamos en el ensayo biográfico sobre la persona de José León Castillo, listo para su publicidad; por lo que ahora solamente diremos lo que el gran escritor ecuatoriano Juan Montalvo ha dicho: Morazán se descubrió en la eternidad cuando vio llegar a Barrios.

BAJO EL ARCOÍRIS DE LA PAZ

Empezó a correr el año de 1836 con muy halagadoras promesas para el engrandecimiento y bienestar de la patria. Los pueblos estaban dedicados al trabajo que dignifica; las naciones extranjeras habían tomado confianza en la nueva nacionalidad y creían que estaba consolidada la paz.

En el mes de marzo se reunió por novena vez el Congreso Federal, presidido por el integérrimo ciudadano don Juan Barrundia.

Todos los diputados estaban ansiosos por prestar su cooperación a las autoridades supremas para el mantenimiento de la tranquilidad y el bienestar general.

El 21 del citado mes se presentó el general Morazán a leer su mensaje presidencial en el seno de la augusta representación, mensaje que llevaba un saludo sincero y encarnaba una promesa de grandes proporciones para la vida de la nacionalidad.

Daba cuenta de las medidas tomadas en beneficio de la nación: el retiro del ministro plenipotenciario de México, en virtud del estado convulsivo de aquel país; de haberse allanado los obstáculos para la creación de una agencia en La Haya y la enfermedad del individuo nombrado que había postergado los arreglos para la apertura del canal de Nicaragua. De la no celebración de un tratado con Inglaterra y de los arreglos necesarios para fijar los límites entre Guatemala y Belice, fundando sus esperanzas en que la Corte de Londres haría justicia a Centroamérica. De los movimientos revolucionarios de El Salvador, que casi llegaron a consumarse por la infidelidad del jefe Espinosa, y la forma en que fueron develados. De la organización del ejército regular y de la pobreza del erario para tener sobre las armas un mayor número de tropas; de las dificultades de la moneda y de la falsificación habilidosa que ha invadido al país, haciendo casi imposibles las transacciones de toda clase.

Informaba sobre la educación de la juventud

Ya hemos dicho que uno de sus más fervientes deseos de engrandecimiento estaba cifrado en la instrucción popular. Para ello había introducido, con buen suceso, el sistema lancasteriano, pues todavía no existía Pestalozzi.

Terminaba aquel mensaje:

"Séame permitido concluir esta exposición con un acto de justicia debido al mérito de los primeros legisladores de nuestro país. La Constitución abunda en principios altamente luminosos. En su formación excedieron sus dignos autores las esperanzas del centroamericanismo, estableciendo esta patria vacilante e incierta bajo el sistema de gobierno que nos rige; pero doce años de aguardar entre infortunios y vicisitudes ese fruto de prosperidad tantas veces prometido, ha inspirado a los pueblos el justo deseo de una reforma radical, y revelado al hombre pensador los vicios de que adolece, al considerarla semejante a un árbol hermoso que, trasplantado a un clima exótico, se marchita y decae a poco tiempo, sin haber producido los frutos que se esperaban".

Este último párrafo nos da la medida del hombre preparado para gobernar: si Morazán hubiera hecho estudios profesionales, si siquiera hubiera recibido en el colegio la enseñanza secundaria, no nos extrañaría su preparación para expresar ideas luminosas y para exponer planes de alta trascendencia político-social. Lo veríamos como un militar de estrella, a quien la casualidad y el valor llevaban de triunfo en triunfo, escalando así las cimas del poder supremo. Los generales Miguel García Granados y Justo Rufino Barrios eran hombres de estudios; el primero, un parlamentario de nota y por ello inició la reforma en Guatemala; pero carecía del valor material suficiente para hacerla solo. Barrios era notario público, hombre de gran valor y decisión, y se asoció a García Granados, quien se encontraba emigrado y sin esperanzas de emprender la revolución. Barrios se avocó con él en México y le propuso la magna obra. Aquel ardía en deseos de llevarla a cabo, y para cerrar la entrevista con Barrios, le dijo a este:

"Convenido: ponga usted el valor y yo pondré el dinero".

Estas palabras decisivas cerraron el pacto que dio por resultado el triunfo sobre las huestes de Vicente Cerna en el memorable 30 de junio de 1871, que trajo la reforma de Guatemala y la campaña nacionalista de 1885.

Pero volviendo a nuestro biografiado, hemos de convenir que no tuvo las facilidades de Simón Bolívar, ni las de Santander, ni los estudios de Napoleón Bonaparte. Él se formó solo, hizo triunfar sus ideas y las implantó en beneficio de la patria. Si no llegó a redactar una proclama como la del Chimborazo, ni una carta como la enviada a Fanny du Villers —dos joyas perfectas en nuestra literatura—; si no hizo ejecutar a un duque de Enghien, ni escribió cartas sentimentales como las dirigidas por Napoleón a María Luisa, sí supo redactar desde la ciudad de David un manifiesto soberbio, desafiando a las tiranías de su patria y que es más monumental que todos los que se han escrito hasta la fecha; y redactó su bello testamento, que es un resumen de su grande obra y de su vida ejemplar.

Confirmó la sentencia de muerte del padre Durán en el orden legal; y en cambio, perdonó al traidor San Martín cuando fue capturado en Jiquilisco por Saget, después de haber querido y procurado la muerte de Morazán.

He aquí la grandeza de aquel genio singular.

LA INTRIGA CLERICAL

Con la misma energía con que el general Morazán iniciaba su nuevo período presidencial, los serviles empezaron sus trabajos de zapa, como en años anteriores, tratando de obstaculizar los avances del progreso nacional. Amparados en las garantías otorgadas por un gobierno democrático, acechaban agazapados como fieras para atacar despiadados en el momento oportuno.

Morazán estaba más ocupado en dictar disposiciones benéficas que en controlar a sus enemigos, porque creía de buena fe que no habría quienes osaran asestar un golpe para derribar el pedestal grandioso de la libertad.

Desde 1829, los serviles habían perdido su hegemonía en los destinos de Centroamérica y no estaban contentos con el nuevo orden de cosas que los había dejado fuera del rol de los negocios públicos, y por eso no desperdiciaban oportunidad para desprestigiar al Gobierno.

EL CÓLERA Y LA AGITACIÓN CLERICAL

Por entonces apareció el cólera morbus, que hizo estragos en los indígenas de Guatemala, enfermedad desconocida en la época, la que tomaron como espada de dos filos los ultramontanos, propalando a los cuatro vientos que se debía a un envenenamiento de las aguas que los herejes (morazánicos) habían hecho para exterminar a los católicos.

Los sacerdotes Sagastume, Lobo, Durán, Aqueche, Orellana y González se encargaron de ir de pueblo en pueblo predicando y excitando a los sencillos habitantes para que se sublevaran contra el gobierno, lo que con facilidad consiguieron, y empezó el derramamiento de sangre en los distintos lugares del país.

Algunos enemigos de Morazán (sobre todo el clero) han querido desfigurar los acontecimientos de aquella época, reviviendo los odios de sus antecesores y haciéndose eco de las versiones insidiosas de ellos, tratándolo de "déspota vulgar" y de tirano empedernido. ¿Será capaz un fallo imparcial de darle esos calificativos a quien no quiso ejercer el despotismo ni la tiranía en aquellos momentos que la misma situación lo requería? ¿Quién en su lugar no hubiera empleado el rigor contra los serviles que a cada paso sembraban la discordia? ¿No hubiera sido justo que Morazán ordenara la captura de tanto sacerdote disociador y que los hubiera mantenido en prisión o hacerles ejecutar en la plaza pública como a sediciosos, para escarmiento de los demás? ¿No habría hecho una obra patriótica ordenando la ejecución de Aycinena y comparsa, para librar a la patria de semejantes enemigos que le asestaban puñaladas de muerte a la nacionalidad?

Si hubiese obrado de manera drástica, extirpando el mal de raíz, la patria se habría salvado y su memoria no sufriría los burdos ataques de que se le hace objeto, porque ni descendientes habrían dejado aquellos enemigos jurados de la libertad.

Pero su carácter no se prestaba para tomar semejantes medidas. Era humanitario y veía en los conservadores a sus semejantes ante Dios, y los creyó capaces de poder apreciar el rico don de la libertad que él les traía.

CAPÍTULO X: CARRERA ESPIABA A MORAZÁN

La hora es de responsabilidad y virilidad.
José Manuel Cortina

EL GRAZNIDO DEL CUERVO

El clero logró con sus prédicas insidiosas la sublevación de los indígenas de Guatemala y empezaron los sangrientos encuentros del año de 1837. Gálvez hizo todo lo posible por mantener el orden en aquel Estado, pero no tuvo buen éxito y la campaña disociadora continuó con el mayor auge. El graznido del cuervo de los reaccionarios se oía en las montañas abruptas como el anuncio de hondas desgracias.

De las montañas de Mita, en el departamento de Jutiapa, bajó acaudillando una partida de indígenas un joven de veinticuatro años, de regular estatura, fornido, de tez morena y pelo lacio, ojos muy vivos, analfabeto pero sagaz e inteligente. Su oficio había sido hasta esa edad el de campesino, y su dedicación a la crianza de cerdos formaba su patrimonio. Se llamaba Rafael Carrera, y los de su raza lo creían un predestinado, calificativo que le confirmaron los nobles chapines, pues vieron en él al instrumento que necesitaban para oponerlo a Morazán.

Como decimos, encabezaba una partida de revoltosos que asediaba al gobierno del doctor Gálvez y lo debilitaron hasta anonadarlo; por tales sucesos, este se dirigió al gobierno federal en solicitud de auxilio. Morazán pudo muy bien alistar las fuerzas de que disponía y poner coto a las pillerías de Carrera, pero acordándose de que Gálvez había celebrado tratados con San Martín, como gobiernos independientes, con el deseo de eliminarlo como presidente federal, faltando a la disciplina y a la lealtad que como jefe de Estado debería mantener a la Constitución y demás leyes que regían la nacionalidad, dejó que la revolución continuara su curso y asediara más y más a Gálvez, para castigar su infidelidad y hacerlo comprender que la fuerza de los gobiernos de los Estados reside en la cohesión de los mismos y no en la búsqueda de alianza con los enemigos jurados de la libertad; esto fue lo que hizo Gálvez.

Por eso, el levantamiento de los indígenas capitaneados por Carrera fue tomando incremento día a día hasta llegar a constituir una amenaza para la tranquilidad de Centroamérica.

ABEL ANTE CAÍN

En vista de los acontecimientos de Guatemala y para evitar que se siguiera derramando sangre fraterna, Morazán dispuso buscar la conciliación entre el gobierno del Estado y las hordas salvajes de Carrera, pues creía nuestro héroe que aquel analfabeto sería capaz de comprender los beneficios que traería para la patria un arreglo amistoso que economizara tanto bandidaje dirigido por él.

Barrundia, hombre de una honradez ciudadana acrisolada y a quien ya conocemos, ejercía el alto cargo de presidente de la Asamblea del Estado, y Morazán pensó en él para encargarle una misión pacifista ante el indio rebelde. Para lograr el objeto que se proponía, envió un oficio a Barrundia diciéndole que había decidido dar el auxilio necesario para extirpar el mal que afligía al Estado, pero que antes deseaba insinuarle a los revoltosos un arreglo en beneficio de la paz pública y de la nación en general; que se constituyera en el lugar donde se encontrara Carrera, llevando como intermediarios a los presbíteros ciudadanos José María Castilla, Manuel María Zeceña y Vicente Orantes. Los facultaba para que transigieran y celebraran cualquier convenio a fin de armonizar las situaciones que se presentaban.

Barrundia se puso en marcha para Santa Rosa en compañía de don Manuel Arrivillaga, y en el camino supo que Carrera no quería asistir a las conferencias que le insinuaban otros miembros del liberalismo. Un convenio celebrado en Santa Rosa le fue mostrado a Barrundia, pero lo rechazó por inconveniente. Luego le escribió a Carrera diciéndole que tenía instrucciones del presidente Morazán para entrar en pláticas y llegar a un arreglo con él; pero al oír el nombre de Morazán, aquel caudillo rebelde se indignó tanto que se asegura que, si hubiese estado presente el firmante de la carta, lo habría mandado a fusilar inmediatamente, tal era la furia que mostró aquel militar improvisado.

El inspirado cantor de nuestras libertades patrias, aquel varón humilde que cual otro Francisco de Asís fue a buscar al lobo en su madriguera para convertirlo y hacer de él un lobo manso, un lobo bueno, fracasó ante tamaña fiera que se hallaba emponzoñada y cargada de soberbia. Nuestro Abel no logró ni siquiera mirar frente a frente a Caín.

TRIUNFA EL CAUDILLO INDÍGENA

Las huestes de Carrera continuaron sus crímenes horrendos, sembrando el pánico por donde pasaban y haciéndose de más adeptos, ayudados por las prédicas continuas de los sacerdotes que se habían aliado a semejante turba de vándalos. La comisión informó al general Morazán de lo que se había pactado con Carrera y de que nada había cumplido este, a pesar de que lo estipulado era sugerido por él.

Aquel lamentó que sus proposiciones pacifistas no hubieran sido oídas por el jefe rebelde y se contentó con rendirles las gracias a Barrundia y compañeros por sus servicios prestados a bien de la patria, reservándose disponer lo conveniente para conseguir su objeto.

Carrera entró a la capital de Guatemala el 2 de febrero de 1838 y derrocó al jefe de Estado, doctor Gálvez. Los mismos conservadores se asustaron cuando vieron de cerca al indio que ellos habían apoyado. Tuvieron miedo y buscaron la cooperación de los liberales para lograr su retiro de la capital. Al efecto, gestionaron ante el caudillo indio su salida y con toda sagacidad le ofrecieron el cargo de comandante de Mita para hacerlo salir de buenas maneras. Carrera, con tal ofrecimiento, se dio por satisfecho y no tardó en desocupar la ciudad. Este propósito se llevó a feliz término con la decidida ayuda de don Juan Barrundia y otros elementos del partido liberal y del conservador.

No fueron en vano esos trabajos porque lograron su objetivo; pero esto dio mayor realce al montañés, quien quedó con mando directo y con elementos suficientes para hacer de las suyas.

El pillaje era incontenible. El cacique estaba envalentonado y su sed de sangre no se apagaba ni un momento. La civilización lo hería de frente; él estaba acostumbrado a vivir en la montaña con indios de su clase y de instinto sanguinario. Los esplendores de la ciudad y el contacto con gente ladina y educada le repugnaban y lo hacían llenarse de coraje. Igual que un búho no resiste la luz, Carrera no resistía la civilización.

Y así logró extender sus ramificaciones insidiosas aquel representante del obscurantismo más recalcitrante. Indujo al departamento oriental de Chiquimula a que se separara del Estado, formando uno nuevo; para ello debería exigirlo al gobierno y, de no concedérselo, él les daría su apoyo y con las armas lograrían su objetivo.

En vista de tales acontecimientos, la Asamblea del Estado acordó poner a Guatemala bajo el amparo del general Morazán, comunicándoselo y suplicándole aceptara darle su protección en tan difíciles circunstancias.

EL GLORIOSO EJÉRCITO EN MARCHA

La capital federal, que lo era San Salvador, presenció una mañana de marzo el desfile de mil trescientos hombres, perfectamente organizados y equipados, quienes iban alegres, vivando a la Federación y a su sostenedor, general Francisco Morazán; todo era algazara y entusiasmo. La rapidez con que se había alistado la marcha no dejó tiempo para que se enterara el vecindario de los propósitos de aquel imponente desfile. Corrían los comentarios de boca en boca, como queriéndose explicar lo que ocurría. Nadie acertaba, pero el ejército continuaba su marcha, sereno e impertérrito, con la característica de aquellos veteranos que siguieron a Leonidas en sus luchas heroicas.

A la retaguardia iba un grupo de jefes en hermosos corceles, y entre ellos se destacaba la figura apuesta y gallarda del jefe supremo. Iban con rumbo a Santa Ana y de allí se encaminarían a las montañas de Mataquescuintla en busca de la fiera que acechaba desde su madriguera.

La llegada a Santa Ana de las fuerzas morazánicas fue un verdadero acontecimiento; tampoco sabían los santanecos el momento de la marcha ni podían explicarse la presencia del general Morazán en la ciudad occidental. El 9 del citado mes salieron aquellas tropas rumbo a Guatemala, habiendo mandado a la vanguardia al coronel Félix Fonseca para que llamara la atención del enemigo, que ya amenazaba a la ciudad de Guatemala, organizado en escuadrones y guerrillas casi suicidas.

Efectivamente, la estrategia de enviar a Fonseca a amenazar Mataquescuintla para cortar el paso a los insurrectos, hizo retroceder a Carrera y concentrar todos sus contingentes sobre esta plaza para evitar un ataque por la retaguardia. Así quedó reunida la manada en espera del ataque.

Morazán acampó en Corral de Piedra y desde allí pensó en hacer sus planes para el ataque, pero queriendo evitar un choque sangriento, dirigió un llamamiento a Carrera para que se presentara a engrosar las filas del ejército federal, con el objeto de establecer y comprobar la disciplina. Esta excitativa se la hizo el 13 de marzo y lo llamaba a unírsele en Cuajiniquilapa, lo que no logró, pues como ya sabemos, el indio estaba altivo y ensoberbecido.

La concentración de los rebeldes en Mataquescuintla desahogó un poco la situación en que estaba el gobierno de Guatemala, quien tuvo tiempo de organizar dos divisiones para defender la capital, pues con la llegada del presidente de la República, se creyó salvada la situación y próximo el triunfo total de los legitimistas.

UN TRIUNFO MÁS

Las divisiones organizadas en la capital salieron al mando del general Salazar con rumbo a Corral de Piedra, donde se unieron con los salvadoreños comandados por Morazán el día 14 de marzo. La llegada de este ejército fue una prueba más de la lealtad que existía aún en aquella capital. Al día siguiente llegó a unírseles la caballería de Sacatepéquez, comandada por el coronel Carballo.

Tan luego como hubo pasado el regocijo de la llegada de las nuevas tropas, el general en jefe dio la orden de marcha y se empezaron a organizar las fuerzas que se dirigieron a Santa Rosa, donde se instalaría el cuartel general, por ser el foco principal de la revolución. Los alcaldes de la ciudad fueron avisados con anticipación para que hicieran saber a los habitantes que no tenían por qué huir, pues su ejército era disciplinado y otorgaría completas garantías.

El asombro de aquellos jefes fue grande cuando encontraron desolados los pueblos que transitaron y en la ciudad no había un alma viviente. Carrera había tomado montaña adentro y se llevó a todas las mujeres. Era mediodía y un sol canicular sofocaba a aquella tropa que llegaba jadeante y sudorosa.

Cuenta la historia que cuando Pedro de Alvarado pactó la entrada a la ciudad de Utatlán con los reyes indígenas, el célebre conquistador encontró desolada la referida ciudad. Creyó que se trataba de una traición y mandó capturar inmediatamente a los augustos soberanos, haciéndoles quemar vivos en aquellas llanuras extensamente dilatadas.

Así, Morazán desconfió de aquella soledad que reinaba en Santa Rosa y, a pesar de que su ejército iba sufriendo los rigores de un sol penetrante, ordenó seguir la marcha hasta llegar a la hacienda de Santa Isabel, donde pernoctó la tropa, pero él y el general Salazar, juntamente con el Estado Mayor, se quedaron en la ciudad con el objeto de infundir confianza a los vecinos y lograr su regreso de las montañas.

En vano esperó; y no tan en vano, pues en aquel cuadro de desolación había una sombra humana; un ser agobiado por el peso de los años y por el implacable martirio de sus padecimientos: era un anciano que con las lágrimas en los ojos se presentó ante el Libertador y le comunicó sus cuitas; todos los vejámenes de que fue objeto de parte de los forajidos lo tenían en un estado tan calamitoso que movía a compasión. Era una prueba viviente del bandidaje de los carreristas que mataban impunemente en el nombre de Dios y al amparo de la religión.

Había que prepararse para la lucha, pues no de otro modo se resolvería la situación, y para apresurar los acontecimientos se dieron las órdenes pertinentes al ataque. El objetivo principal era Mataquescuintla; los facciosos estaban parapetados en sus fortines y el ataque se verificó con tal rapidez, que en pocas horas quedó triunfante el ejército federal. El enemigo escapó rumbo a las montañas y se destacaron algunas columnas en su persecución. El general Salazar atacó las posiciones que habían quedado aisladas y las derrotó completamente.

Salazar, una vez obtenido el triunfo, regresó a la capital a gestionar de los comerciantes el dinero necesario para el pago de sus fuerzas y de las que comandaba el general Carrascosa, que operaba por el norte del país.

Arreglados los asuntos monetarios regresó a dar cuenta al presidente de la situación capitalina, donde reinaba la anarquía de los bandos contendientes; la intransigencia de los partidos políticos desilusionaba a Morazán, pues veía que su triunfo sobre las armas de los revoltosos se eclipsaba ante los perversos procederes de los no combatientes, que pugnaban por la supremacía en la cosa pública.

ENTRADA TRIUNFAL EN LA CIUDAD DE GUATEMALA

Las insinuaciones de Salazar para que Morazán llegara a Guatemala cuanto antes decidieron la marcha del ejército con rumbo a la ciudad. Antes de marchar y con fecha 5 de abril, el presidente emitió un decreto por el cual ponía al distrito de Mita bajo el régimen militar y se excitaba a todos los que tenían armas y municiones a que las presentaran a las comandancias locales, ofreciéndoles, en cambio, eficaces garantías en sus personas y bienes, para que pudieran dedicarse a sus trabajos y ayudaran así a cimentar la paz de la República.

Las columnas que perseguían por las montañas a los sediciosos hicieron una limpia completa. No era posible que aquellos facinerosos, acostumbrados al saqueo y al asesinato, amparados en su instinto sanguinario, pudieran resistir el empuje formidable de un ejército disciplinado y valeroso que estaba acostumbrado a la lucha y experimentado en diferentes combates de importancia.

Emprendieron la marcha con la decisión que caracterizaba a los jefes, oficiales y soldados. Apenas había caminado un poco nuestro héroe, cuando se le presentó una comisión que llegaba de la ciudad a darle la bienvenida y a felicitarlo por el triunfo; dicha comisión estaba integrada por los ciudadanos Doroteo Vasconcelos y Felipe Molina, quienes confirmaron lo dicho por Salazar en lo referente a la anarquía que reinaba en la capital y la urgencia de que el general Morazán entrase en la ciudad en el menor término posible.

Si el 14 de septiembre de 1830 Guatemala vistió sus galas para recibir al general Morazán que llegaba a recibir la presidencia de la República de Centroamérica, todos aquellos agasajos quedaron pálidos ante los preparados y efectuados el 4 de abril de 1838, cuando nuestro héroe epónimo entró con su glorioso ejército, después de derrotar a la canalla indígena que hacía estragos en los pueblos del Estado.

LA VOZ DEL PATRIOTISMO

El pánico que cundió a la entrada de Carrera el 2 de febrero había hecho mella en la aristocracia guatemalteca y por ello estaba ahora identificada, por lo menos en la apariencia, con los libertadores.

Así fue como, en el acto de la llegada del general Morazán a la capital, se le presentaron los representantes de los partidos pidiéndole que asumiera el mando del Estado, contestándoles que no podía hacerlo sin la autorización de la Asamblea. La exposición que le fue presentada por el licenciado Alejandro Marure la firmaban 85 ciudadanos, y para que se diera cuenta la Asamblea y dispusiera lo conveniente, el presidente federal, con fecha 17 de abril, la pasó al Poder Legislativo y le expuso su sinceridad y patriotismo cuando de salvar la patria se trataba.

El alto cuerpo discutió y consideró el asunto, y en la misma fecha decretó: que las autoridades supremas del Estado de Guatemala se ponían bajo la defensa y protección del Gobierno nacional, que debía velar por la conservación del orden en la República y de las grandes secciones que forman sus Estados; que el vicejefe del Estado atendiera y se sirviera del consejo del general Morazán en toda su administración; que las fuerzas del Estado de toda clase, su organización y dirección quedaban bajo las órdenes del presidente federal, y otras medidas que casi ponían en manos de Morazán todo el engranaje del Estado de Guatemala.

Cuatro días después, el mismo cuerpo acordó su traslado a la Antigua, dejando en libertad de acción al Ejecutivo, siempre con la anuencia del jefe supremo.

EL PARTO DE LOS MONTES

El fracaso sufrido por Carrera en las montañas de Mataquescuintla en los primeros días de abril, no desalentó a los facciosos ni a su jefe para continuar la lucha de exterminio que tenían emplazada. Apenas se vieron libres de la persecución de los federales, volvieron a organizarse y cargaron sobre los pueblos indefensos en busca de nuevas aventuras.

La situación era incómoda y no quedaba otro recurso que alistarse para la lucha. Morazán empezó por organizar las fuerzas que deberían operar en los diferentes sectores, haciendo planes diversos basados en la topografía del terreno que serviría de teatro a los acontecimientos. Eran varios los lugares invadidos por las hordas salvajes y varios deberían ser también los pelotones que se enfrentarían a ellas.

Los lugares ocupados por el enemigo eran Jutiapa, Jocoy, Mataquescuintla y Amatitlán. Las fuerzas federales se distribuyeron convenientemente preparadas. Morazán atacó personalmente con su batallón las fortificaciones de Mataquescuintla, el 8 de mayo, y obtuvo sobre los revoltosos un éxito completo; al mismo tiempo, el coronel Manuel Antonio Lazo se lanzó con desmedido valor sobre las posiciones de Amatitlán, derrotando completamente al enemigo. El general en jefe admiró el valor y arrojo de los atacantes de Amatitlán que, bajo las órdenes del coronel Lazo, habían dado tan certero triunfo, y para premiar ese valor, el día siguiente, 9 de mayo citado, lanzó una proclama en la que decía:

Soldados: siempre os he apreciado como valientes, pero en la gloriosa jornada de ayer, en donde cada uno de vosotros tuvisteis ocho individuos armados y decididos a consumar su crimen, os habéis portado como héroes. Yo os saludo en nombre de la Patria con ese hermoso título.

Las fuerzas legitimistas continuaron la lucha, derrotando a los últimos baluartes de Carrera en la hacienda de Quesada, Mita, Chiquimula, Las Vírgenes y Fraijanes.

LA DICTADURA, COMO MEDIO SALVADOR

A pesar de las derrotas sufridas por el carrerismo, la amenaza de este era siempre constante y atrevida. Los nobles estaban amilanados con la terquedad de aquella turba capitaneada por el hijo del "Altísimo", como le apellidaban los curas Durán y Aqueche, pues creían que, de continuar en una lucha tan encarnizada, llegarían otra vez a tomar la capital para cometer toda clase de tropelías.

El partido servil pensó acogerse al amparo de las garantías que ofrecía el general Morazán y envió a su congénere Juan José

Aycinena, ante aquel jefe supremo, a suplicarle que asumiera la dictadura, para que investido de los poderes discrecionales pudiera salvar al Estado de aquella hecatombe que amenazaba de muerte las instituciones.

"Y quién pudiera creerlo —dice Barrundia— quién imaginarse el envilecimiento, la miseria ruin de ese partido noble, aristocrático.

El general Morazán había aparecido en Guatemala para calmar las facciones y combatir a Carrera.

El orgulloso partido se arrastró entonces a sus pies, lo recibió en triunfo, lo cubrió de flores, lo aduló hasta el fastidio, lo festejó y lo rodeó asiduamente, sufrió constante el desdén merecido a su bajeza y le pidió encarecidamente destruyera a los liberales, hiciera abolir las instituciones y aceptara la dictadura.

Esta solicitud inaudita, esta adulación al hombre que detestaban en el fondo de su alma, que los había vencido, humillado y reprimido severamente, no tuvo más efecto que la vergüenza de los aduladores y caracterizar su abyección infame bajo todos los partidos".

Morazán, que comprendía su deber más que cualquier otro ciudadano, rechazó la propuesta de Aycinena. Pero esta negativa no anonadó al servilismo, quien envió de nuevo a don Manuel Francisco Pavón para exigir, más que suplicar a Morazán, que se declarara dictador con toda la urgencia que requerían las circunstancias.

Me someto a la suerte, pues combatiendo por todas partes tal vez sucumbiré, pero sucumbiré con honor, contestó aquel republicano que odiaba las dictaduras, considerándolas como el arma que empuñan los tiranos para matar las libertades.

El partido oscurantista es tenaz en sus propósitos; los reveses no lo desalientan ni lo hacen retroceder. Insiste, inventa, acumula ingeniosidades y triunfa. Pero en el caso de Morazán fracasó, literalmente.

Proyectó un baile en honor del jefe supremo; hizo preparar jarrones de flores a las damas aristócratas e intentó mil rodeos para adularlo y arrancarle en medio de la alegría y agasajos la promesa de asumir la dictadura. Pero fue en vano: Morazán era desinteresado y firme en su credo democrático.

MARURE CONTRA MARURE

Era una lucha denodada la que sostenía el servilismo con el genio. Con fecha 5 de enero de 1838, más de ciento setenta ciudadanos habían enviado a Morazán una exposición pidiéndole la dictadura; el 9 del mismo mes, cuarenta vecinos más le enviaban otra petición en igual sentido; y el 16 de abril, ciento ochenta ciudadanos de la nobleza le piden lo mismo, firmando en cuarto lugar el ciudadano Alejandro Marure.

Este historiador se nos viene diciendo:

"Con respecto al General Morazán no puede negarse que sus primeros pasos en la campaña anunciaron intenciones humanas, bien naciesen de un sentimiento de lenidad, o bien de temor de que por otros medios sería inextinguible la rebelión; pero estas intenciones no pudieron llevarse a cabo, y bien pronto fueron desmentidas con hechos ATROCES y con protestaciones solemnes en que se proclamaba, como una necesidad, el completo exterminio de los pueblos rebeldes".

Estas frases se han publicado firmadas por Marure, fuera de la historia, y en ella encontramos este párrafo:

"SIN SER VENGATIVO NI SANGUINARIO, Morazán, demasiado apasionado a la gloria militar, ha aprovechado con ansia las ocasiones de ejercitar sus talentos guerreros y de humillar con sus triunfos a los que alguna vez le han agraviado. Bajo el dosel, no ha descubierto un genio creador ni ha sabido promover esas empresas útiles que hacen olvidar los males de la guerra, y que debieran poner el complemento a la regeneración de la República; pero se ha manifestado RESPETUOSO Y SUMISO A LA LEY, HA ACATADO SIEMPRE A LOS CUERPOS REPRESENTATIVOS DE LA NACIÓN, y en medio de lo espinoso de las circunstancias, ha sabido mantener la respetabilidad del mando, haciéndolo al mismo tiempo suave y apetecido de todos".

Deducimos de lo transcrito que aquel fecundo historiador tenía triple personalidad: la de diputado opinando el 16 de septiembre de 1830, que Morazán era el hijo de la victoria; la de ciudadano, firmando en 1838 una exposición con toda la nobleza para pedirle a nuestro caudillo que se declarara dictador, haciendo cesar toda otra autoridad; y escribiendo más allá de 1850 la primera cita que de él hacemos; y la de historiador, que le reconoce todos los grandes méritos y que nos confirma el concepto de que sin ser vengativo ni sanguinario, fue respetuoso y sumiso a la ley.

Siendo pues, la historia la que mejor refleja los hechos de los hombres y las cosas, tenemos que aceptar la versión histórica y lamentamos tener que titular así esta sección: Marure contra Marure.

LA INSURRECCIÓN CONTINÚA

Don Pedro Valenzuela desempeñaba el cargo de jefe del Estado y varias veces había pedido su retiro sin que se le resolviera en forma satisfactoria, pero llegado el momento oportuno y cuando las circunstancias eran propicias, presentó su dimisión y logró que le fuera aceptada, nombrándose para que lo sustituyera al ciudadano Mariano Rivera Paz. Este era un hombre de buena fe, gran patriota, pero fácil de creer en la sinceridad de quienes conocen con perfección el arte de adular para conseguir sus propósitos. Así fue como los serviles gozaron con tal designación y no tardaron en hacer que Rivera Paz comiera en la misma mesa de los conservadores.

Carrera organizó más de dos mil hombres; una legión de analfabetos dispuestos a sacrificar su vida en aras de su "caudillo adorado" y a satisfacer sus instintos criminales.

Las campañas que se prolongan siempre suelen debilitar al gobierno; los facinerosos tienen a su mano todos los recursos, pues viven del robo y del saqueo; no les importan los medios, cosa que el gobierno está cohibido a hacer. Por eso Morazán veía agravarse la situación, ya que los fondos federales eran sumamente escasos, debido a que solamente los aportaban los Estados de Guatemala y El Salvador, porque Honduras, Nicaragua y Costa Rica, influenciados por el conservatismo, habían retirado su apoyo a la Federación y le negaban fuerzas y dinero.

El jefe de Estado de Guatemala y la Asamblea habían agotado sus esfuerzos para agenciarse fondos, sin obtener resultados satisfactorios. Entonces Morazán se encargó del negocio, excitó al comercio y aceptó la oferta de los acaudalados don Pedro de Aycinena, don Juan Matheu y don Carlos Klée, quienes ofrecieron la suma de veinte mil pesos al contado si se les admitía igual cantidad en todo crédito reconocido, y que el monto total de la cantidad se lo abonaran el distrito y el gobierno del Estado, y en caso de la no cancelación, se les pagara por la aduana de Izabal. Morazán aceptó y firmó el tratado en las condiciones expresadas, pero los prestamistas solamente aportaron dieciséis mil pesos, faltando así a su compromiso. Afortunadamente eso ya era una ayuda para hacer frente a los gastos de la situación crítica en que se encontraba el Estado con los sucesos que se desarrollaban en las montañas.

La presencia de Morazán en El Salvador era urgente y necesaria. Por tal motivo fue llamado cuando los revoltosos estaban todavía en grandes partidas, amenazando la tranquilidad del Estado de Guatemala. Comprendía aquel jefe que la separación suya de este orden de cosas era un peligro inminente, pero albergaba la esperanza de que, dejando organizadas las defensas y bajo el mando de jefes disciplinados, se lograría dominar al vandalismo.

Habló con el jefe del Estado y con la Asamblea para que se nombrara general en jefe de las fuerzas defensivas de la capital al coronel Antonio Carballo, valiente militar que gozaba de toda la confianza del presidente. Este salió para San Salvador en los últimos días de junio, y tuvo que vencer algunas dificultades que existían entre el gobierno federal y el del Estado.

Mientras tanto, el coronel Carballo no descansó en su campaña pacificadora, dándole primero excelentes resultados, pues Morazán le había dejado parte del Ejército expedicionario para que obrara con mayor seguridad. También dejó, como medida conciliatoria, a los prisioneros de guerra, entre los cuales se encontraban los señores Muñoz, Peralta, Cecilio Lima (a) Zarcogallo, y otros, dejando, además, salvoconductos para todos los que desearan volver al orden y respetar las leyes de la nación; aun para el propio Carrera dejó cabida en sus propósitos de conciliación, si se sometía a la autoridad.

La anarquía no estaba ahogada en Guatemala y tan luego vieron solo a Carballo, quien había vencido en algunos sectores, los partidos políticos trataron de atraerlo cada uno para sí, como si ellos tuvieran una patria distinta cada quien. El Partido Constitucional ambicionaba una libertad sin restricciones y garantías completas para todos los ciudadanos; mientras que el Partido Conservador aspiraba siempre a la dictadura, pues centralizando todos los poderes en una sola mano que estuviera de su parte, habría sido nuevamente el dueño y señor de vidas y haciendas.

En esta lucha opositora triunfó el liberalismo con su ideología. ¿Podría quedarse atrás el conservatismo? Dados los medios rastreros de que siempre dispone, era materialmente imposible que se contentara con la derrota; tomó la linterna de Diógenes y se dispuso a "buscar un hombre": don Mariano Rivera Paz fue el que encontraron, y como era jefe del Estado, hombre de temperamento dúctil, fácil les fue atraparlo. He ahí su triunfo y con él las futuras desgracias de la patria...

ARRECIA LA TORMENTA

Mientras estos sucesos se desarrollaban en la capital, Carrera se preparaba nuevamente y lograba reunir a sus huestes para continuar su ruin tarea. El coronel Bonilla se reconcentró a la plaza de Jutiapa, en vista del estado de desnudez, de cansancio y de hambre que padecían sus soldados, pues los había desamparado el jefe del Estado, quien ya era aliado de los conservadores. Estos le hacían proposiciones de rendimiento a tan desventuradas tropas; pero, capitaneadas por un jefe de lealtad acrisolada, desoyeron tan inicuas proposiciones.

Bonilla no era capaz de rendirse por hambre cuando lo alimentaba el deber, ni abandonaba la acción. Cual otro general Desseux en las llanuras de Marengo, bien podían decir de él sus soldados: primero nos dará a comer sus botas, antes que rendirse a las aviesas proposiciones de los enemigos.

Los coroneles Bonilla, Ignacio García Granados, Manuel Zepeda y José Montúfar se abocaron con el jefe del Estado, quien ni siquiera se dio el trabajo de entender la situación que reinaba por su dejadez y deslealtad.

La facción tomó todo su auge y recomenzó sus correrías temerarias. Asesinatos por aquí, robos y saqueos por allá, violaciones de mujeres, flagelaciones de ancianos, ultrajes a los hacendados para quitarles sus bienes, escandalosos motines y toda clase de desafueros cundieron en los pueblos, aldeas, caseríos, caminos y montañas. Era una situación de horrores, sanguinaria y cruel.

¿Cómo remediarla cuando las mismas autoridades gozaban con tanto lujo de crueldad? Pues había que llamar nuevamente al general Morazán, caballero jurado de la paz y el único patriota que consagraba su vida a los ideales redentores y que no era accesible a las adulaciones ni a las perversidades.

SOBRE LA MARCHA

A las excitativas que le hicieron a Morazán para que regresara a Guatemala se sumaba la oferta del capitalista don Juan Matheu, que daba ciento veinte mil pesos para los gastos de la campaña, en calidad de préstamo. Pero, ¿cómo regresar, abandonando la situación en que se encontraba el Estado de El Salvador? La grave cuestión de los partidos de Zacatecoluca estaba pendiente de resolución; los Estados de Honduras, Nicaragua y Costa Rica se habían separado de la Federación, declarándose independientes.

¡Lucha intensa la que sostenía el genio! Salvar a Guatemala del pillaje carrerista era un deber para quien se había impuesto la misión del redentor. Solucionar el conflicto creado por el separatismo de tres Estados, era una obligación para el apóstol de la Unión de Centroamérica.

En medio de sus reflexiones divisó un rayo de luz que vino a iluminarlo: venciendo a Carrera en Guatemala le sería fácil arreglar la situación federal; y decidió ir allá.

La facción había engrosado sus filas y con un ejército de dos mil hombres cargó sobre la plaza de Jalapa, defendida por el general Barillas que apenas comandaba cuatrocientos soldados.

La derrota de este fue completa y el triunfo de Carrera envalentonó a sus satélites para continuar con más ardor aquella lucha. El coronel Félix Fonseca, con trescientos soldados decididos, se lanzó sobre las posiciones facciosas de Petapa y después de una lucha denodada y sangrienta, Fonseca dio una tregua a la embestida feroz del enemigo, pero resultó triunfante este, que con más osadía y alucinamiento se dedicó a cometer las tropelías propias de su saña.

Carrera pensó inmediatamente en la capital. La falta de municiones y dinero lo hizo cambiar de rumbo y se dirigió a la ciudad de Amatitlán, pero se le adelantó el general Salazar, y cuando aquel se dio cuenta de la presencia de tan valiente militar que le entorpecía sus planes, retrocedió y, enfurecido, se dirigió a la Antigua, donde pudo muy bien acumular víveres para alimentar sus huestes.

Desde aquella ciudad del Pensativo hizo una llamada general a sus bandadas que estaban dispersas en diferentes partes. Ya reunidas, pensó nuevamente cargar sobre la capital, pero antes quiso hacer alto en Villanueva. He aquí su error, porque el general Salazar, haciendo un recorrido penoso y en el silencio de la noche, salvó la inmensa distancia que lo separaba del enemigo, y cuando amaneció, estaba a las orillas de la mencionada población.

Carrera tenía cinco mil hombres en Villanueva; Salazar llevó ochocientos cincuenta, y, sin embargo, la serenidad de este parecía alentarlo algún secreto talismán.

Era el 11 de septiembre y todavía las sombras de la noche cobijaban los campos y la población, cuando, aprovechando aquella semioscuridad, ordenó el ataque el general Salazar. Sus tropas cayeron sobre las avanzadas del enemigo con una fe ciega y con un valor desmedido. El sonido de la fusilería simulaba un tableteo acorde y los fogonazos herían la oscuridad. Los facciosos se amparaban en su superioridad numérica, pero cuando la claridad de la mañana alumbró los campos, se enfrentaron a un enemigo casi poderoso y diestro que diezmaba la indiada semisalvaje. Carrera demostró mucho valor y recorría sus líneas infundiéndoles confianza a sus satélites; pero estos habían comprendido que el arrojo de aquel enemigo disciplinado y tenaz, anonadaba el esfuerzo brutal que ellos hacían para mantener sus posiciones.

Como la lucha se prolongaba sin poder contener el empuje de los legitimistas, Carrera ordenó el asalto y se puso a la cabeza de los asaltantes para infundirles más valor. Entonces los gobiernistas cobraron mayor entusiasmo y se lanzaron a la bayoneta; la carnicería fue grande y los ejércitos pelearon con tal furia que aquellos seis millares de seres se vieron envueltos en la humareda producida por la pólvora, que más parecía una densa nube o el tálamo sombrío de la diosa Némesis.

Ya el sol enfriaba sus quemantes rayos cuando Carrera salió en precipitada fuga. Su derrota había sido completa, y gracias que podía escapar con vida. Hubo muchos prisioneros de guerra, entre los que figuraban los presbíteros Mariano Durán y Francisco Aqueche. Este triunfo del general Salazar afirmó en el poder a las autoridades y sirvió de una notable lección a los montañeses, que quedaron amilanados.

El triunfo de Villanueva no llegó a conocimiento de Morazán, y a pesar de que Matheu no cumplió con su ofrecimiento de dar los ciento veinte mil pesos, con el apoyo que le dio El Salvador organizó mil voluntarios y marchó con ellos a defender el Estado de Guatemala.

Carrera, no obstante su vergonzosa derrota, se aproximó a la capital y empezó a llamar indios para rehacerse, de todos los lugares del Estado.

LA PROVIDENCIA SALVA AL HÉROE

Salió el general con su ejército de voluntarios rumbo a Guatemala, atendiendo el llamamiento que se le hacía. No iba como en el viaje anterior, lleno de alegría y de gozo; entonces dejaba consolidada la Federación y el obstáculo solo radicaba en Guatemala; ahora dejaba tres Estados independientes tras de sí; El Salvador era el único federado y la antigua Capitanía General estaba al borde del abismo. En resumen: la Federación, que era su ideal acariciado, estaba desapareciendo vertiginosamente, como el barco que se hunde en medio del inmenso océano.

Carrera espiaba la marcha de Morazán y en cuanto este entró en territorio guatemalteco, aquel concibió el plan de cortarle la vida por medio del asesinato y puso manos a la obra, mandando colocar a la vera del camino que seguía el héroe a los más diestros y desalmados tiradores.

La marcha se hacía en una forma penosa debido a las lluvias incesantes de aquel mes de septiembre. El ejército libertador marchaba a la vanguardia; el Estado Mayor iba a retaguardia, y en medio de este y de aquel caminaba el genio luchador entre su ayudante y su secretario general, licenciado Juan E. Milla.

Al llegar a los parajes de El Guapinol pudo aquel ejército contemplar las inmensas llanuras y los verdes collados que se dilataban a sus flancos. Pasó el cordón de soldados a paso natural y siguió nuestro caudillo embebido en amena charla con su talentoso secretario. Tras unos matorrales cubiertos de un verdor exuberante, agazapados como tigres en acecho, dos hombres curtidos por el fango del oprobio y con el alma encallecida por el crimen, tomaban certera puntería, endilgando sus trabucos hacia una estrechura del camino. Nadie imaginaba la presencia de esos criminales. Una piedra colocada por la Providencia en la encrucijada hizo tropezar el corcel que montaba Morazán y se fue de bruces. El tropezón del caballo y el sonido de las cadenas del freno fueron enmudecidos por un disparo a mansalva. Los dos criminales salieron a escape por lo espeso de la selva, creyendo dejar cumplida su misión con el éxito deseado. Efectivamente, había un muerto; pero la Providencia, que amparaba al genio, había hecho tropezar el caballo que montaba Morazán y la bala pasó silbando por sobre su nimbada cabeza, yendo a despedazar el cráneo del licenciado Milla, joven inteligente que tan buenos servicios había prestado a la patria.

Esta sensible pérdida consternó al jefe, pero todo estaba consumado y había que seguir adelante. Esa misma tarde llegaron a la plaza de Cuajiniquilapa, donde establecería su cuartel general. Ya en dicha plaza, y encontrando algunas dificultades que no le fue posible remover, después de un corto descanso, emprendieron la marcha para la hacienda de Arrazola, donde, por lo inmediato a la capital, podía tener mejor éxito.

NUEVO ATENTADO

Desde la hacienda mencionada pensaba Morazán establecer sus comunicaciones con el general Salazar para enterarse de la situación de los ejércitos que podían ayudar en la campaña.

A media jornada del hato se adelantó con sus ayudantes, el presbítero Luis Cambronero y don Juan Barrundia. Llegaron y desde luego, esperaban descansar:

"Contiguo a la habitación que se le había preparado estaba el cuarto que, con comunicación expedita, ocultaba a los asesinos que en hora convenida deberían sorprenderle para darle muerte ignominiosa. Pero, en el momento de ejecutar el crimen, al siniestro brillo de los puñales homicidas y, ante el tranquilo respirar del gran patriota, la pervertida conciencia de los criminales sufrió un terrible sacudimiento de terror que los hizo retroceder: los puñales se volvieron de las manos a la cintura de los conjurados, y estos, tomados de un pánico indecible, bajo el profundo silencio de la noche que los amparaba, huyeron como sombras perseguidas por el grito pertinaz de la conciencia Morazánida".

La soledad que reinaba por aquellos lugares le hizo comprender que no le sería posible comunicarse con el gobierno del Estado ni con los jefes amigos, y por ello decidió continuar su marcha para aproximarse más a la capital. Pero la desolación cubría todos los campos que transitaba y tan sólo encontraba a su paso a los partidarios de Carrera que pululaban por aquellos alrededores.

Ante tamaña situación debía buscar los medios comunicativos y, sin esperar otros contratiempos, envió a su ayudante a la capital, quien luego regresó manifestando que le era materialmente imposible pasar, pues una partida de asesinos lo había asaltado y, a no ser la agilidad de su caballo y el uso constante que había hecho de sus armas, habría sido víctima de semejante turba de malhechores.

No quedaba otro remedio que caminar, y caminar hacia adelante. Así se hizo, y el ejército morazánico llegó sin novedad a la Villa de Guadalupe.

Allí llegó el general Salazar a ponerse en comunión con su jefe. Ambos sostuvieron una conversación amena, en la cual nuestro biografiado le refirió todos sus sinsabores y su hondo pesar por el asesinato de su secretario general, acaecido en El Guapinol, y todos sus estropiezos para llegar a donde estaba. Salazar hizo una relación completa de todo lo ocurrido en la ausencia de aquel; de la rescisión del tratado con Matheu a causa de los disturbios de Izabal; de la campaña de las fuerzas auxiliares de Los Altos; de la cesación de las funciones del Consejo Representativo y del desconocimiento de Rivera Paz a consecuencia de su desprestigio y malevolencia.

Una contramarcha contra el enemigo que estaba rehaciéndose en el oriente del país era el plan del general Morazán; pero, en vista de los relatos que le hiciera Salazar y tomando en cuenta el cansancio de sus tropas y la falta de recursos para llevar a cabo lo dispuesto, se decidió a entrar en la capital, donde dispondría lo más conveniente para los intereses de la patria.

CAPÍTULO XI: ¿CÓMO ERA MORAZÁN?

La vanidad, puesta a lucir, arrastra; la esperanza, puesta en acción, acaba en el triunfo o en la catástrofe.

JOSÉ MARTÍ

ENTRA EL CAUDILLO EN LA CAPITAL

La zozobra y el temor se habían apoderado de los habitantes de Guatemala con motivo de los constantes asaltos criminales de la facción. No se trabajaba ni se comía tranquilo, ni se dormía sin sobresaltos y pesadillas en aquella ciudad amenazada por el bandidaje de una turba inclemente. Los mismos conservadores temblaban de miedo al saber que se aproximaba Carrera a la capital.

Esa situación hizo que la entrada de Morazán fuera celebrada con júbilo por todos los elementos políticos y sociales. Los agasajos y honores que se tributaron al jefe no eran menos entusiastas que los llevados a cabo en abril anterior. Cundía el regocijo y se desbordaba el entusiasmo en las manifestaciones que recibía tan honorable huésped.

Aquellos temporales de octubre con su frío glacial que obligaba a los habitantes a vivir enclaustrados, no permitieron hacer lo mismo esta vez, cuando, arrebujados en sus sobretodos de lana, se lanzaron a la calle para ver al héroe y rendirle su homenaje. Una de las medidas tomadas por Morazán, en vista de las circunstancias, fue la de decretar el estado militar en Guatemala, al tenor del artículo 35 de la Ley de 17 de noviembre de 1832, medida que estaría en vigencia en todos los pueblos en que lo creyera necesario el jefe supremo del Ejército Federal.

Y aquí vuelven los nobles a soñar con la dictadura. Don Juan José Aycinena era diputado federal, y aprovechando la circunstancia de estar bajo el régimen militar el Estado, en unión de su hermano Mariano, visitaron al general Morazán para conversar con él y proponerle nuevamente que se declarara dictador. Sagaces y cómicos, se mostraron aquellos serviles contra el proceder de los Estados de

Nicaragua, Honduras y Costa Rica, al separarse de la Federación. Morazán comprendía que aquellas expresiones solamente eran "del diente al labio" y para comprometer a sus visitantes, le dijo al presbítero Juan José que se dirigiera por escrito a los Estados aludidos, manifestándoles la opinión que acababa de externar, ya que la reserva en estos casos era comprometedora.

Así lo ofreció el sacerdote, pero nunca dirigió tales escritos y sí, mucho tiempo después, dirigió una carta en tal sentido al diputado señor N. Bolaños, como si este representante fuera el árbitro de esas inconveniencias. ¡Siempre los conservadores con sus falsedades y cobardías!

FUSILAMIENTO DEL PADRE DURÁN

Uno de los pecados capitales de que se acusa al general Morazán, y que ha dado margen para lanzar denuestos a su memoria, considerándolo como tirano, fue el fusilamiento del sacerdote Mariano Durán, el hombre funesto que, valido de su inteligencia, azuzaba a Carrera a la matanza más cruel, ayudándolo con sus consejos, su dinero, sus armas y hasta con servirle de espía, empleo el más odioso de cuantas ocupaciones existen para el género humano.

El servilismo tomó como arma de combate contra nuestro gran caudillo aquella ejecución llevada a cabo dentro de la ley, para crearle un ambiente horrible, haciendo publicaciones insidiosas para relatar antojadizamente los detalles del fusilamiento. Entre tantos ataques se encontraba la siguiente décima:

El criminal Morazán,
El Nerón, el Dioclesiano,
El asesino tirano
Del inocente Durán,
Contra quien pidiendo están
Al cielo venganzas justas
Tantas víctimas augustas
Que ha inmolado la ambición
De su negro corazón
Con felonías injustas.

Creyó ese partido retrógrado, como cree todavía, que sus insidiosas diatribas por este solo hecho bastarían para ensombrecer la gloria inmarcesible de aquel genio que rechazó la dictadura por no estar en consonancia con su modo de sentir, y que si le tocó en suerte confirmar la ejecución de un traidor, no fue por satisfacer instintos de malevolencia sino debido al alto cargo que desempeñaba, como pudo tocarle al general Prem el 12 de septiembre y al general Salazar el 12 y el 20 de octubre siguientes, cuando desempeñaban la comandancia general del Ejército.

Solamente en la maledicencia de los serviles podía caber la peregrina ocurrencia de que Durán era inocente y que su ejecución tenía las características de un asesinato. En la causa del "inocente Durán" habían intervenido treinta y un ciudadanos en calidad de jurados, de los cuatro Consejos de Guerra, de los cuales veinticinco votos lo condenaron a muerte; cinco a presidio con retención; y tres a destierro perpetuo. Es decir que a ese discípulo de Cristo no hubo quien lo encontrara inocente, de los treinta y un jueces.

El padre Mariano Durán fue capturado por el general Salazar en la acción de Villanueva el 11 de septiembre; se le encontró in fraganti; se le sometió a Consejo al día siguiente con el resumen de cargos que sigue:

1. Aprehendido en la acción de Villanueva, como prisionero de guerra.
2. Haber escrito cartas a varios oficiales de la guarnición de Guatemala, induciéndolos a desertarse de la plaza.
3. Ser uno de los principales agentes de la facción y de los hombres más influyentes sobre su caudillo.
4. Haber remitido a este armas y otros elementos de guerra con su criado, el cual fue fusilado por dicho cargo.
5. Tener armas ocultas.

Durán era un contumaz revoltoso y el cómplice de mayor relieve con que contaba Carrera en su obra destructora. Había aplaudido y aprobado la destrucción de las haciendas El Sitio, Las Monjas, La Vega, San Jerónimo y otras más; los crueles asesinatos de los ciudadanos Juan de Dios Mayorga, Manuel Zapata, Carlos Dardón y

Manuel Solís; y el de los jóvenes Mirón, Molina y Gálvez; el de la señora Moscoso y mil víctimas más.

El primer Consejo de Guerra a que fue sometido el reo, por la nerviosidad del momento, pues había sido capturado un día antes, no actuó con las formalidades legales y por ello el fallo fue anulado por el general en jefe, ciudadano Prem; el segundo Consejo, reunido el 12 de octubre, lo encontró culpable de traición y lo condenó a muerte por seis votos contra uno que opinó por el destierro, pena que no estaba establecida en las leyes vigentes y que dio lugar a que el comandante general, ciudadano Carlos Salazar, anulara dicho fallo. El tercer Consejo, reunido el 20 del mismo octubre, fue empatado con cinco votos a muerte y cinco a destierro, anulado también por el mismo comandante general. El cuarto Consejo se instaló el 29 del citado mes y condenó a Durán a muerte por unanimidad, sentencia que fue aprobada por el Auditor de Guerra y confirmada por el general Morazán en la hacienda Fraijanes, donde al día siguiente se ejecutó, fusilando al reo con las formalidades de estilo.

Ese es el crimen horrendo que los conservadores de todos los tiempos le achacan a Morazán para tildarlo de tirano. Pero nosotros preguntamos: ¿Cuándo la traición ha sido un sport y no un delito? ¿Los sacerdotes, por ventura, gozan del privilegio de delinquir y de no ser castigados? ¿Existe o ha existido alguna legislación capaz de no considerar el delito de traición como uno de los más graves para la seguridad del Estado?

Sólo en la maldad del partido retrógrado puede caber la bastarda suposición de que un criminal debe ser tratado como ministro del Señor. Sí, porque ellos creen que sólo en su autoridad radica la facultad del sacrificio humano, pues ellos hacen víctimas por el prurito de matar y de matar con lujo de crueldad.

Se horrorizaron de la ejecución legal del padre Durán, traidor convicto y contumaz; pero no se han horrorizado nunca de la inmolación de Jerónimo Savonarola, Juan Huss, Jerónimo de Praga y Halbinger. Conste que estos sacrificios no fueron llevados a cabo en virtud de sentencia; no hubo defensor en esas causas, violando el sagrado derecho de defensa, mientras que la de Durán se expeditó con todos los requisitos legales. Aquellos fueron concebidos a sangre fría en el Concilio de Letrán, donde los prelados más sabios llegaron a la conclusión de sembrar el terror con las matanzas. Así fue como cortaron la lengua a Nicolás el Eremita, sujetaron a duros suplicios a los anabaptistas de Ámsterdam, sacrificaron a Molay, quemaron a fuego lento a cincuenta y nueve templarios y ordenaron el degüello de quinientos hugonotes. Ese Concilio produjo las matanzas de San Bartolomé.

"Más de tres mil cadáveres arrojados al Sena. Trescientos caballeros son asesinados en las inmediaciones de la casa del almirante Coligny; Seiscientos en el Louvre y sus inmediaciones. Más de cuatrocientos mueren en las prisiones. En la calle de Santiago pasan de trescientos los trabajadores protestantes que caen a golpe de mazo y son arrojados desde los balcones. Sólo las víctimas de París exceden de diez mil... Los protestantes de Meaux son degollados en las cárceles durante muchos días. En Orleans perecen tres mil calvinistas. En Ruan duran cuatro días las matanzas...".

Todos estos hechos que el Papa Gregorio XIII sancionó en el templo de San Marcos al darle gracias a Dios por las horribles carnicerías que le comunicaba desde Francia el cardenal Salviati, no le acarrearon desprestigio al Papa entre sus adláteres, inocentes víctimas. Pero los mismos que han aplaudido semejantes escándalos, que han elogiado a Pedro Arbués y a Santo Domingo de Guzmán, fundadores de la Inquisición, quieren mancillar el nombre de Francisco Morazán por el solo hecho de haber confirmado la pena de muerte recaída en un traidor a la patria, como lo era el presbítero Mariano Durán.

CARRERA EN ACCIÓN

Morazán estaba ocupado en organizar la capital y en proveer a sus fuerzas de todo lo necesario, cuando Carrera aprovechó esas circunstancias y se puso en marcha para el Estado de El Salvador, con el propósito de hacer pillerías allá y lograr también proveer a su partida de lo indispensable para continuar sus correrías en Guatemala.

Tan pronto como se decretó el régimen militar por el general Morazán, el indio emprendió la marcha y entró a la villa de Ahuachapán, invadiendo Santa Ana, y sembró el terror en esta última ciudad, pues aquellos habitantes estaban acostumbrados a una paz octaviana y la brutalidad de los salvajes los amilanó, teniendo que huir a los montes para salvarse de la barbarie.

El general Salazar salió inmediatamente de Guatemala para los lugares afectados, y Morazán marchó también al día siguiente y acampó en la hacienda de Fraijanes, lugar donde se ejecutó el 30 de octubre al padre Durán, como lo dijimos en la sección anterior.

El primero de noviembre continuó el viaje a marchas forzadas y casi llegaron a una a la frontera con el General Salazar.

Siguieron adelante y, cuando llegaron a la plaza de Ahuachapán, ya Carrera se había internado en territorio guatemalteco. Morazán no se adelantó y contramarchó con sus fuerzas sobre los revoltosos, persiguiéndolos sin tregua día y noche, hasta que logró darles alcance en Chiquimulilla. Aquí se trabó un combate de regulares proporciones y salió victorioso el ejército federal.

Morazán había dispuesto el ataque de modo que no pudieran escapar los bandoleros, pero fue tanto el entusiasmo que el Coronel Carballo atacó antes de la hora convenida, y si bien el resultado fue satisfactorio, las hordas carreristas lograron escapar en una derrota vergonzosa, pues corrían abiertamente encabezados por su adorado caudillo y el padre Lobo, que corría ensotanado, semejando al cuervo que huye despavorido a la persecución del implacable cazador. Ciento dieciocho muertos se recogieron del campo y una multitud de prisioneros estaban acorralados, como rebaño de ovejas, pero con la conciencia instintiva de las fieras.

Entre los presos se encontraban los clérigos Aqueche, que ya había sido perdonado por Morazán, Aguirre y Girón.

Este triunfo de las armas morazánicas parecía establecer la tranquilidad en la República, pero no fue así; los revoltosos dispersos abrigaban la esperanza de una nueva organización y fueron buscando lugar apropiado para engrosar sus filas.

En la hacienda de Guajes cayó enfermo aquel genio militar, siéndole preciso guardar cama, pues a pesar de su recia contextura física la fiebre lo postró y sus amigos estuvieron alarmados por algunos días. Era cosa que contristaba el espíritu contemplar aquel cuerpo que parecía una estatua derribada. Todos sus edecanes le hacían guardia con silencioso recogimiento. Pero la enfermedad cedía poco a poco y el peligro fue pasando paulatinamente.

EL RETRATO DE MORAZÁN

Ha llegado el momento de traer a conocimiento de nuestros amables lectores cuál era en el año de 1838 el retrato de nuestro héroe. Para ello trasladaremos aquí los datos de don José María Cáceres, atildado escritor salvadoreño:

"El General Morazán era blanco, ligeramente sonrosado, de cuerpo delgado, alto [cinco pies, diez pulgadas de estatura. John L. Stephens] y recto; el conjunto de facciones constituía una fisonomía tan perfectamente delineada que, viéndola una vez, no se podía olvidar, recordando siempre mucho del tipo griego.

Su semblante era sereno, agradable y simpático; a su presencia era imposible la enemistad; sus más encarnizados adversarios se rendían al irresistible prestigio que infundía el atractivo de su expresión.

Su continente, sus modales, sus movimientos, su palabra y la modulación de su acento, eran propios de un caballero de la más esmerada y fina educación: jamás se le escapaba una palabra vulgar ni una mirada humillante y desdeñosa.

Hombre de costumbres muy arregladas, gustaba poco de diversiones; nada que rebajase su dignidad personal, nada que diera derecho a la mordacidad, ni aun a la calumnia de sus enemigos.

Caballero de sociedad, gustaba mucho del trato de personas distinguidas, aun cuando entre ellas contase algunos enemigos políticos; tenía afición a las tertulias graves y decentes sin hacer sentir jamás la superioridad del puesto que ocupaba, ni dar lugar a la llaneza.

Personaje severamente pundonoroso y probo, jamás abusó del poder en provecho propio; el exterior de familia, su casa, su ajuar, su vestido, todo llevó el sello de la modesta decencia.

Su vestido oficial para asistir al despacho era de frac y pantalón negros, chaleco y corbatín blancos o negros, guantes de cabritilla o de gamuza, zapato bajo con hebilla, y sombrero alto y negro.

Su vestido de paseo en los últimos tiempos que estuvo entre nosotros, era ordinariamente: levita de paño de verano, azul o color de botella, pantalón blanco y gorra alta, de nutria, con visera: esta gorra era de figura especial en él, por lo que pudiera ser considerada como histórica, de la misma manera que el sombrero de Napoleón I".

Los datos transcritos son suficientes para nuestro objeto, aunque el señor Cáceres relata lo que él observó en el trato frecuente que tuvo con el General Morazán y que nosotros no creemos necesario en este lugar.

NO HAY DESCANSO ESPIRITUAL

La convalecencia del héroe no tuvo el reposo que aquel espíritu necesitaba para volver sobre la lucha. Apenas pasó la crisis de la enfermedad y empezó sus planes para organizar los servicios y marchar sobre la capital del Estado, donde lo esperaban con ansia, pues el carrerismo amenazaba sus alrededores.

Al llegar a Guatemala convocó a la Asamblea extraordinaria para solucionar ciertas dificultades que se suscitaban. Dicha Asamblea dictó disposiciones necesarias al establecimiento de la paz, y el día 29 de enero de 1839 emitió el decreto por el cual declaraba terminado el período de don Mariano Rivera Paz como jefe del Estado, eligiendo en su lugar al General Carlos Salazar.

Morazán estaba disgustado con aquel por tanta falsedad y negligencia, pues había negado armas y dinero a las fuerzas que combatían a la facción y porque se alió descaradamente con los serviles. Por ese motivo, la Asamblea no le pasó el decreto a Rivera Paz para que le pusiera el "ejecútese" constitucional.

Ignorando, pues, que había sido destituido del mando, el 30 de enero citado se dirigió al palacio y, cuando llegó, Morazán estaba adentro, sentado en una silla, y al ver llegar a Rivera Paz hasta la puerta, se levantó aquel y, con un gesto imponente, se acercó a ella y la cerró con un golpe seco, dejando afuera a este, que comprendió su destitución y, al mismo tiempo, el disfavor en que había caído con el presidente de la República.

Así empezó el año de 1839. Las fuerzas auxiliares de Los Altos, que habían terminado la pacificación, se reconcentraron y entonces aquella región se declaró independiente, formando un sexto Estado, pero siempre reconociendo la Federación y sus autoridades. Para hacer más patente su lealtad, le enviaron al presidente de la República un ejército de altenses al mando del General Agustín Guzmán, quien, puesto a las órdenes del jefe supremo, se le designó su puesto y así estuvo por algún tiempo al servicio de la causa sustentada por los morazanistas.

Como por falta de recursos era imposible continuar sosteniendo el ejército federal, el General Guzmán se vio en serias dificultades, las que aprovechó Carrera para excitarlo a que se pasara a sus filas y, en efecto, se celebró el tratado de El Rinconcito, por el cual el caudillo indígena quedaba como comandante de Mita, obligado a entregar las armas y a licenciar sus fuerzas para que terminara el fantasma de la guerra.

Morazán encontró bueno el tratado y lo aprobó; licenció sus fuerzas, quedándose con su reducida división salvadoreña y volvió a San Salvador a hacerse cargo nuevamente de la presidencia de la República.

LA FEDERACIÓN SE HUNDE LASTIMOSAMENTE

Todos los esfuerzos y sacrificios de Morazán iban anulándose paulatinamente. El cielo de la patria cubríase con un cortinaje negro y, si llovía a manera de temporales, más parecían lágrimas aquellas gotas que caían indecisas.

El 1.º de febrero de 1839 venció el segundo período del General Morazán como presidente constitucional de Centroamérica. La separación de los Estados de Honduras, Nicaragua y Costa Rica dejó casi destruida la Federación y, por lo tanto, no podía exigírsele a los Estados disgregados su voto para la elección del nuevo presidente de la República.

Morazán permanecía sereno ante tal desbarajuste; no estaba en su poder el remover los obstáculos que se oponían a la vida de la Gran Patria. ¿Qué podía hacer? Lamentar como patriota el fracaso de su noble esfuerzo y abrigar las más risueñas esperanzas para el porvenir.

Para evitar la dictadura que, con motivo de no haber sucesor legal, se implantaría si continuaba Morazán en la presidencia, dispuso separarse del poder, entregándolo al vicepresidente Vigil.

El 18 de enero de ese año, el Gobierno de Honduras, presidido por el Consejero Juan Francisco Molina, con el propósito de sostener su independencia, celebró con el de Nicaragua un tratado de "amistad y alianza defensiva y ofensiva" que fue firmado por el Licenciado Juan Nepomuceno Lindo, por el primero, y Sebastián Salinas, por el segundo, en la ciudad de Comayagua.

Su objeto principal radicaba en atacar al gobierno salvadoreño, debilitado por sus muchas campañas y por la escasez del erario. Con tal propósito, el General Bernardo Méndez, apodado "El Pavo" por su vanidad y ensimismamiento, capitaneando mil leoneses, ocupó en el mes de febrero la ciudad de Choluteca, y el 23 del mismo mes atravesó el río Goascorán, llegando a Santa Rosa de Lima.

El jefe del Estado de El Salvador, ciudadano Timoteo Méndez, y el presidente interino don Diego Vigil, encargaron la defensa del territorio al General Morazán, quien salió al encuentro de las fuerzas nicaragüenses.

Mientras él marchaba con unos ochocientos hombres, el comandante departamental, Coronel Narciso Benítez, desocupó la plaza de San Miguel porque los leoneses entraron en ella y no era posible detenerlos con sus escasas fuerzas. Para la mejor comprensión de los sucesos que intentamos narrar, oigamos la voz autorizada del abogado e historiador hondureño Félix Salgado:

"Pero teniendo informes fidedignos (Morazán) de que se aproximaba el General Francisco Ferrera, con tropas hondureñas, por el lado del río Torola o Sensuntepeque, el General Morazán abandonó a Estanzuelas, cruzó otra vez el Lempa, marchando hacia esta última, al encuentro de aquel jefe, con el propósito de batirlo antes, para impedir la unión con las tropas del Coronel Méndez; dejando en esta marcha trescientos hombres en la hacienda de San Francisco, al mando del Coronel Narciso Benítez, para impedir el paso del río Lempa y la marcha de Méndez, que de San Miguel vino a establecer su cuartel general a la hacienda de Corlantique, en la orilla izquierda de dicho río, frente a las tropas de Benítez, distante un cuarto de legua, que dominaba la derecha. El jefe nicaragüense permaneció inactivo algunos días en Corlantique, pero ordenó a su segundo, el Coronel Manuel Quijano, que con seiscientos hombres atacase a Benítez en sus reductos y, tomados estos, quedaría aislado del general en jefe salvadoreño".

Morazán se había internado en territorio hondureño para interceptar el paso a Ferrera, confiado en que Benítez no dejaría pasar a los leoneses sobre la capital, pero este descuidó la vigilancia y en la madrugada del 19 de marzo Quijano atravesó el río por el paso de "Petacones" y de sorpresa cayó sobre la avanzada de los salvadoreños, a quienes aniquiló rápidamente; luego siguió para la hacienda y cargó sobre el resto de los soldados de Benítez; inútiles fueron la resistencia y el heroísmo de aquella legión, el valor y denuedo de su jefe, ante la feroz acometida de los invasores.

Cuando el sol alumbró los campos, estos estaban sembrados de cadáveres y el triunfo había favorecido a los leoneses.

Benítez apenas logró reunir unos trescientos hombres y con ellos se dirigió a la ciudad de Sensuntepeque. Morazán tuvo noticias del desastre de la hacienda San Francisco y, comprendiendo que el triunfo de los nicaragüenses podía traer resultados fatales para su campaña, ordenó la contramarcha, volviendo en dirección a donde se encontraba el Coronel Benítez.

Méndez creyó que los sucesos de San Francisco se repetirían con igual suerte y ordenó a Quijano que ocupara la ciudad de San Vicente, que estaba sin fuerzas. Así se hizo, y mientras tanto Benítez pensaba en el desquite.

Ya hemos visto el arrojo, la capacidad militar y el valor que caracterizaban a este soldado federal. Ideó jugarle al enemigo una broma bastante pesada: escribió una carta al Coronel Quijano imitando muy bien la letra y la firma del General Méndez, en cuya carta le ordenaba que saliera inmediatamente a unírsele. El ardid fue tan efectivo que Quijano no vaciló en marchar y en efecto marchó rumbo a Cojutepeque.

Benítez se apostó en un camino para espiar los movimientos del enemigo. Quijano se dio cuenta de que alguien lo perseguía y quiso volver sobre sus perseguidores cuando llegaban a las lomas de Jiboa. Allí se entabló la lucha dirigida tan sagazmente por Benítez que desmoralizó a los leoneses en cuanto empezó el combate; ya que los tenía dominados ordenó el asalto.

En estos supremos momentos llegan al campo Morazán y Cabañas, entrando inmediatamente en acción.

Quijano se defendió con una bravura increíble, pero su derrota fue completa y aplastante. Quiso reorganizarse como había hecho Benítez, pero este era conocedor del terreno y los soldados que salen derrotados en su propio territorio tienen el aliciente de tomar mayor entusiasmo para reorganizarse y buscar el desquite contra los que han invadido la tierra de sus antepasados.

Al contrario sucede con los extraños que sufren un revés; desconocedores del terreno que pisan, todo es dificultades y decepciones, teniendo que seguir el viento con las narices, como decían los romanos al transeúnte que preguntaba por una dirección. Esto le sucedió a Quijano y por ello apenas logró salir con vida para unirse al General Méndez.

DE TRIUNFO EN TRIUNFO

El año de 1839 estaba a marcar en nuestras calendas un período guerrero que tan sólo sería comparable al de 1829, en que se libraron las cuatro primeras batallas más ruidosas en la historia militar de nuestro gran caudillo. Parece que la perfidia de diez años atrás había reencarnado en los Estados de Honduras y Nicaragua, uniéndose malévolamente para aniquilar al genio consagrado por una decena de triunfos.

Después del triunfo sobre las lomas de Jiboa, el General Morazán se reconcentró a Cojutepeque para organizar sus ejércitos en forma adecuada y poder continuar la lucha contra los invasores. Ya en esta ciudad, marchó con dirección a Sesori, pasando el río Lempa arriba de Corlantique, pero como la marcha fue rápida llegó a dicha aldea con sus fuerzas fatigadas; no encontró víveres ni agua siquiera, y por tal dificultad se trasladó en la madrugada del 5 de abril a la hacienda "El Espíritu Santo", fundo que era propiedad entonces del Coronel Gerardo Barrios y que distaba una legua de Sesori.

Cuando Morazán abandonó este pueblo fue ocupado por el General Méndez, quien esperó allí a Ferrera y se unió a él con los nicaragüenses, formando un ejército envidiable, el mismo día que los salvadoreños entraban en la mencionada hacienda.

¿Qué pudiéramos decir nosotros de la batalla que allí se libró, que fuese capaz de detallar debidamente los sucesos? Como no tenemos la pretensión de escribir esta obra con sólo los escasos conocimientos que tenemos del protagonista, sino que creemos un deber de patriotismo la tarea que nos hemos impuesto, oigamos nuevamente al abogado Salgado sobre este tópico:

"La hacienda de El Espíritu Santo estaba situada entonces como hoy, al noreste de San Miguel y en el mismo rumbo del pueblo de Sesori, del cual dista una legua. La localidad es plana, pues forma parte del valle donde corre el río Lempa, del cual dista más o menos como dos leguas al oriente de este. Al Este, en el mismo rumbo y próximo a la hacienda y para el Sur, hay unas pequeñas alturas que dominan algo de la casa principal de la hacienda.

El día de la batalla se encontraba allí don Gerardo Barrios y tomó parte en ésta a favor del General Morazán.

La casa principal tenía hacia el oriente una cerca de piedra, en forma de dos arcos de círculo, con su punto de contacto en el edificio y la parte convexa al oriente, formando la figura de un número 3, con una extensión más o menos de 80 varas.

A 60 varas, al occidente de la hacienda, había una casita pajiza, en donde se estableció el general en jefe. Este, que temía ser atacado prontamente por el enemigo, tomó con rapidez sus disposiciones defensivas en la forma que sigue:

El Coronel Enrique Rivas ocupó el lado Sur de la hacienda, o sea la derecha del corral de piedra en el punto llamado Huerta; el arco de la izquierda o sea para el oriente y nordeste de la hacienda, quedó guardado por el Coronel Ignacio Pérez, punto llamado Corral de las Vacas, y el general en jefe con el resto de sus tropas se situó en la casita pajiza de la hacienda.

El ejército salvadoreño acampado en la hacienda Espíritu Santo ascendía a más de setecientos hombres, defendido por los corrales mencionados.

Los aliados, unidos el día 5 de abril en Sesori, estaban divididos en dos cuerpos numerosos; uno, el de los hondureños, constaba de 1283 hombres, al mando del General Francisco Ferrera, ocupando las alturas de la parte nordeste de la hacienda; otra, cerca de 2000 hombres, al mando del Coronel Bernardo Méndez, alias Pavo, ocupaba las pequeñas alturas del Sur y fue convenido entre ellos atacar a un mismo tiempo al enemigo. Tal es la disposición en que se va a desarrollar la acción en la propia hacienda de El Espíritu Santo".

LA BATALLA

A las seis de la tarde los espías dieron aviso al General Morazán de que las fuerzas enemigas estaban en Sesori, desfilando hacia la hacienda de "El Espíritu Santo" y que tenían dispuesto atacar a los salvadoreños esa misma noche. El general en jefe de los cuscatlecos impartió sus órdenes para el servicio de esa noche y preparó los ánimos de los soldados para la próxima acometida.

Todas las columnas esperaban en el mayor silencio el momento en que sería anunciado el combate por medio del tiroteo homicida del enemigo.

Momentos de meditación para los que tras una barricada esperan con el aliento casi en suspenso la hora de la matanza.

Eran las ocho de la noche; los grillos, con su ensordecedor y monótono chirrido, herían el silencio sepulcral. Luego una descarga de fusilería hizo helar la sangre de quienes esperaban con estoicismo ese momento solemne. Era el principio de la feroz acometida del enemigo, a quien los salvadoreños contestaron en la misma forma, y el combate se trabó con ruda valentía por ambos bandos.

Morazán comprendió que la lucha había dado principio y que sus avanzadas por ese lado no resistirían largo tiempo una embestida tan formidable, dada la superioridad numérica de los atacantes; así fue como inmediatamente mandó reforzarlas con soldados de refresco.

Los aliados habían sufrido grandes bajas y no podían avanzar, impacientándose por tan insólita resistencia.

No quedaba otro remedio para los atacantes que acumular sus recursos sobre aquel frente para hacer ceder al enemigo; un empuje formidable hizo que los salvadoreños abandonaran sus posiciones y se replegaran a las cercas de piedra, donde resistieron con tenacidad heroica, pero la oscuridad era tal que llegaron a confundirse ambos ejércitos.

Morazán acudió al lugar del combate juntamente con el jefe del Estado Mayor, Coronel Benítez. Este no podía hacerse reconocer de sus propios soldados y cometió la grave imprudencia de gritar: "¡Yo soy Narciso Benítez!", creyendo ser esta la mejor manera de que sus soldados lo reconocieran; pero un soldado enemigo se le aproximó y le asestó un bayonetazo en la ingle izquierda, dejándolo moribundo. Luego fue trasladado el herido a la casita pajiza del campamento y atendido con esmerada solicitud; mas, entre tres y cuatro de la mañana del día 6 falleció aquel valeroso soldado que había empezado su carrera militar en su patria, Colombia, y había seguido al General Morazán con la lealtad del caballero y portándose con sus camaradas con el valor y la decisión del patriota.

A pesar de todo, los atacantes se vieron obligados a retroceder, volviendo a las posiciones que tenían antes de la refriega, para esperar el día y poder empezar sus operaciones.

Antes de amanecer, y cuando expiraba el Coronel Benítez, Morazán, enfurecido, tomó una columna de valientes y, acompañado del General Cabañas, hizo una incursión al campamento enemigo, donde atacaron con ferocidad, dejando el campo cubierto de cadáveres, y regresaron a preparar la lucha de ese día.

El enemigo pasó las horas de la noche del 5 en las lomas que había tomado ese día, y en la mañana del 6 hizo algunas escaramuzas como para amedrentar a los salvadoreños. La noche anterior habían tenido los aliados 319 muertos y un gran número de heridos que estaban fuera de combate.

Morazán también tenía algunos muertos y heridos; él estaba pasado de un brazo y Cabañas herido de gravedad.

A las diez de la mañana se reanudó la lucha, tan feroz como la anterior; los aliados atacaron a los salvadoreños siempre por el mismo lado oriente y nordeste, pero con una pujanza que hizo vacilar a los adversarios. Estos comprendieron que su resistencia sería anulada por la superioridad del enemigo, pero alentados por su jefe inmediato entraron al combate con todo ardor y entusiasmo.

El cañón rugió desde una altura y la fusilería vomitaba plomo a borbotones; la humareda cubría aquel puñado de hombres que se empeñaban en una de las batallas más grandes de nuestra historia; el sol quemaba con sus rayos a los denodados combatientes. Los aliados avanzaban sobre los salvadoreños con un odio salvaje y estos cargaban, cuando podían, imitando a sus enemigos.

En los momentos críticos de la lucha y cuando los aliados penetraban a las fortificaciones morazánicas, nuestro héroe sublime, que había combinado un plan estratégico admirable, atacó la retaguardia enemiga y en medio del fragor de la batalla arengó a los soldados invasores, quienes, entusiasmados por las sencillas y elocuentes palabras de aquel genio, volvieron sus rifles con el cañón para abajo y exclamaron: ¡Viva el General Morazán!

Los ejércitos aliados quedaron derrotados en toda la línea: más que una derrota fue un desastre para Ferrera y Méndez.

Al saberse en la capital aquel triunfo, el doctor Molina escribió los siguientes versos:

El triunfo de Morazán,
Los que quieran lo creerán,
Fue una mística alborada;
Un cura y un sacristán
Fingieron allá un espanto,
De que se espantaron luego,
Y fue que en lenguas de fuego
Bajó el Espíritu Santo.
Un gran corazón y un alma grande

UN GRAN CORAZÓN Y UN ALMA GRANDE

Terminada la lucha fueron recogidos todos los heridos y muertos; a estos se les dio sepultura piadosamente y a aquellos se les curó de la mejor manera sin distinguir los de uno y otro bando.

Morazán se presentó luego ante los prisioneros y heridos; estaba pálido y semejaba una estatua de mármol; no sentía el dolor de su herida; le atormentaban los dolores ajenos.

No vaciló y con la dulzura de un padre amantísimo dejó oír su palabra melodiosa y vibrante; todos guardaron silencio...

—Queridos hijos de la patria —empezó diciendo— se os ha engañado conduciéndoos a esta lucha fratricida, cuyos estragos deben caer como una maldición sobre vuestros fatales conductores... Se os ha presentado a mi persona perfilada con el tinte negro de sus odios, y llena de ambición que desconozco, a no ser aquella en que se finca la unidad y grandeza de Centroamérica, por la que vosotros también habéis combatido otras veces a mi lado. Se os ha hecho creer que mi espada es una constante amenaza para la paz y tranquilidad de sus Estados, cuando precisamente sólo la he desenvainado cuando sus libertades y sus derechos los he visto amenazados de muerte".

Y para finalizar les decía:

"Yo me titulo y me reconozco vuestro amigo y vuestro hermano".

Aquella egregia figura terminó su mensaje de consuelo infundiendo confianza a los que ayer lo habían saludado con la boca del cañón homicida; se notaba en su semblante algún cansancio producido por las fatigas de la lucha anterior, pero la grandeza de su corazón y la nobleza de su alma grande lo mantenían sereno, ecuánime y magnánimo ante el dolor del desastre que humeaba todavía aquellos campos desolados y abrasados por un sol de primavera.

UNA VISIÓN DESDE MÉXICO

En la página 78 de la obra Belice que hemos citado, dice el doctor Asturias:

"En el periódico El Universal de México de 7 de agosto de 1851 se encuentra un artículo que da una idea de la actuación de Mr. Chatfield y en el cual artículo, refiriéndose a Morazán, dice que era un jefe militar atrevido pero sin talento administrativo ni miras políticas de importancia".

Como esta cita se hace en desprestigio de nuestro gran caudillo, nosotros citaremos la palabra autorizada del señor Luis Chávez Orozco en los siguientes pasajes:

"Deuda es, y como deuda vengo a saldarla declarando por primera vez en la Historia de la Historia que el movimiento liberal, que lo que en México llamamos Reforma, por su inspiración, estuvo determinado por la orientación que adoptó la política de Francisco Morazán.

En otros términos, que a Morazán no sólo hay que verlo como líder de la pequeña burguesía progresista centroamericana, sino como al inspirador del movimiento pequeño-burgués que sacudió a México al concluir el primer tercio del siglo XIX.

Decía yo al principio que, como historiador y como mexicano, declaraba que mi país contrajo una deuda, confesándola públicamente. No hay otro modo para liquidar créditos de esa índole, si no es reconociendo, con toda lealtad, el servicio.

México debe a Morazán el impulso que lo llevó a plantear su reforma social de 1833-1834. Porque Morazán inició la revolución pequeño-burguesa en estos países ístmicos, dando al liberalismo el sentido que siempre ha tenido en todos los pueblos y en todas las épocas; por eso México, que siguió sus huellas, es deudor de Morazán.

No acierta uno a saber quién subió más alto. Mientras Morazán y los hombres que se movían a su alrededor desquiciaban la estructura feudal centroamericana, haciendo de la educación un instrumento para forjar una sociedad democrática más justa y más humana, Bolívar, en el Sur, se preparaba a morir garantizando para el futuro de la América nuestra el advenimiento de un régimen de libertad.

Ni más arriba ni más abajo. Morazán está al par de Bolívar y nosotros los hermanamos en un sentimiento de veneración.

Con lo que hemos insertado, queda demostrado que Morazán no era un "matasiete"; perseguía grandes ideales redentores y su carrera político-militar no podrá ser eclipsada por los eternos enemigos del progreso y de la salud de la patria.

CAPÍTULO XII: MORAZÁN LE SACA CARRERA... A CARRERA

Nunca teman la oposición.
Recuerden que la cometa no se eleva con el viento, sino contra él.
HAMILTON MABIE

EL PREMIO DEL HEROÍSMO

Pasada la batalla que describimos en la sección anterior, el General Morazán alojó cómodamente a los heridos que no era posible transportar y les dejó medicinas y dinero para su curación. Luego marchó con su ejército a San Salvador, donde lo recibieron con los honores que merecía.

La Asamblea del Estado reunida en San Vicente y con fecha 21 de mayo acordó: rendir las gracias al héroe por sus servicios prestados a la patria en las batallas de Las Lomas y El Espíritu Santo; condecorar a los jefes y oficiales con una medalla que llevara la leyenda: "Al valor y sufrimiento"; crear un distintivo que pudiera servirles a los soldados de reconocimiento del Estado por su heroísmo y en señal de gratitud; dar a los heridos una mensualidad por su sacrificio; y acudir a las viudas y huérfanos con el montepío de ley por los deudos que sucumbieron en las mismas acciones de armas.

La misma Asamblea emitió el decreto de convocatoria a elecciones para jefe del Estado, pues por dimisión del señor Timoteo Menéndez ejercía la jefatura el consejero Antonio José Cañas, convocatoria que lleva fecha 16 de mayo citado.

Los Estados de Honduras, Guatemala y Nicaragua suscribieron un Tratado para asegurar la Paz de Centroamérica, fechado en San Vicente el día 5 de junio. Pero con motivo de aparecer como candidato a la jefatura del Estado el General Morazán, se recrudecieron nuevamente los odios contra él y el partido servil empezó sus criminales intrigas. La oposición era grande y el odio se desbordaba.

171

El genio no temía aquella oposición porque bien sabía que, como la cometa, debería ascender contra el viento que soplaba.

Todos los departamentos organizaron las juntas departamentales y la propaganda se inició con marcado entusiasmo alrededor de Morazán, ciudadano a quien el Estado debía su tranquilidad y la defensa de sus intereses más sagrados, que en mala hora trataron de pisotear los invasores.

Mientras tanto Ferrera en Honduras trataba de reorganizarse para buscar el desquite contra sus vencedores de El Espíritu Santo y Las Lomas de Jiboa. Para poder hacerse de recursos y gente, buscó alianza con Nicaragua y esta le envió el auxilio que necesitaba.

El día ocho de julio, la Asamblea ordinaria reunida en San Vicente abrió los pliegos eleccionarios y encontró que los votos dados ascendían a un total de ochenta y cuatro, de los cuales pertenecían al General Morazán cincuenta y cuatro, por lo que el alto Cuerpo legislativo declaró electo Jefe del Estado de El Salvador al ciudadano Francisco Morazán y acordó señalar el 11 del mismo julio para que el electo tomara posesión de su cargo, con los honores y ritualidades de estilo.

EL SERVILISMO EN ACCIÓN

Morazán tomó posesión de la primera magistratura en la fecha acordada para tal efecto y dirigió un manifiesto a los salvadoreños, saludándolos y agradeciéndoles la confianza que depositaban en él para regir los destinos de la nación.

Pavón en Guatemala, jefe conspicuo del conservatismo, esgrimía su odio como arma de desprestigio para el nuevo gobernante de Cuscatlán y dirigía circulares excitando a sus adláteres para que se lanzaran a la revuelta y se unieran a Ferrera, que empezaba a tomar fuerza en Honduras con la toma de algunos sectores importantes.

El integérrimo General Cabañas, herido gravemente en la acción del 5 de abril anterior, estaba ya convaleciente y el General Morazán lo designó para que pasara a Honduras con el objeto de pacificar aquel hermano país. Así se hizo y con una columna de aguerridos soldados traspasó la frontera salvadoreña y se internó en las regiones montañosas de Honduras, atacando al enemigo donde lo encontraba y de triunfo en triunfo llegó a vencer a los sublevados. En una gira gloriosa llegó a la capital, que lo era Comayagua, donde atacó y derrotó al enemigo el día 31 de agosto. El ejército derrotado por Cabañas se componía de unos mil setecientos hombres, entre hondureños y nicaragüenses; quedó hecho jirones, disperso por las montañas.

Creyó Cabañas que la paz quedaba asegurada, pues así lo prometieron los vencidos que fueron tratados con magnanimidad, regresando el jefe vencedor a dar cuenta de sus éxitos al jefe que lo había enviado. Pero todo fue dar la vuelta aquel como empezar a reorganizarse las huestes de Ferrera con el propósito de invadir al Estado de El Salvador.

Efectivamente, aquel jefe perverso, desleal y revoltoso contumaz, volvió a mendigar apoyo de Nicaragua, donde ese gobierno le dio armas, dinero y gente para la nueva invasión, ya que la alianza estaba en vigor y los artículos que Pavón publicaba en El Tiempo, órgano del partido conservador, eran halagadores, pues en dichas publicaciones se aseguraba muy enfáticamente que Ferrera iba de triunfo en triunfo, tergiversando lo que en realidad ocurría en Honduras y le adjudicaba las derrotas al General Cabañas.

Fue así como Ferrera organizó un ejército de 1800 hombres para llevar a cabo la tan soñada invasión a El Salvador. Ese famoso militar bautizó su organización con el rimbombante nombre de "Ejército Aliado Pacificador de Centro América".

Dadas las continuas luchas del Estado de El Salvador, sostenidas durante diez años, y los grandes desembolsos que tales acontecimientos lo obligaron a hacer en tal período de convulsiones, nos revelan claramente el estado difícil en que se encontraba dicho Estado para enfrentar nuevas expediciones.

Viendo Morazán que las tendencias conservadoras para atacarlo eran sistemáticas y de difícil solución por entendimientos razonables, pues la intransigencia nunca razona, procuró atraerse a Nicaragua y para ello envió allá al licenciado Miguel Montoya, en carácter de enviado extraordinario, para que propusiera al gobierno el aislamiento de sus aliados y que le manifestara que Morazán no se oponía a la reforma de la Constitución Federal; que para tratar de dicha reforma se reuniese una Convención Nacional, ya fuese en Copán, en Santa Ana, en Cojutepeque o donde la mayoría de los Estados lo determinase. Igual misión se envió al Estado de Los Altos, yendo como plenipotenciario el ciudadano Doroteo Vasconcelos. Nicaragua se declaró cerrada a toda proposición del delegado Montoya; sin embargo, los altenses fueron amplios con el doctor Vasconcelos, pues ellos estaban de lleno con la Federación y reconocían los esfuerzos y el patriotismo bien entendido del General Morazán. ¡Lástima que aquel nuevo Estado de la Federación nada podía hacer cuando todo estaba consumado!

PRIMERO LA PATRIA

El General Ferrera venía al frente de un ejército respetable, pero sabía por experiencia adquirida en su propia persona que buscaba a un enemigo superior, a un militar que entendía con perfección el arte de la guerra, que comandaba un grupo de gente disciplinada y valiente hasta la temeridad. Así fue como tuvo recelo de avanzar por el lado de San Miguel y decidió marchar a raya de frontera hasta invadir por el lado de Chalatenango, donde encontró mejor ambiente para su criminal tentativa.

El General Morazán estaba preocupado, a pesar de su serenidad acostumbrada, porque cuando Ferrera invadía por el oriente, en la frontera occidental se luchaba con las facciones de Guatemala, comandadas por el Coronel Francisco Ignacio Rascón.

Este no hacía progresos en sus incursiones, pues los Coroneles Angulo y Enrique Rivas cargaban sobre los facciosos por el lado de Sonsonate y Santa Ana, respectivamente, sin dejarlos avanzar sobre el territorio salvadoreño y de día en día iban quedando aniquiladas aquellas fuerzas invasoras.

Morazán no se arredró ante el numeroso ejército de Ferrera y logró organizar cuatrocientos hombres con los que salió rumbo a Suchitoto. Tan luego abandonó la capital nuestro caudillo, unos nicaragüenses enemigos del orden, azuzados por el conservatismo y viendo que no existía ningún peligro, atacaron a las autoridades de San Salvador y se adueñaron de los cuarteles.

Pero no solamente hicieron eso; tanto era el odio contra el General Morazán que procedieron a la captura de su esposa, de su tierna hija Adela y de su pequeño Francisco, queriendo así amilanar al genio y hacerlo rendirse inmediatamente, doblegado por el amor de aquellos seres queridos que estaban en rehenes desde el 11 de septiembre.

Los sucesos de San Salvador no podían pasar inadvertidos por los leales soldados salvadoreños que en número de ciento cincuenta y encabezados por Santos y Antonio Valencia, los hermanos Alas, Ciriaco y Manuel Bran, Leonardo Renderos y Pedro Azucena, salieron camino de Santa Ana en busca de armas para recuperar la plaza y demostrar al enemigo que existían leales y bravos soldados que respaldaban al jefe supremo en su ausencia.

La perfidia de los asaltantes de los cuarteles capitalinos no paró solamente en la captura de la familia de Morazán. Se trataba de hacer sentir al genio un sufrimiento moral intenso, haciéndolo pasar por una dura prueba que fuese capaz de hacerlo abandonar la causa sublime que venía persiguiendo. Fue por eso que enviaron una comisión al jefe del Estado, que, como ya dijimos, estaba en Suchitoto, para comunicarle la situación en que se encontraba el país; que la capital estaba en su poder y que cualquier intento para recuperarla sería infructuoso, ya que todo el Estado estaba invadido; que su Gobierno estaba desconocido y que para evitar mayores desgracias entregara el poder a don Antonio José de Cañas, y que de no hacerlo así, toda su familia que tenían en rehenes se le daría muerte ignominiosa, pasándola a cuchillo.

a mencionada comisión encontró al héroe en el camino, pues tan pronto como tuvo conocimiento de los sucesos de San Salvador, pensó regresar a recuperarla, para después volver sobre los invasores de Chalatenango.

Cuando el genio militar escuchó las palabras insólitas de tal comisión sintió conmoverse en un sacudimiento interior todo su ser, pues al par que herían su dignidad de gobernante hacían la inaudita y criminal amenaza de asesinar en frío a los seres que tanto amaba. La angustia que en aquel supremo instante experimentaba nuestro biografiado no tiene comparación. Su alma patriota y su deber de soldado le impedían aceptar las absurdas proposiciones de sus adversarios, pero negarse a ello equivalía a firmar la sentencia de muerte de su amada y denodada esposa y la de sus caros e inocentes hijos.

¿Qué hacer?

"Llevándose la mano al corazón, oyó que sus latidos le hablaban muy hondo del sentimiento de familia y que debía vivir, sacrificando sus ideales por esos seres adorados; pero levantando su cabeza enardecida y extendiendo la vista hasta el límite del horizonte, comprendió: que el cielo azul que le cubría le hablaba de la patria en todo su esplendor, de su porvenir y de su grandeza; entonces, con un gesto estoico que sólo podía caber en aquella naturaleza heroica, que llegó al máximo del sacrificio humano, contestó estas inmortales palabras que conservarán intactas las presentes y las futuras generaciones:

Los rehenes que mis enemigos tienen en su poder son para mí muy sagrados y hablan vehementemente a mi corazón, pero soy el jefe del Estado y mi deber es atacar; pasaré sobre los cadáveres de mis hijos; haré escarmentar a mis enemigos y no sobreviviré ni un solo instante más a tan escandaloso atentado." Morazanida.

Con esta torturante respuesta, y quedando con el corazón traspasado de dolor y con el alma rebosante de alegría por el cumplimiento del sagrado deber para con la patria, despachó a la comisión, haciéndole saber además que quedaba nombrado comandante de San Salvador el Coronel Máximo Cordero, a quien deberían obedecer los facciosos, y que esperaba su respuesta en el pueblo de Soyapango, adonde se dirigía con su columna.

Esta prórroga que se daba con aquella decisión hizo que los salvadoreños acudieran al lugar en que se encontraba Morazán para preparar el ataque prometido.

EL TRIUNFO DEL PATRIOTISMO

Observando los salvadoreños las instrucciones recibidas del General Morazán, se colocaron en las bocacalles del occidente y sur de la ciudad, esperando la orden de atacar, pues estaban convencidos de que para obtener el mejor éxito entrarían simultáneamente a la lucha.

El día 20 de septiembre dio principio el ataque de la capital, pues Morazán, con sus tropas, salió de Soyapango y entró por el barrio de Concepción, mientras los salvadoreños atacaban por Santa Lucía y El Calvario con doscientos hombres. La lucha empezó en las primeras horas de la mañana, y cuando llegó el sol al cenit, ya se peleaba en el centro, donde los defensores de la plaza hacían esfuerzos para no dejar caer los cuarteles.

Pero una carga formidable de los morazanistas rompió la resistencia y cayeron sobre los fuertes o cuarteles con tal empuje que no fue posible defenderlos, porque la traición y la perfidia nunca han sido bandera que pueda levantarse con orgullo para cosechar triunfos definitivos. Terminada la lucha, Morazán dio un respiro de satisfacción por el deber cumplido y, ansioso por saber el fin de su adorada familia, corrió en su búsqueda y, con el corazón henchido de una alegría infinita e inefable, encontró a los seres queridos sanos y salvos. Tomó en sus brazos a la pequeña Adela e imprimiendo un beso en sus mejillas sonrosadas, besó la frente de su adorada esposa y ambos cayeron inmediatamente de rodillas, dando gracias a Dios por la felicidad que les brindaba en aquella turbulenta situación.

Ferrera aprovechó la marcha de Morazán hacia la capital y ocupó con sus tropas el pueblo de Suchitoto, de donde se dirigió al gobierno constitucional de San Salvador, proponiéndole un arreglo con carácter de ultimátum en los términos siguientes:

Que se desconociera la elección de Morazán y se declarara insubsistente su gobierno;

Que se encargara al consejero Antonio José Cañas del Poder Ejecutivo para que convocara a nuevas elecciones para diputados a la Asamblea;

Que se confinara a un lugar determinado y dentro del término de veinticuatro horas a Morazán y demás jefes que lo acompañaban; y

Que, mientras se llevaba a cabo lo anterior, contara con el ejército que él comandaba, con lo cual creía que se afianzaría la paz de una manera definitiva.

Estas proposiciones casi descabelladas fueron enviadas el 22 de septiembre. El documento que contenía tales bases lo hizo publicar el gobierno y causó tan mala impresión en el ánimo del pueblo que muy pronto se presentaron al General Morazán gran número de patriotas que le protestaron su adhesión y le manifestaron una vez más su lealtad puesta a prueba en más de una ocasión.

Ferrera había logrado aumentar sus filas en Suchitoto para completar dos mil hombres y Morazán alistó quinientos en San

Salvador, incluyendo en estos al escuadrón santaneco. La insolencia de las pretensiones de Ferrera debería tener una respuesta. Nunca fue desatento Morazán para quedarse callado cuando algo se le proponía o solicitaba.

¿Cómo debería redactarse la contestación a los cinco puntos propuestos por el General Francisco Ferrera? ¿Debería accederse a lo solicitado o habría de escribirse un oficio diciéndole que eran imprudentes sus proposiciones, con lo cual se le concedería derecho a que hiciera otras, tal vez más insolentes, al invasor contumaz?

Nuestro egregio caudillo no entendía de vacilaciones y los problemas más intrincados los resolvía con una rapidez admirable. En esta ocasión creyó conveniente llevar su respuesta al insolente en la boca de sus quinientos fusiles; y tanto fue pensarlo como ponerse en marcha el 24 de septiembre citado, llegando al pueblo de San Martín.

Los espías de Ferrera avisaron de la marcha del ejército legitimista y aquel salió para San Pedro Perulapán, en donde acampó con sus fuerzas. El jefe del Estado ordenó con anticipación que en San Pedro permanecieran abiertos los estancos de aguardiente y que le dieran licor a los soldados ferreristas para que se embriagaran. Y mientras Morazán dormía serenamente en San Martín, los invasores bebían hasta emborracharse.

A seis leguas al noroeste de la capital salvadoreña se halla el pintoresco pueblo de San Pedro Perulapán, ubicado en una pequeña altura de terreno bastante irregular, con una meseta al oriente y otra al norte un poco más pequeña; en la primera y en un declive paralelo a ella está una parte del poblado, a manera de barrio, y en la otra meseta en la falda norte está el resto de la población, o sea, el mayor número de casas. Con tal situación puede adivinarse la irregularidad de las calles, habiendo una sola que atraviesa todo el poblado y otra recta que, empezando en la carretera de Cojutepeque, llega a morir en el costado sur de la iglesia; cerca de esta y como a una cuadra rumbo sudeste, se levanta un cerrito de forma cónica en cuya cima se eleva un campanario, detalle este que ningún otro pueblo de El Salvador lo tiene pronunciado.

En la madrugada del 25, Morazán se puso en marcha hacia San Pedro, tomando el camino más largo por razones estratégicas y para asegurar mejor la marcha. Había calculado con exactitud el tiempo que ocuparía para llegar y así la marcha se hacía sin dificultad ni precipitación. Ferrera creyó que para el triunfo era suficiente el numeroso ejército que tenía y su valor y arrojo no desmentidos, y por eso ni se preocupó siquiera en conocer el terreno donde iba a pelear, ni mucho menos por mandar levantar el plano de la población, como lo hubiera hecho un verdadero militar. Le bastaba oír gritos de sus soldados borrachos que en espirales de gases aguardentosos decían: "¡Viva el libertador! ¡Vivan los aliados! ¡Muera el usurpador!". Estas inyecciones de entusiasmo lo animaban tanto que creía que nadie era capaz de disputarle el triunfo.

Todavía reinaba la oscuridad cuando el General Morazán llegó a la orilla del poblado y dispuso colocar sus columnas en los lugares convenientes para el mejor éxito del ataque. Acostumbrado como estaba a esta clase de maniobras y preparativos, en pocas horas dejó dispuesto todo el plan que debería desarrollarse y esperó pacientemente el momento oportuno. Al rayar el día se le presentó un espía que le informó exactamente la posición del enemigo, indicándole que a pocas cuadras estaba una avanzada ferrerista de cien hombres y que el resto dormía todavía en sus campamentos. Con tales informes, Morazán creyó llegado el instante de romper el fuego y ordenó el ataque sobre dicha avanzada; el tiroteo empezó lento y disciplinado, pero luego arreció aquel tableteo y comprendió que de seguro ya estaba peleando el grueso del ejército enemigo contra la columna morazánica y mandó otra al mando del Coronel Rivas, quien hizo empuje formidable, y para poder dominar certeramente al enemigo, las reservas que estaban al mando del general en jefe salieron con los Coroneles Pérez, Cordero y Cierzo por el camino paralelo que se extendía por el flanco de la serranía y que terminaba frente al cerrito del campanario, el cual estaba ya en poder de los ferreristas. Con este empuje quedó abierto el camino a los salvadoreños para proteger a los que habían llegado primero y que estaban expuestos a morir a mano de sus adversarios. Rivas, con su vanguardia, llegó a tiempo y, al son de alegres dianas y recios redobles de tambores, se trabó un combate de los más encarnizados, en que ambas partes sufrieron enormes pérdidas. En este momento el General Morazán entró al combate con su valor y heroísmo acostumbrados; los aliados empezaron a ceder; el peso de la carga era demasiado para sostenerse y su derrota era inevitable. Fue tal el arrojo y entusiasmo, así como el coraje de que estaban poseídos los morazanistas, que el Coronel Rivas combatió como un héroe, y estando insensible por el ardor de la refriega, no sintió las heridas recibidas sobre su corcel indomeñable, hasta que vio correr en completa derrota al enemigo, cayó anegado en su propia sangre, casi exánime, dándose cuenta de que había sido blanco de las balas del adversario.

A tan formidable empuje morazánico, el enemigo abandonó la primera línea y se replegó a la segunda, llegando hasta la iglesia donde tenían un cañón que de ninguna manera pudieron hacer funcionar. Poco duraron en tal posición; el gran caudillo alentaba a sus soldados, poniéndose frente a ellos y atacando con dureza y valentía, hizo perder la moral a los invasores, y Ferrera, comprendiendo la situación difícil en que se encontraba y lo comprometido de la misma, ordenó el ataque general y simultáneo, siendo este el período decisivo de la batalla.

Morazán comprendió que todos los contingentes enemigos estaban en la lucha y, para evitar la superioridad de este, mandó una columna que atacara la retaguardia. No se hizo esperar la presencia y la acción de tal columna, y entonces los salvadoreños se multiplicaron en valor y atrevimiento. Luego se dejó oír la voz potente del jefe que arengaba a sus soldados, advirtiéndoles que había llegado el momento decisivo; que desde La Trinidad hasta Las Charcas y desde Gualcho hasta el Espíritu Santo habían triunfado sobre numerosos ejércitos separatistas, por el arrojo y valentía de los morazánicos y por la justa causa que defendían; que confiaba en el patriotismo nunca desmentido de sus veteranos para recoger en esta ocasión el nuevo laurel de la victoria.

De más está decir que los soldados se lanzaron entusiasmados sobre los ferreristas hasta perderse de la vista en una nube de humo producida por la pólvora quemada en aquel fenomenal combate.

La derrota del ejército aliado fue completa; no obstante las incursiones de Marín en el centro y las de Rascón por el oriente que le ayudaban de manera directa, Ferrera vio desmoronarse su ejército de dos mil hombres y, mientras algunos soldados sostenían un pausado tiroteo, él salía a pie y herido, camino de Montepeque, dejando en el campo todos los papeles que se relacionaban con la campaña, su dinero y equipaje. Era un fracaso en toda la línea.

El General Morazán ascendió a los jefes Rivas, que estaba gravemente herido, Cordero, Cierzo, Lazo y Morales. Entre los prisioneros de guerra se encontraban el Capellán y Coronel José María Aguado y el presbítero Doroteo Alvarenga. Siempre los curas en oposición a las buenas causas. Eternos enemigos de la libertad.

Nuestro héroe, que conocía las cualidades y la valentía de sus soldados, comprendiendo que cada uno de ellos había tenido que pelear contra cuatro adversarios, emitió un decreto por el cual creaba un distintivo especial para todos y cada uno de sus soldados que con su sangre y su valor sellaron la jornada memorable del veinticinco de septiembre de mil ochocientos treinta y nueve.

CAPÍTULO XIII: ¡VIVA EL GENERAL MORAZÁN!

Errare humanum est
Locución latina

UN PECADO POLÍTICO

Desde Marure y Montúfar hasta los actuales historiadores que han tratado de la vida del General Francisco Morazán, están muy de acuerdo en que, a no ser la bondad y complacencia con que trató a sus enemigos, los intereses de Centroamérica no habrían sufrido mengua en el hermoso y noble ideal que perseguía.

Nosotros, que estamos dispuestos a seguir en nuestro estudio todas las opiniones de aquellos y de estos, nos vemos obligados, en esta parte, a disentir de los maestros eminentes que con mejor criterio han tildado al genio de haber cometido el error político de no tratar con dureza a sus adversarios, cuando bien pudo hacerlo sin menoscabar la gloria de sus singulares triunfos.

Barrundia había dicho desde 1830 que se necesitaba mano de hierro para lograr una pacificación completa y duradera. Nosotros no vamos a decir lo contrario; pero Morazán, al empezar sus luchas por el implantamiento de la democracia, no podía ejercer las funciones de un tirano, porque a cambio de la bandera redentora que levantaba contra el despotismo, haberse erigido en autoritario le habría valido el título de déspota y jamás habría alcanzado el puesto de héroes.

Dice Martí:

"Esos son héroes: los que pelean por hacer a los pueblos libres o los que padecen en pobreza y desgracia por defender una gran verdad. Los que pelean por la ambición, por hacer esclavos a otros pueblos, por tener más mando, por quitarle a otro pueblo sus tierras, no son héroes, son CRIMINALES."

Justo Milla incendió y saqueó la ciudad de Comayagua; mató y flageló a varios ciudadanos. Morazán, al triunfar sobre ese jefe en La Trinidad, perdonó a los que lo atacaron. Si hace lo mismo que Milla, no habrían podido los pueblos establecer quién era el demócrata y quién el autócrata.

Los gobiernos retrógrados y traidores del Estado de El Salvador, como Cornejo y San Martín, asesinaron y extorsionaron al pueblo; el asesinato del Coronel Máximo Menéndez es uno de los más horrorosos; el fusilamiento en San Miguel del ecuatoriano General Merino, ejecutado por el célebre Coronel Domínguez, corre parejas con el anterior. Si Morazán hubiese procedido en forma similar con los prisioneros de guerra tomados en las batallas que sucedieron a estos hechos sangrientos de los adversarios, ¿podría habérsele llamado Libertador de El Salvador?, ¿habría llegado la Asamblea del Estado a otorgarle la distinción de Benemérito de la Patria, sin quedar expuesta a la censura de la historia? La diferencia entre unos y otros no tendríamos ahora en qué basarla.

Carrera empezó sus correrías por las montañas de Mita, robando, matando, violando e imponiendo grandes sacrificios, como lo veremos más adelante con alguna extensión. Guatemala estaba en grave peligro cuando Morazán llegó a salvarla, derrotando a las huestes del indio salvaje y criminal empedernido. La nobleza chapina que no comulgaba con las ideas de Morazán, vio la necesidad de la dictadura y se la propuso suplicante al genio que acababa de redimir al pueblo guatemalteco, alejando el peligro carrerista. Si Morazán se declara dictador, si en vez de amnistiar a los revoltosos ordena el incendio de sus ranchos en el corazón de la montaña, el exterminio de las familias de aquellos fanáticos y la ejecución de los prisioneros, la historia tendría que catalogarlo entre los Calibanes como a Eróstrato, que incendió el templo de Diana en Éfeso para adquirir celebridad, o como Juan Bautista Carrier, el más infame de los hombres sanguinarios del Terror.

Podríamos ahondar más nuestra argumentación sobre el error político que se atribuye a Morazán, que para nosotros no alcanza a tener ni las características de un pecado venial; él tenía sus ideales y estos se reducían al amor a la Patria y nada más. Pudo vivir holgadamente dentro o fuera de su patria después de sus grandes triunfos, y pudo, como se dice vulgarmente, "echarse sobre sus laureles". Y más, todavía: pudo llegar a figurar en la América del Sur, pero prefirió volver al país para defender la integridad del territorio de la nación y continuar luchando por el implantamiento de sus ideales y para hacerle el mayor bien posible a Centroamérica. No le fue dado, pero la culpa no fue de él. Los pueblos no le comprendieron. Mal anticuado; tampoco comprendieron a Jesús de Nazareth ni a Bolívar. Razón tuvo este en decir, en su lecho de muerte:

"Ha habido tres majaderos en el mundo: Jesús, Don Quijote y Yo."

Sostenemos pues que Morazán, siendo águila para el vuelo y león para combatir en los campos de batalla, tuvo la fuerza suficiente para no traicionar sus ideales ni doblegarse ante las adulaciones del servilismo más recalcitrante.

CINCO MESES DE TREGUA

Durante los cinco meses que siguieron a la batalla de San Pedro Perulapán, el General Morazán se dedicó a la organización del Estado de El Salvador, como jefe que era, pues al regresar el 26 de septiembre de la batalla contra Ferrera, asumió el poder. No se necesita hacer comentarios acerca de la situación en que se encontraba aquel Estado con tanta lucha y con tanto gasto que había ocasionado la turbulencia en que se había visto enredado aquel pueblo tan pequeño de la Gran Patria.

Sin embargo, Morazán continuaba trabajando en el ánimo de los demás Estados para obtener una cooperación espiritual y material a efecto de volver a la nacionalidad, sin omitir grandes esfuerzos y no menores sacrificios. Pensaba que haciendo algunas reflexiones a los jefes disidentes y posponiendo los intereses particulares y las ambiciones personales ante los grandes problemas de la nación, podía llegarse a un arreglo justo y estable para terminar de una sola vez con los resabios de los serviles.

Desgraciadamente, no era posible hacer sentir el amor patrio a quienes sólo veían el medro personal y que, como su sed de mando era desenfrenada, tenían entendido que la táctica de Maquiavelo era la más apropiada para saciar sus ambiciones.

Pasó el año de 1839. En Guatemala tomaba incremento el conservatismo capitaneado por el clero y secundado por los Pavones y Aycinena. Todos en conjunto habían ungido al caudillo indígena y lo llamaban "El Hijo del Altísimo", o cuando menos, "El Defensor de la Religión". Con estos rimbombantes títulos, Carrera estaba orgulloso y se creía invulnerable. Por eso volvió a incursionar, matando, violando e imponiendo nuevamente toda suerte de sacrificios.

LA DECISIÓN DEL GENIO

Carrera apoyaba a las facciones que incursionaban por el occidente de El Salvador, dándoles todo lo necesario para que no desmayaran en la lucha. Rascón mantenía intranquilos a los salvadoreños con sus ataques consecutivos. Los tratados que había firmado con Morazán eran letra muerta para aquel, y a ello se debió que nuestro héroe perdiera la paciencia, y al escribirle a un amigo le decía que deseaba que Carrera fuera franco y rompiera con entereza los convenios, atacando al Estado de El Salvador, en donde él lo esperaba y le sabría dar una lección que lo hiciera escarmentar por su felonía y falsedad.

Seguir en tan lamentable situación era para nuestro caudillo como esperar el aniquilamiento de la patria, pues el servilismo tomaba fuerza y llegaría a imponerse esclavizando a los ciudadanos, como lo hiciera antes del aparecimiento del General Morazán en la escena política.

En todos los Estados había un malestar interno engendrado por el odio que los recalcitrantes le tenían a Morazán. Este, sabiendo que el foco de toda la intriga radicaba en Guatemala, pensó en invadir aquel Estado para demostrarle a sus adversarios que no temía sus denuestos, porque confiaba en la superioridad de sus soldados.

En los primeros días de marzo de 1840, convocó a la Asamblea del Estado y le pidió autorización para depositar el poder en el vicejefe Silva, pues necesitaba tomar las medidas pertinentes para la defensa del Estado. Hecho el depósito, organizó un ejército de novecientos hombres y formó su Estado Mayor con los mejores jefes y oficiales que siempre lo habían acompañado en sus campañas.

Nadie sabía a dónde iba aquella legión de valientes con su intrépido capitán. Se suponía que se trataba de defender el suelo patrio, ya que la ambición nunca anidaba en el alma grande del héroe sublime.

Con una completa organización y en el más completo orden, las fuerzas salieron rumbo al occidente. Las columnas marchaban bajo el sol ardiente de marzo, sudorosas y llenas del más vivo entusiasmo. La cinta gris y polvorienta del camino que conducía a Santa Ana parecía una enorme serpiente, pues la marcha del ejército le daba, en apariencia, cierto movimiento, como cuando la luna parece moverse con la precipitada fuga de las nubes. No paró dicho movimiento hasta llegar de manera cautelosa al ya conocido paraje de Corral de Piedra.

Cuando la aristocracia chapina se dio cuenta de la presencia de Morazán en tal lugar, se propuso fortificar la capital y concibió el estratégico plan de hacer salir para la hacienda de Aceituno al General Carrera, con más de mil soldados para que atacara la retaguardia de los salvadoreños.

Las tropas del General Morazán salieron de Corral de Piedra y, pasando por Fraijanes el 17 de marzo, pernoctaron entre Villa de Guadalupe y los cipresales de lo que hoy se llama La Reforma. Allí durmieron y al día siguiente atacaron la capital con un arrojo desmedido, no quedándole a Carrera tiempo para atacar la retaguardia como estaba dispuesto.

En la Reseña Histórica, el doctor Montúfar detalla esos sucesos con una maestría admirable, y ante aquel talento que con tanta imparcialidad ha tratado los triunfos de nuestro gran capitán, no podemos menos que callar para que nuestros lectores oigan la voz autorizada de aquel genial tribuno.

"El 18 de marzo, a la salida del sol, Morazán entró a la ciudad por la garita de Buenavista y, rodeando el llano de San Juan de Dios, situó una división de infantes en la plazuela de Guadalupe, dejando el parque, equipajes y tren en el Hospital General. Otra división compuesta de dos secciones de infantería y toda la caballería, quedaron al mando del General Cabañas en las alturas del Calvario, a inmediaciones de la Plaza de Toros.

Morazán, desde la plazuela de Guadalupe, mandó asaltar la plaza al General Rivas: a un toque la acometieron por el lado del Cuño, frente a la Escuela de Cristo, el Coronel Antonio Rivera Cabezas; por el lado de la portada del mismo Cuño, el Coronel Ignacio Malespín; y por la calle de Guadalupe, el segundo comandante Bernardo Rivera Cabezas.

Al instante se hizo fuego a la plaza por las ventanas del portal, inmediatas a las trincheras de la antigua cárcel. La tropa que defendía esa trinchera la abandonó y fue tomada por los salvadoreños. Los fuegos siguieron sobre la trinchera de la esquina del Palacio del Gobierno, que sin tardanza fue tomada. Las fuerzas defensoras de la plaza se replegaron al atrio de la catedral, desde donde se defendían haciendo un fuego nutrido; pero en esos momentos entró en la plaza el General Rivas al frente de una fuerza, y entonces la tropa que había defendido las trincheras huyó en dos secciones.

El plan de Carrera estaba frustrado. Él creyó que podía tomar a los salvadoreños entre las fortificaciones de la plaza, y sus hordas, que debían venir de Aceituno, y cuando llegó de esa labor, la plaza estaba tomada. Se ha dicho, para que no se mengüe el cálculo militar del caudillo adorado de los pueblos, que el plan de Carrera fue dejar a Morazán tomar la plaza para contrasitiarlo en ella. Ninguna persona de buen sentido podrá dar asenso a este absurdo.

En la plaza había cantidades de pólvora, de plomo, de parque labrado y toda clase de elementos de guerra, que tomó Morazán para continuar el combate. Había también novillos y toda clase de provisiones de boca en gran cantidad. ¿Sería posible que en el cálculo servil cupiera el pensamiento de proveer a Morazán de grandes elementos de guerra?

El golpe se dio a la plaza por el punto que los serviles creían mejor defendido. Inmediatamente se sintió en aquel recinto el ambiente de la libertad. El General Guzmán, ultrajado vilmente por Carrera y sepultado en una mazmorra, pudo ver los rayos del sol.

El Presidente de El Salvador le abrió las puertas de la cárcel, y el héroe de Omoa pudo estrechar la mano amiga del vencedor en El Espíritu Santo y en Perulapán; pero no podía auxiliarlo porque los grillos lo habían tullido. Todos los presos políticos fueron puestos en libertad y salieron todos de sus calabozos gritando: ¡Viva el General Morazán!".

La capital de Guatemala estaba otra vez en poder de su libertador; el sol había alumbrado con resplandores magníficos aquel caos horrendo y la vida ciudadana estaba garantizada por el hombre que siempre había luchado por el implantamiento de la igualdad y de la fraternidad.

EL SOL DESCIENDE VERTIGINOSAMENTE

Morazán quedó dueño de la situación y organizó con rapidez asombrosa los servicios para atender la defensa, pues las tropas que acampaban en Aceituno tenían que invadir de un momento a otro. No ignoraba nuestro héroe que Carrera tenía regular número de soldados y que su fanatismo los hacía sentirse con valor suficiente para morir luchando por la religión.

Todos los nobles que estaban comprometidos se creyeron expuestos a ser capturados y buscaron refugio en el convento de La Concepción. Tanto fue el temor de aquellos serviles que, no creyéndose seguros en el mencionado convento, luego lo abandonaron y pensaron buscar refugio en Aceituno para ponerse bajo la protección de Carrera. ¡Y quién lo creyera, el célebre Rivera Paz iba en busca del caudillo adorado de los pueblos a rendirle homenaje y pleitesía! Buscaba salvación; le acosaban los fantasmas de su deslealtad hacia el hombre que le había dado el poder confiando en un patriotismo que solamente sabía fingir.

Carrera se preparó para el ataque y ordenó sus fuerzas para la embestida. El Coronel Sotero Carrera mandaba una sección de infantería y cooperaba con él el Coronel Francisco Malespín, como jefe de la caballería. Esta sección entró por la garita del Golfo y enfocó su ataque sobre la plaza mayor; dividió su gente y mandó al Coronel Cruz con una escuadra para que atacara por la plaza de Toros, donde el intrépido General Cabañas tenía a su cargo la defensa de ese sector. La lucha se entabló con ferocidad; Morazán hizo reforzar las tropas de Cabañas y los carreristas fueron casi vencidos al empuje formidable de la legión morazanista.

En los momentos en que Cabañas cargaba sobre los atacantes que ya iban en retirada, apareció personalmente el General Carrera con el grueso del ejército servil haciendo un ataque lleno de coraje; cada soldado iba cantando la Salve en alta voz; más parecía una procesión rogativa que un ataque militar. Los morazanistas hacían esfuerzos para detener aquella avalancha que como correntada se les venía encima; hora y media de mortal combate y los salvadoreños se replegaron al estanque de El Calvario y al atrio de la iglesia, de donde se reconcentraron a la plaza. Mientras tanto, Sotero Carrera atacó el hospital y lo tomó sin resistencia, asesinando bárbaramente al

Coronel Sánchez, Salvador Padilla e Hilario Aguirre, más los soldados que heridos se encontraban en dicho establecimiento. En San Juan de Dios tomó también todo el tren de guerra y veinte mil pesos en efectivo, capturando a cien vivanderas que mantenían a los salvadoreños, vejándolas de manera inhumana, razón por la cual el cónsul de Francia protestó por tanto escándalo y crueldad.

Morazán se dio cuenta inmediatamente de lo que había sucedido en el hospital; procuró preparar las defensas del centro para poder resistir el empuje del enemigo. Carrera tenía un ejército de cerca de cuatro mil hombres y con ellos pensó contrasitiar a los morazanistas, formando un anillo humano que le impidiera al héroe la salida de la ciudad.

Todo el 18 de marzo fue de luchar continuamente, unos para entrar en la plaza y otros para defenderse de las acometidas. Morazán no descansaba, corriendo de un punto a otro para animar a sus soldados con su presencia. Los jefes peleaban a la par de sus subalternos y se confundían con ellos disputándose el triunfo. Desgraciadamente, el dios Marte los había abandonado y el sol radiante que ese día ascendió iluminando al ejército libertador, descendía ahora vertiginosamente para dar paso a las tinieblas.

Siendo los morazanistas apenas unos ochocientos, aunque disciplinados, no era posible triunfar sobre aquel ejército de fanáticos. Cuando el sol ocultaba sus rayos en el ocaso, la Salve fue entonada por los atacantes con mayor intensidad. Morazán comprendió que sus adversarios se dedicaban a saludar el Ángelus y, aprovechando aquella fanática distracción, organizó su retirada por un solo flanco, con la consigna de romper línea a toda costa. Las sombras de la noche envolvían la bulliciosa capital donde se oían con frecuencia la detonación de los fusiles y el estridente chirrido de los grillos cuaresmales.

Morazán iba a la vanguardia con un pelotón de soldados, portando la bandera federal y su flamígera espada en la diestra, cuando oyó los gritos de Pablo Contreras que decía: ¡Entregad al hereje! ¡Abajo los guanacos! ¡Queremos vengarnos del veintinueve! ¡Viva la religión! Luego nuestro gran capitán se vio rodeado de un grupo de soldados que a pesar de la oscuridad pudo reconocer por enemigos; estaba solo y eran más de diez los asaltantes. Estos le intimaron a rendirse, pero aquel genio que ni en la desgracia perdía su serenidad, inventó un ardid y a las insolentes intimaciones que se le hacían contestó enfáticamente: ¡Viva el General Carrera! Una voz fuerte se oyó decir: "Es de los nuestros"; y Morazán avanzó majestuoso por sobre aquella muchedumbre que le abrió la calle, quedando fuera del círculo sitiador y salvo del enemigo.

Todos los jefes morazanistas con sus columnas se abrieron paso por entre las hordas salvajes, llevando la calle de Guadalupe; llegaron a la garita del Incienso y sólo se vieron libres de la persecución cuando habían entrado en la aldea de Mixco. Morazán había dado sus órdenes para que los defensores de las trincheras dispararan poco y no contestaran insultos, pues así el enemigo no se daría cuenta del momento en que las desocuparan para la retirada. A las tres de la mañana ordenó botar en el estanque los barriles de pólvora que le quedaban y que no podía sacar; y ordenó también armar de lanza a la caballería y, con cuatrocientos hombres, emprendió la retirada por un solo flanco, como ya dijimos.

Todos unidos siguieron de Mixco camino de la Antigua, adonde llegaron el 19 a las 11 de la mañana, y al pasar revista de sus tropas, notó las pérdidas sensibles de los valientes Coroneles Miguel Sánchez, Esteban Cierzo, Antonio Arias, Ignacio Pérez y Eugenio Mariscal.

CAPÍTULO XIV: EN EL MELANÍ

Dolor,hermoso y terrible lapidario
jay del que no pase por tu crisol de amargura!
JEAN LORRAINE

REFLEXIONES DEL CAUDILLO

Morazán se encontraba por segunda vez en la Antigua Guatemala, aquella ciudad eternamente triste porque sus elevados volcanes le roban las irradiaciones solares, aun en plena primavera. Hacía un año que la ciudad del Pensativo recibiera por primera vez al genio militar que luchaba por darle vida al grandioso ideal de la nacionalidad; entonces vio las planicies extensas del valle de Panchoy, donde la historia ha narrado sus diferentes épocas de grandeza y la leyenda ha hilvanado las escenas novelescas más bellas, como los famosos cuadros de costumbres que con tanto entusiasmo hemos saboreado en las diversas obras del genial José Milla y Vidaurre.

Es aquella ciudad una de las más grandes del mundo latino; sus valles pintorescos y sus palacios de recia arquitectura muestran la faz de la actual civilización que fue otrora un emporio de bellezas, tanto naturales como artificiales.

Allí se inspiró Rafael Landívar; allí cantó con sutil delicadeza Juan Diéguez Olaverri; y allí nació El Vampiro de Froylán Turcios.

Y allí fue donde el 19 de marzo de 1840 llegó el general Morazán, vencedor de un día antes y triunfante de la muerte que le esperaba en el sitio que rompió a las cuatro de la madrugada del día consagrado al virtuoso carpintero bíblico.

Su tropa estaba cansada, y mientras se recuperaba un poco, Morazán se entregó a hondas reflexiones sobre el futuro. Aquella soledad antigüeña era propicia para dar principio a sus meditaciones. El sol esplendoroso de sus glorias empezaba a oscurecerse por una nube indecisa que surcaba el cielo límpido de la patria.

Repuestos del cansancio aquellos soldados valientes y sufridos, se emprendió la marcha de regreso para El Salvador, el día 23 del mismo.

Morazán había tomado su determinación e iba dispuesto a poner en práctica sus propósitos.

Igualmente intrépidos, tenientes coroneles Mariano del Río, Manuel Archego y José Viera, así como otros jefes y oficiales distinguidos, sucumbieron en aquella lucha que marca el principio de la tragedia para la Patria Grande, huérfana hoy de hijos denodados y amantes de la nacionalidad.

Un silencio sepulcral reinaba en aquella caminata; cada corazón sentía el escozor de un presentimiento fatal. El jefe supremo cabalgaba rodeado de su Estado Mayor, observando la marcha de un ejército que pronto tenía que abandonar en beneficio de la salud de Centroamérica.

SIEMPRE LOS SERVILES

Carrera, en cuanto quedó en posesión de la plaza de Guatemala, mandó al coronel Figueroa con ochocientos hombres para que a marcha forzada se internara en El Salvador y evitara la llegada a este Estado de los morazanistas. Figueroa se instaló con su gente en la ciudad de Ahuachapán y, el 24, que llegaba Morazán a las inmediaciones de dicha ciudad, se dio cuenta de que el enemigo trataba de estorbarle el paso.

Cabañas llevaba cien hombres a la vanguardia y, sin detenerse ni esperar órdenes de su jefe, atacó casi por sorpresa a Figueroa, con tanta ferocidad que en pocas horas puso en fuga a las ocho centenares de soldados que el conservatismo le oponía. Esta acción se llevó a cabo en los llanos de La Laguna y fue presenciada por el resto del ejército salvadoreño que acampaba en las alturas de Tacuba.

Tres días después (27 de marzo) los habitantes de San Salvador amanecieron adornando sus casas con lujosos cortinajes y vistosos gallardetes; la mayoría de los vecinos se encaminaban a las plazas y bocacalles como en busca de algo novedoso; los cuarteles estaban también de fiesta; los soldados lucían uniformes como para asistir a una parada.

Luego resonó a lo lejos un clarín que anunciaba la llegada de un ejército, y poco a poco dejáronse oír otros que tocaban marchas; los cornetas de los cuarteles entonaron alegres dianas y empezó a entrar en la ciudad una legión de valientes que no eran desconocidos:

Francisco Morazán regresaba de Guatemala, meditabundo, pero siempre majestuoso y en posesión de su impenetrable serenidad.

Las fuerzas marchaban vivando a sus jefes y el pueblo se fue sumando a las filas hasta confundirse con los soldados y el cariño que los salvadoreños tenían al héroe. Aquellas demostraciones de simpatía no menguaron en nada a las que se le habían hecho en otro tiempo al gran caudillo.

El conservatismo ha querido siempre desprestigiar a Morazán y no ha perdido la oportunidad para hacerlo, haciendo a un lado la historia, aunque la hayan escrito ellos mismos. Han llegado a inventar, atribuyéndole despropósitos increíbles; y una de las falsedades de inventiva es el asegurar que cuando llegó Morazán a San Salvador fue apedreado por la gente del mercado. No es esa la verdad; ya en otro lugar dijimos que no nos proponemos atribuirle a nuestro biografiado más glorias que las que realmente le corresponden, ni más laureles que los ganados en los campos de batalla, por su genio extraordinario y su valentía inimitable.

Esa ha sido la táctica del partido servil. Al doctor Lorenzo Montúfar lo calumniaron, años después, de la manera más burda y como muestra vamos a presentar un botón:

"Los serviles me han hostilizado no solo en mi juventud sino en todas las edades de mi vida. Uno de los periódicos de ese bando que se publicó el año de 1891 con motivo de las elecciones presidenciales combatió mi candidatura, que había postulado el Club Liberal, y esgrimió todo tipo de armas".

El Patriota, en su número 19, me hacía este cargo: "El doctor Montúfar fue a mendigar a Costa Rica el título de abogado porque en Guatemala, atendida su desaplicación, no lo pudo obtener jamás".

(Memorias Autobiográficas, Tomo I, pág. 127)

Por eso no nos extraña que los conservadores continúen en su ruin tarea a través de los siglos.

EMPIEZA EL ÉXODO MORAZÁNICO

El caudillo montañés estaba libre de aquel adversario tan terrible; el sol se había ocultado y las sombras envolvían al Estado de Guatemala, cegando a los ciudadanos con sus tinieblas y dejándolos en su condición de parias. Quetzaltenango fue la primera víctima del salvajismo entronizado en el gobierno por obra y gracia de la malvada aristocracia. Carrera salió para aquella ciudad altense y, con lujo de crueldad, ordenó el fusilamiento en masa de todo el ayuntamiento, pues había cometido el "grave delito" de jurar su adhesión al héroe de Gualcho. Y muchos ciudadanos fueron ejecutados allá para saciar la sed de sangre de aquel indígena elevado al rango de presidente de la República.

Morazán se entristeció mucho al llegar a su conocimiento tales crímenes, pero no era ya posible poder remediar tal situación. Sufría el dolor de aquellos indefensos que se habían amparado a él para seguir la causa de la nacionalidad y ser protegidos en sus vidas e intereses.

Había que resignarse; sus meditaciones se concretaban a salvar de la mejor manera los intereses generales. Firme en su propósito y consecuente con sus principios, determinó abandonar a Centroamérica y entregar previamente la jefatura del Estado al consejero Antonio José Cañas, a falta del vicejefe.

Morazán no se iba furtivamente; quería hacer saber al pueblo los motivos que lo impulsaban a tomar tal determinación y para ello convocó una Junta de Notables; aquella figura majestuosa, erguida sobre el pedestal de su grandeza, se presentó serena e imperturbable ante la asamblea que debería juzgar los móviles de su viaje al exterior. La voz del genio se dejó oír, reposada, sonora y vibrante; no llevaba lágrimas en sus ojos pero su corazón vertía lágrimas de sangre.

Oigamos cómo se prologó el éxodo de aquel egregio militar:

"No sería jamás la sola exigencia del enemigo la que podría obligarme a dar este paso; es algo más sagrado y elevado lo que me obliga a ello: es la integridad y la salvación de Centro América; mi ausencia no sólo del Estado que me comprende, sino del todo de la Patria que se fragmenta y desquicia, la creo necesaria y de urgente necesidad. Los enemigos de su unidad y su grandeza, tomaron primero como arma de combate la reforma de sus leyes y ahora es mi persona y mi presencia aquí en esta sección que tanto amo la que les molesta y les desvela. Ellos no descansan ni dejarán jamás de perseguirme mientras me vean al frente de los destinos de este pueblo que siempre me ha pertenecido, y ha sido fiel a mis principios; y yo no debo corresponder nunca mal a tanta abnegación y sacrificio. Si por el firme propósito que siempre he tenido de sostener la unidad e integridad de la Patria, me he opuesto tantas veces a las miras y fines criminales de los reaccionarios, castigándolos con la derrota en tantos campos de batalla; ahora que sólo mi persona parece ser el blanco de sus iras, no debo permitir, no, que de nuevo se sacrifique este pueblo valiente y abnegado, empurpurando con su sangre el suelo de la Patria.

Me alejo, pues; no por cobardía, sino por el mismo sagrado deber con que el destino tiene atado el hilo de mi existencia al porvenir de Centro América. Allá en mi destierro voluntario, sabré esperar el tiempo necesario para que los enemigos demuestren con los hechos la sinceridad de sus propósitos de reconstruir bajo mejores bases la unidad de Centro América. Yo, mientras tanto, sobre otras playas y bajo otro cielo, velaré por el destino de esta Patria que llevo dentro de mi corazón, como algo que le es inseparable y que no puede finar sino con la muerte. Si mi destierro la pudiera engrandecer tal como lo he soñado en mis delirios, queden en buena hora los que me persiguen al frente de sus destinos, mientras mis mortales restos descansen en extranjeras playas. Pero si mi ausencia tan deseada por tan implacables enemigos sólo sirviera para prolongar más el reinado de las sombras, el martirio de los pueblos y para perpetuar la obra inicua y disolvente de los perversos; entonces, no podré, no, permaneceré indiferente a esa obra de perversión y, de nuevo, volveré a tocar a estas playas de mi amor, para llevar a feliz término la nueva cruzada de redención que habrá de darnos patria, asegurando nuestros derechos y libertades interiores, así como nuestra independencia y respeto en el exterior.

Dejo en este y en los demás Estados innúmeros amigos que perfectamente identificados con los ideales que sustento, sabrán velar como yo en la ausencia, para que en la hora de llamada general, estemos todos en el puesto que el deber nos tenga señalado. Mientras tanto, os dejo la promesa de volver, o no, a este suelo queridísimo, según el bien de la patria lo necesite: yo respetaré su voz sagrada, y con mi palabra, os dejo este pueblo, cuyo amor llevaré a la tumba si no vuelvo a verlo...".

Nuestro comentario sobre tan elocuentes y trascendentales palabras resultaría pálido; la fluidez del lenguaje en que están concebidas tan hermosas frases y el sentimiento condensado en ellas, reflejan de manera patética la grandeza del alma de aquella águila que remontando el vuelo desde las abruptas montañas hondureñas, cruzó el istmo centroamericano rasgando las nubes de su límpido cielo para llegar a la patria de Simón Bolívar.

SE ALEJA UNA EMBARCACIÓN

En la segunda quincena de marzo de 1840 y en una mañana clara y serena, infla sus velas una pequeña embarcación francesa bautizada con el nombre de Melaní, que saliendo del puerto de La Libertad iba mar adentro caminando lentamente porque le oponían una fuerza enorme las olas que se quebraban enloquecidas en la proa. Llevaba como pasajeros a doña María Josefa Lastiri de Morazán, a sus hijos Esteban y Adela y al joven Francisco Morazán.

¿A dónde se dirigían tan ilustres viajeros?

El general Morazán había previsto su salida al exterior y cuando partió para Guatemala, dejó preparado el viaje de su esposa e hijos a fin de ponerlos a salvo, pues en su ausencia y sin su apoyo, podía repetirse la escandalosa escena del 16 de septiembre de 1839, con el agravante de poder ser ejecutados sin su amparo. No se preocupó por saber a dónde llegarían sus familiares, pues creía suficientemente capacitada a su esposa para dejar que ella dispusiera lo que mejor creyere conveniente.

Aquella embarcación se dirigió a Costa Rica y no tardó en llegar al puerto de Caldera, perteneciente a dicho Estado.

La señora de Morazán creyó que en esa sección de la patria estaría segura y solicitó del señor presidente, licenciado Braulio Carrillo, el asilo para ella y sus inocentes hijos, en los términos siguientes:

"El temor a la revolución de los Estados de Honduras y El Salvador, me ha obligado a abandonar mi país y mucha parte de mi desgraciada familia para buscar en cualquier otro punto un lugar en donde vivir pacífica con el resto de aquella que he podido traer conmigo; y atendiendo a la paz que goza este Estado, a las buenas circunstancias que lo caracterizan, y los consejos

de muchos de mis amigos, me he resuelto a venir a pedir un asilo, segura de que su Gobierno protegerá la inocencia y permitirá internarme al punto que parezca más conveniente a mis circunstancias".

Pero aquel remedo de hombre, influenciado por el servilismo, dio una contestación condicional a tan distinguida dama, que la obligaba a que se radicara en Esparta, lugar malsano e impropio para tan distinguida familia, o lo que equivalía a una rotunda negativa de la solicitud.

Y la embarcación continuó su marcha hacia el puerto de Chiriquí, república de Colombia.

Así fue que cuando el general Morazán llegó de regreso a San Salvador, su familia había abandonado el suelo centroamericano.

OTRO BARCO SE VA...

Dos días después de su presentación ante la Junta de Notables, el general Morazán está en el puerto de La Libertad, listo para surcar el gigantesco océano y desde las cimas de sus enloquecidas olas decirle adiós al pueblo salvadoreño que tan fiel le había sido.

Era el 8 de abril un día caluroso y en la playa alfombrada de conchas caían verticalmente los rayos quemantes del sol. Todos advertían la densidad del trópico en una transpiración continua, menos Morazán que parecía estar insensible por la emoción que experimentaba. Una pequeña embarcación llamada Izalco estaba también lista para transportar al héroe a playas extranjeras.

Desde la capital lo habían acompañado numerosos amigos que querían despedirlo con el último adiós de sus pañuelos y la vieja guardia lo escoltaba como cuando Napoleón salió para la isla de Elba.

Las escenas emocionantes de las despedidas no es para narrarlas con la pluma; se necesita vivirlas y sentirlas para poder acopiar los detalles minuciosos que expresaba el sentimentalismo en esa hora suprema de las almas que se quieren de verdad.

Morazán entró firme y sereno a la embarcación no sin dar un suspiro de infinita tristeza; tras él desfilaron buscando un lugar en el Izalco: su hijo, general José Antonio Ruiz; general Trinidad Cabañas; general Gerardo Barrios; doctor Doroteo Vasconcelos; general Enrique Rivas; general Isidro Menéndez; general Diego Vigil; general José Miguel Saravia; coronel Miguel Alvarado C.; general Manuel Irungaray; coronel Antonio Rivera Cabezas; coronel José María

Silva; coronel Bernardo Rivera Cabezas; coronel Máximo Cordero; coronel Antonio Lazo; general Agustín Guzmán; teniente coronel José Rosales; teniente coronel Mariano Quesada; tenientes coroneles Cirilo Salazar, Joaquín Rivera, Domingo Asturias, Manuel Merino, Manuel Lara, Dámaso Sousa, Rafael Padilla, Manuel Romero y Felipe Uribal; general Carlos Salazar; coroneles Máximo Orellana, Nicolás Angulo, Pedro, Felipe y José Molina.

Y sobre las ondas tranquilas del Pacífico empezó a navegar aquella pequeña nave llevando una legión de hombres que se exilaba voluntariamente, buscando la tranquilidad de la patria en su propio sacrificio. Como la Melaní, que había partido quebrando las mismas olas hacía apenas unos veintidós días, se alejó el Izalco sonando su bocina, que semejaba una queja doliente, mientras en la playa anchurosa del puerto de partida se agitaban centenares de pañuelos y se humedecían los ojos de los muchos espectadores.

Después de una feliz navegación, el Izalco atraca en el puerto de Puntarenas, desde donde Morazán pide hospitalidad al presidente Carrillo, quien contestó otorgándola a todos los pasajeros, a excepción de Francisco Morazán, Diego Vigil y Miguel Álvarez Castro, por lo que muchos de los favorecidos con las garantías de Carrillo dispusieron acompañar a su jefe y compañeros en su éxodo y continuaron su viaje hasta llegar al mencionado puerto de Chiriquí.

Sobre las risueñas playas colombianas encuentra Morazán a su familia que le había precedido en aquel viaje. La tristeza que embargaba su alma por la ausencia de la patria querida, hallaba un lenitivo al calor del hogar, y ya que el destino le imponía aquel puesto de proscrito, iba a cumplir sus deberes de esposo y de padre, descuidados por el cumplimiento de los sagrados intereses de la nación, a la que había dedicado toda su existencia.

¡MALDICIÓN! ¡MALDICIÓN!

El genio benéfico que protegía al pueblo centroamericano quedaba ahora con sus compañeros bajo el común anatema de la proscripción. Muchos hacían recuerdos de aquel gladiador que con espíritu libertario los había salvado del oscurantismo y de la barbarie más horrorosa de que nos da cuenta la historia. Pero existían algunos fanáticos que se gozaban con el alejamiento del libertador.

La aristocracia guatemalteca daba grandes fiestas homenajeando al general Carrera y celebrando con ello la salida del país del general Morazán. Estaban libres del genio que cada vez que el conservatismo oprimía a los pueblos indefensos, acudía como por arte de magia a conjurar el mal. Aquella espada gloriosa que deslumbró los ojos de los serviles estaba lejos de las cabezas de tan perversos individuos. El poder estaba en manos de estos y estaba satisfecha su ambición más grande: la de mandar para asesinar impunemente y envilecer al pueblo con su proceder infame, sin tener la constante amenaza de ser reparados sus desafueros por un brazo prepotente como el de Francisco Morazán.

Se hablaba de reformas, de adelantos, de dictar leyes avanzadas y reglamentos modernos, pero nunca se trataba ni del cumplimiento de las existentes ni de las que se dictaban a su manera y capricho. Se encarcelaba, se flagelaba y se mataba con lujo de crueldad; no cabía en ellos la responsabilidad ni siquiera el sentimiento humanitario. Eso sí, asistían a misa diariamente con toda devoción y en cada pecho colgaban crucifijos a cuales más grandes y valiosos. El eterno sistema del tipo conservador por excelencia.

Era una maldición para los que tenían la desgracia de vivir en Guatemala, aquel gobierno presidido por Carrera, y es en esta parte donde caben muy bien los versos que don José Milla escribió en su ardorosa juventud contra aquel tiranuelo empedernido y que no tuvo el valor de enseñarlos más que a dos amigos prominentes que no serían capaces de comprometerlo. Para no cansar a nuestros lectores, copiaremos para constatar la situación de aquella época:

Hijo de la miseria y de la nada,
Tiranuelo opresor de un pueblo inerme,
Zorra cobarde que acomete osada
A un gallinero que tranquilo duerme.

Aycinena, Pavón, fuera señores,
Fuera con vuestro rancio servilismo.
¿Sonasteis ser tal vez conservadores
O darnos una burla de torismo?

Por entre esa comparsa de malvados,
Digna guardia de honor de tu persona,
Ellos van a pasar desesperados
A romper en tu frente tu corona.

Los tigres de Texíguat ya se lanzan;
Tiemble vuestro cobarde corazón
Y ¡ay! de vosotros, zorras, si os alcanzan
Con sus fieros lebreles de león.

Y vivid, os dirá, vivid ¡oh, viles!
General, mariscales, brigadieres,
Vivid parodia ruin de los Aquiles
Manejando la rueca entre mujeres.

CAPÍTULO XV: NAPOLEÓN, DERROCHADOR. MORAZÁN, AUSTERO

No hay sentimiento más inseparable de nuestro ser
que el sentimiento de la libertad.
—FEDERICO III

LA VIDA EN EL DESTIERRO

El general Morazán permaneció en el puerto de Chiriquí algunos meses con su familia, dedicado al descanso material y espiritual; en seguida se trasladó a la ciudad de David, población de alguna importancia en todo sentido, con un clima caluroso pero benigno. Se organizó con su familia tomando arrendada una casa cómoda que tenía una arboleda refrescante a manera de jardín, en donde el exiliado pasaba las horas dedicado al estudio y dictando la correspondencia que escribían sus secretarios, dando contestación a las cartas que continuamente recibía.

Los recursos monetarios de que disponía eran suficientes para darse una vida ordenada en el seno de un hogar tranquilo y respetable.

Al hablar de recursos debemos aclarar que estos no pertenecían al Estado, pues jamás han podido sus enemigos probarle que dilapidó la hacienda pública. Nuestros lectores recordarán que el primer esposo de doña Josefa Lastiri era un hombre acaudalado y que de él heredó su consorte una cuantiosa fortuna; Morazán, con el entusiasmo de unificar a su patria, comprometió parte de esa herencia, y por eso, cuando dejaron las playas nativas llevaban dineros de su propiedad particular.

"La famosa hacienda de Jupuara ocupaba una extensión del valle de Comayagua, hacia el rumbo sureste, y de ella se hicieron después varias haciendas, y fue adquirida por doña María Josefa Lastiri, por herencia de su primer esposo don Esteban Travieso, y era tan valiosa esa propiedad que sus terrenos llegaban hasta Lepaterique; tenía hermosas casas de habitación y una capilla para oficios religiosos, cuyos restos existen todavía a inmediaciones de la casa principal de la actual hacienda de Valladolid, que también formó parte de aquel histórico fundo".

—Salvador Turcios R.

Nunca fue Morazán hombre derrochador y siempre respetó los fondos ajenos. Sus ideales redentores no lo autorizaban para apropiarse los dineros del gobierno y su familia vivió con los productos de su capital. Las arcas nacionales eran en aquella época demasiado pobres y no alcanzaban más que escasamente para pagar un pequeño ejército sostenedor de las libertades patrias.

Napoleón pudo gastar sesenta millones de francos en el ajuar matrimonial de María Luisa; darle quince millones anuales a su exconsorte Josefina para que viviera a todo lujo después del divorcio; y manejó los fondos de Francia como si hubiesen sido de su propio peculio. Morazán no hizo lo mismo; fue más escrupuloso que el héroe de Austerlitz.

Pero los conservadores dirán que se gastó el capital de su esposa, la herencia de los hijos de don Esteban Travieso, y que con ello dispuso de fondos ajenos. Nosotros queremos que la verdad resplandezca y para ello diremos que su esposa fue quien dispuso de esos bienes como tutora de sus hijos de primeras nupcias, para educarlos y vivir con ellos decentemente; que Morazán ganaba en su empleo lo suficiente para sus necesidades y las de sus hijos Adela y Francisco, así como para atender a su amante compañera. Y estas afirmaciones no son antojadizas; basta saber que nuestro héroe siempre fue empleado de alta categoría y que jamás se dio una vida desordenada, pues aunque él así lo hubiese querido, los grandes problemas de la patria nunca le dejaron tiempo para ello.

DEDICADO AL ESTUDIO

Dice Kant que quitándole al hombre la esperanza y el sueño, queda convertido en el ser más desgraciado de la tierra.

Si los enemigos de Morazán hubieran logrado despojarlo de sus ideales y de la esperanza que mantenía de ser útil a su patria y a sus conciudadanos, estamos seguros de que se habría cumplido en él la sentencia de aquel filósofo alemán, maestro de la crítica que intentó reformar todos nuestros conocimientos partiendo de la duda para llegar a la certidumbre. Pero no era posible hacer tal cosa con un hombre de la talla de Francisco Morazán.

Este siempre pensaba en que su misión no estaba terminada y en que necesitaba adquirir conocimientos sólidos sobre algunas ramas de la ciencia para dotar a Centroamérica de leyes avanzadas que protegieran su vida independiente.

Así fue como, aprovechando su voluntario ostracismo, se dedicó a estudiar ciencias políticas y sociales, derecho constitucional, tanto público como privado, economía política. Su constante contacto con los negocios de Estado le había proporcionado muchos conocimientos en tales materias y se le facilitaba ahondar su preparación para el fin que deseaba.

Alentaba la esperanza de volver a su patria, ya con su gloriosa espada en la diestra para reparar los escándalos de la tiranía o con el ramo de olivo para dedicarse con todo patriotismo al servicio de la misma para engrandecerla y servirla. Y esa esperanza lo hizo también estudiar las Constituciones del Sur y todas las reformas que se habían implantado después de la Revolución.

Las leyes federales que bajo su gobierno se decretaron en Centroamérica las comparaba con aquellas de la patria de Bolívar; y se sentía satisfecho de que si bien diferían en la forma, en el fondo eran los mismos principios.

Así pasaba las horas el general Morazán, estudiando obras filosóficas y académicas, nutriendo su cerebro y fortaleciendo su espíritu con el pan sagrado de la lectura. Cuando estuvo al servicio de la patria no tuvo tiempo para detenerse a consultar obras ni acopiar conocimientos científicos; solamente la razón lo guió en su marcha triunfal por el camino de la experiencia.

Bien pudo decir, como Alejandro el Grande: No tuve tiempo para ello; no hubo para mí más teatro que la guerra.

UNA DISTINCIÓN HONROSA

Habían transcurrido algunos meses desde la estadía de Morazán en la calurosa ciudad de David, cuando tuvo conocimiento el mariscal Gamarra del exilio en playas sureñas del héroe centroamericano.

Era Agustín Gamarra general del ejército peruano que gobernó a su patria de 1830 a 1833, habiéndose distinguido en varias batallas y a quien se le llamaba el Mariscal de Ayacucho, por el arrojo y heroísmo con que combatió en aquel histórico lugar. Por cuestiones de principios más que por cualquiera otra razón, Bolivia le declaró la guerra a aquel país en el año de 1841 y el gobierno peruano se alistó para repeler la ofensiva boliviana.

Como el mariscal Gamarra tuviera conocimiento de que en territorio suramericano se encontraba un militar istmeño de alta graduación y de grandes ejecutorias en el arte de la guerra, no vaciló en excitar al general Morazán para que lo ayudara y al efecto le ofreció el Ministerio de Guerra del Perú o el mando de cinco mil hombres para marchar a combatir a los agresores.

Muy alto y muy claro habla esta proposición para aquel genio consagrado por tantos triunfos en sus luchas libertarias. El célebre José Garibaldi, después de luchar en su patria, Italia, con el mejor de los éxitos, militó con buen suceso en Francia y precisamente en 1841 peleaba también en el Uruguay. Muy bien pudo Morazán obtener nuevos triunfos y recoger frescos laureles en aquel país extranjero, pero estaba pendiente de lo que ocurría en Centroamérica y declinó tanto honor con una disculpa tan patriótica que Gamarra no tuvo más remedio que aceptarla.

La situación del Perú era pésima por sus convulsiones internas y externas. Gamarra había derrotado al mariscal La Mar en 1830; el general Orbegozo en 1823 pidió auxilio al dictador de Bolivia, general Andrés Santa Cruz, por lo que en 1836 se conformó la Confederación Peruboliviana, que fue destruida por los chilenos en Yungay, volviendo al poder el mariscal Gamarra. Pero a pesar de tal situación, este le ofreció a Morazán, terminada la guerra con Bolivia, un apoyo decidido y eficaz para que regresara a su patria y pacificara los Estados de Honduras, Guatemala y Costa Rica que se encontraban en situación lamentable a causa del bandolerismo y del despótico proceder de los gobiernos.

Desgraciadamente el mariscal Gamarra sucumbió en la batalla de Ingavi y con su fallecimiento terminaron aquellas promesas halagadoras para nuestro gran caudillo.

VIAJE AL PERÚ

No debemos pasar inadvertido que el general Morazán recibía constantemente correspondencia de su país en la cual se le daban detalles completos de la situación política y administrativa, sin excluir los actos despóticos de los gobernantes que tenían esclavizado al pueblo, haciéndolo pasar por toda suerte de sacrificios sin que persona alguna pudiera aliviar las penalidades de aquellos habitantes.

Con la muerte del mariscal Gamarra sufrió un rudo golpe nuestro caudillo, pues vio anulados sus proyectos al faltarle el auxilio ofrecido por tan ilustre extinto.

Entonces decidió hacer un viaje a Lima, capital del Perú, con el objeto de ponerse en contacto con los personajes del nuevo gobierno peruano. El presidente provisorio le guardó muchas atenciones y se relacionó y trabó amistad con los prestigiados generales José Rufino Echenique y Pedro Bermúdez, así como con los señores Escalante y otros personajes de la alta política de aquel país.

El general Bermúdez sintió tanto afecto por Morazán que le facilitó el dinero necesario para la proyectada invasión a Centroamérica, recomendándole que, en caso tuviera el éxito deseado, le enviara los restos del mariscal La Mar que se encontraban en Cartago, del Estado de Costa Rica.

Era el gran mariscal don José La Mar un militar distinguido que nació en Guayaquil y se distinguió en Ayacucho y Junín; que, proscrito como tantos grandes hombres, falleció en Cartago en 1830. El heroísmo de aquel egregio peruano había sido puesto a prueba en luchas contra Napoleón y contra los españoles, por lo que un gobierno justiciero le dio su nombre a una provincia del departamento de Ayacucho, cuya capital es San Miguel.

Durante su permanencia en Lima, Morazán estuvo recibiendo constantes excitativas de amigos en Centroamérica para que se decidiera a regresar, pues ya no era posible soportar la tiranía. Por Dios y por la Patria, véngase inmediatamente, le decía uno de sus partidarios más asiduos, que Ud. es el único llamado a redimir a esos pueblos y poner dique a todas las vejaciones y tormentos de que son víctimas todos sus amigos y partidarios por parte de Carrera, Ferrera y Carrillo. Pero él no creyó oportuno regresar y esperó con resignación.

El jueves 12 de agosto de 1841 las autoridades de San Juan del Norte de Nicaragua avistaron la fragata Tweed que se acercaba velozmente al puerto y en la cual llegaba su majestad el rey Mosco, custodiado y protegido por el superintendente de Belice, Alejandro McDonald; desembarcaron fuerzas, arriaron la bandera de Nicaragua y enarbolaron la insignia mosca; capturaron al comandante de San Juan, coronel Manuel Quijano, y lo transportaron a la fragata con el pretexto de llevarlo a Belice, pero en realidad era otro el propósito de los ingleses, porque lo llevaron a una costa desierta para que pereciera de cualquier accidente.

Nicaragua protestó enérgicamente ante el vicecónsul inglés y también ante el cónsul Chatfield que radicaba en Guatemala. Como no obtuvo ningún resultado, el director del Estado, licenciado Pablo Buitrago, lanzó una proclama con fecha 22 del mismo agosto, dando cuenta de los sucesos ocurridos en San Juan y excitando el patriotismo de todos los centroamericanos, extensiva para los que se encontraban fuera del país, para que llegaran a defender la soberanía nacional.

Este documento llegó a manos de Morazán cuando estaba en Lima, próximo para salir a Chile y casi al mismo tiempo le llegó un oficio del ministro del mismo Estado excitándolo directamente para que prestara su apoyo, pues los ingleses, amparados en el derecho de la fuerza, habían tomado toda la comarca de San Juan del Norte, fértil y codiciada zona nicaragüense que se había convertido en "la manzana de la discordia".

Mientras hace sus preparativos militares en la capital del Perú, leamos el hermoso manifiesto que dirigió al pueblo centroamericano antes de salir de la ciudad de Lima.

Hermoso documento histórico

Los historiadores no han podido resistir el deseo de copiar íntegramente el manifiesto que el general Morazán, en sus horas de exilio en la ciudad de David, dictó a su hijo Francisco y al coronel Cruz Lozano. Nosotros, aunque lo encontramos extenso para este trabajo, somos de la opinión que la supresión de tal documento vendría a restarle importancia a nuestro pequeño esfuerzo. Por tal consideración, helo aquí:

AL PUEBLO DE CENTRO AMÉRICA

Cuando los traidores a la patria ejercen los primeros destinos,
el gobierno es opresor.
—Montesquieu

"¡Hombres que habéis abusado de los derechos más sagrados del pueblo por un sórdido y mezquino interés!, con vosotros hablo, enemigos de la independencia y de la libertad. Si vuestros hechos para procuraros una patria pueden sufrir un paralelo con los de aquellos centroamericanos que perseguís o habéis expatriado, yo a su nombre os provoco a presentarlos. Ese mismo pueblo que habéis humillado, insultado, envilecido y traicionado tantas veces, que os hace hoy los árbitros de sus destinos, y nos proscribe por vuestros consejos: ese pueblo será nuestro juez.

Si la lucha que os propongo es desigual, todas las ventajas de ella están de vuestra parte.

Tenéis en vuestro apoyo:

Que os halláis colocados en el poder, y que nosotros nos encontramos en la desgracia.

Que podéis hacer uso de vuestra autoridad para procurarnos acusadores, y que nosotros no encontraremos tal vez ni un testigo.

Que os habéis constituido en nuestros jueces, y declarado que somos vuestros reos.

Que nuestra voluntaria retirada de los negocios públicos, con un objeto más noble que el que ha podido caber jamás en vuestros corazones, lo habéis interpretado como fuga.

Que vosotros, que no os atrevisteis nunca a vernos cara a cara, nos insultáis atrozmente en vuestra imprenta y, añadiendo el escarnio a la venganza, habéis tomado la mano misma que os ha envilecido para trazar los caracteres de un nombre funesto que no podemos pronunciar sin oprobio, y nuestra expatriación se ha decretado[5].

---

[5] En un convenio que celebró últimamente Carrera con el encargado del gobierno del Estado de El Salvador se consignó un artículo expatriando a todos los que habíamos salido de la república, el que aparece firmado por Carrera, sin saber leer ni escribir. —Morazán

Y en fin, para complemento de vuestro triunfo, todas las apariencias acreditan que el pueblo que nos va a juzgar os pertenece. Pero no importa, nosotros tenemos la justicia. Vamos a los hechos.

Cuando vosotros disfrutabais de una patria, no podíamos nosotros pronunciar ese dulce nombre. Recordadlo. Vosotros habéis gozado muchos años de los bienes de esa patria que buscáis hoy en vano. ¿Encontraréis en la República de Centro América algunas señales de ella? No. Aunque le dais hoy ese nombre, más extranjeros sois por vuestros propios hechos en el pueblo que os vio nacer, que nosotros en México, en el Perú y en la Nueva Granada. Por la identidad de nuestros principios con los que sirven de base a los gobiernos de estas repúblicas, nosotros hemos hallado en ellas simpatías que vosotros no encontraréis en el propio suelo de vuestros padres (que ya no os pertenece) desde el momento mismo que se descubran vuestros engaños. Pero si aún queréis buscar vuestra patria, la hallaréis sin duda por las señales que voy a daros. Oíd y juzgad.

En vuestra patria, los nombres del Marqués de Aycinena y su familia... se hallaban colocados en los primeros empleos del gobierno absoluto, y los nuestros se ocultaban en la multitud.

En vuestra patria, esos mismos nombres se inscribían en los registros de la nobleza, y los nuestros se colocaban y confundían en los padrones del pueblo.

En vuestra patria cometíais culpas que se olvidaban por unas tantas monedas, y a nosotros se nos exponía a la vergüenza pública.

En vuestra patria perpetrabais los más atroces delitos, a los que se les daba el nombre de debilidades para dejarlos sin castigo, y nosotros sufríamos la nota de infames hasta nuestra quinta generación.

En vuestra patria ejecutabais crímenes que siempre se quedaban impunes, porque vosotros mismos erais los jueces; y nosotros perdíamos la salud en los calabozos y la vida en los cadalsos.

En vuestra patria ostentabais los honrosos títulos de tiranos, y nosotros representábamos el humillante papel de esclavos.

En vuestra patria teníais la gloria de apellidaros los opresores del pueblo, y gemíamos nosotros bajo la opresión.

Y cuando en vuestra patria, ensanchando la escala de los opresores, descendíais hasta los infames oficios de carceleros y de verdugos, a nosotros se nos exigían los reos y las víctimas.

Y para que nada faltase a vuestra dicha y a nuestra desgracia, así en la tierra como en el cielo, ¡hasta los santos sacabais de vuestras propias familias!, y los malvados, a vuestro juicio, sólo se encontraban en las nuestras.

Vosotros oíais continuamente en sus revelaciones la felicidad que os aguardaba, en tanto que a nosotros sólo se nos anunciaban desgracias.

Y por último, para llenar la medida de vuestro poder y de nuestro infortunio, aún más allá de la tumba, en tanto que las almas de nuestros padres vagaban sin consuelo en derredor nuestro, para demandarnos los medios de lograr su eterno descanso —vosotros comprabais el cielo que no habíais merecido, con los tesoros que os proporcionaban las leyes de un infame monopolio.

He aquí vuestra patria. Recordadlo. Pero si aún insistiereis en disputarnos la que por tantos títulos nos pertenece, exhibid vuestras pruebas que nosotros daremos las nuestras; y si resultase un solo hecho en vuestro favor contra mil que presentemos nosotros, consentiremos gustosos en ser a los ojos del mundo lo que hoy somos a los vuestros.

No es vuestra patria:

Porque en 1812, que por la primera vez se ventilaron los derechos de los americanos, vosotros hacíais de injustos jueces, de viles denunciantes y de falsos testigos contra los amigos de la independencia del gobierno absoluto.

Es nuestra patria:

Porque en la misma época nosotros nos la procurábamos, difundiendo ideas de libertad y de independencia en el pueblo, sin que vuestras amenazas nos arredrasen ni nos intimidase la muerte, ya sea que se nos presentase en la copa de Sócrates, que la encontrásemos al cabo del dogal que quitó la vida al Empecinado, o que se pronunciase en vuestros inicuos tribunales.

No es vuestra patria:

Porque cuando triunfaron las ideas de libertad en la metrópoli, cuando los patriotas españoles quitaron algunos eslabones a la pesada cadena de nuestra esclavitud, revelándonos de este modo lo que éramos y lo que podíamos ser, vosotros conspirasteis contra el gobierno constitucional que se estableciera en toda la monarquía.

Como enemigos de las luces, cooperasteis con aquellos que pretendieron entonces independizarse del gobierno de las Cortes y trasladar a la América el gobierno absoluto de los Borbones.

Es nuestra patria:

Porque en el mismo tiempo hicimos resonar el grito de independencia en todo el reino de Guatemala. Todo aquel que tenía un corazón americano se sintió entonces electrizado con el sagrado fuego de la libertad. Por una disposición de la Providencia, los amigos del gobierno absoluto de los Borbones, enemigos de la independencia de España constitucional, se unieron con los independientes de ambos gobiernos, y proclamaron la separación de la antigua metrópoli el 15 de septiembre de 1821. Y de este modo vuestros nombres figurarán en la historia al lado de los reyes Luis IX, Luis XI y otros muchos que trabajaron sin pensarlo, en favor de la democracia, sistema que hoy gobierna en la República de Centro América.

No es vuestra Patria:

Porque en 1821 acreditasteis con un hecho que es a los ojos del mundo un grave crimen, vuestro tardío arrepentimiento, por haber cometido otro crimen que no es menos grave a los vuestros.

Los remordimientos de vuestra conciencia por haber cooperado a la independencia de un pueblo indócil, que convirtió en su provecho lo que era destinado al vuestro, quisisteis aquietarlos sacrificando a un gran conspirador los derechos de este mismo pueblo; y en lugar de un viejo monarca, nos disteis un nuevo usurpador: en lugar de la tiranía de los Borbones, nos disteis el escándalo de un emperador de farsa, más opresor porque era más inepto, y su opresión mil veces más sensible, porque la ejercía sin títulos, sin tino, con sus iguales y por la vez primera.

Es nuestra patria:

Porque cuando vosotros al lado del general mexicano, don Vicente Filísola, hicisteis los mayores esfuerzos por conservar la dominación del emperador Iturbide en los pueblos que habíais subyugado por la intriga, aunque sin éxito, nosotros procuramos evitarla. Cuando muchos de vosotros, a la retaguardia de aquel general, erais testigos de los últimos esfuerzos del heroico pueblo salvadoreño que, mal defendido y cobardemente abandonado por su jefe en el momento mismo del peligro[6], sucumbió noblemente y con más gloria que la que pudo caber a sus vencedores; nosotros, por este mismo tiempo, en el propio teatro de la guerra, en Guatemala, Honduras y Nicaragua, corríamos la suerte de los vencidos, por la identidad de nuestras opiniones.

El pueblo salvadoreño, sin armas y abandonado a su propia suerte, hizo impotente la negra intriga que se formara en su seno con innobles miras[7]. Defendió por largo tiempo la más hermosa de todas las causas, adquiriendo por digna recompensa de sus grandes hechos la inmarcesible gloria de dar al mundo el grandioso espectáculo de un pueblo libre que se regenera, obteniendo en su propia derrota la reivindicación de los mismos derechos que se la ocasionaran; en tanto que sus injustos agresores pierden todas las ventajas que les diera su malhadado triunfo.

Por un distinguido favor de la Providencia, los últimos cañonazos que quitaron la vida a los mejores hijos de El Salvador y completaron, en el reino de Guatemala, la dominación de Iturbide, eran contestados por los que se disparaban en México, para celebrar la completa destrucción de un imperio que sólo apareció al mundo para oprobio de sus autores. Y por justo resultado de estos hechos, el Reino de Guatemala, libre del dominio del emperador Iturbide, en donde habíais creado vuestra nueva patria, se formó la nuestra bajo un sistema democrático, con el nombre de República Federal de Centro América.

Si ya que no podéis negar estos hechos que todo el pueblo ha presenciado, pretendiereis en vuestro despecho arrojar de nuevo vuestra acusación favorita, a saber: que muchos de nosotros nos

---

[6] El general Arce, que mandaba a los salvadoreños, los abandonó, por enfermo, en los momentos que Filísola iba a atacar la plaza; su salud, sin embargo, le permitió huir hasta la república de los Estados Unidos. —Morazán.

[7] El general Arce quería entregar a Filísola la plaza de El Salvador, bajo la condición de continuar en el mando como gobernador de la provincia. El pueblo, excitado por los ciudadanos Juan Manuel Rodríguez, por el general Espinosa y el coronel Cerda, se opuso, y fueron expatriados por Arce los dos últimos. —Morazán

hemos enriquecido defendiendo la independencia y la libertad; no pretendo dejaros ni este miserable recurso.

Tal como es para mí de falsa e insultante la proposición[2], yo la levanto del suelo, en donde la ha colocado el desprecio público, con la fundada esperanza de tirárosla a la cara con doble fuerza. Si se puede llamar riqueza la que obtuvieron algunos de vuestros jefes militares en el sitio de Mejicanos, por medio de un mezquino monopolio, estamos todos de acuerdo. Pero si los bienes de los regulares componen la única riqueza que se ha podido encontrar en Centro América, levante la mano el más atrevido de vosotros, y clave en nuestra frente la nota de infame a los que la hubiéramos merecido por este hecho u otro semejante.

Volvamos al asunto. Después de la caída de Iturbide, ¿cuál ha sido la conducta que habéis observado? Yo os la recordaré.

Vuestra debilidad os hizo firmar la Constitución Federal en 1824, y combatirla vuestra perfidia en 1826, 27 y 28. Con este interés, disteis vuestros sufragios de presidente al señor Arce; y este mismo interés os hizo despojarlo, cuando ya había llenado, en parte, vuestras miras, porque le fuera adversa la suerte, en el momento mismo de exterminar a vuestros enemigos.

Vuestra razón de Estado llevó segunda vez la guerra a muerte a los pueblos de El Salvador, que perpetuaron vuestros jefes por intereses. Vuestra venganza iluminó por mucho tiempo las oscuras noches de estío, con el incendio de poblaciones indefensas, para que la rapaz y mezquina codicia de vuestros militares, que se ejercitaba a media noche, encontrase alumbrado el camino por donde se condujeran a vuestro campo los miserables despojos que habían librado de las llamas...

Esta devastación, esta ruina, que sólo habría terminado con la dominación a la que aspirabais, y que se os escapara de las manos por la imbecilidad y cobardía de vuestros guerreros, desapareció con los triunfos de Gualcho, Mejicanos y Guatemala: y los liberales vencedores acreditaron con la completa reorganización de la República, que eran dignos de regir los destinos de un pueblo libre.

Vuestra venganza jamás satisfecha, y vuestros deseos de dominar, nunca extinguidos, trajeron otra vez la guerra a la República para dar un nuevo testimonio al mundo de vuestras miras, y a los centroamericanos una prueba de todo lo que debieran esperar y temer sus enemigos.

El coronel Domínguez, que defendiera vuestra causa con tanto empeño en 1828, invadió los puertos del Norte en 1831, se introdujo con fuerzas en el Estado de Honduras para presenciar sus derrotas, y encontró por último la muerte en la ciudad de Comayagua.

El ex presidente Arce, que apareció en el mismo tiempo por Escuintla de Soconusco con tropas mexicanas que habían destruido la independencia nacional, fue completamente batido por el valiente general N. Raöul. No pudiendo aquel desgraciado jefe imitar a Moreau, que murió combatiendo contra su país natal con un valor que atenuara su crimen, ni a Coriolano, que, obligado a retirarse de las puertas de Roma por las súplicas de la que lo llevara en su vientre, acreditó que no le faltaban virtudes, siguió el ejemplo de tantos griegos que se unieran con los enemigos de su patria para combatirla, y sufrió, como ellos, el digno castigo de su propia derrota, y las dobles maldiciones de los mercenarios extranjeros vencidos y de sus ciudadanos vencedores.

Esta injusta guerra se terminó con la ocupación del castillo de San Fernando de Omoa, en donde el malvado Guzmán, que sirviera en vuestras filas como soldado en 1828, enarboló la bandera española. Después de una lucha obstinada de cinco meses, que diezmara nuestro ejército y de la epidemia que lo quintara, fue abatida esa señal oprobiosa de nuestra antigua esclavitud por el valiente y sufrido general Guzmán, que hizo rendir la fortaleza. Y para dar al mundo un testimonio de los extremos opuestos a que pueden conducir vuestras opiniones y las nuestras, en el mismo campo en donde está colocada la cabeza de un traidor, hijo de la República, y de vuestro partido, que elevara sobre las murallas del castillo el símbolo de nuestra opresión, existen los sepulcros de mil centroamericanos, del nuestro, que lo despedazaran.

No pretendo asegurar que todos vosotros hayáis aplaudido aquel crimen; si puede afirmarse que hubiesen algunos de vosotros que lo vieran con indignación, permítaseme preguntar a los demás: ¿si tiene alguna analogía con la rendición de la plaza de El Salvador en 1823? ¿Si Fernando VII y la bandera española tienen algo de común con la del imperio mexicano y Agustín I? ¿Si las garras de la joven águila que se ven pintadas en esta oprimen o hieren con más fuerza que las del viejo león hircano que se mira en las armas de aquella que dominara la América por tres siglos?

Esta guerra, tan fecunda en hechos que ilustraron las armas del gobierno nacional, que no fue menos abundante en sucesos que justificaron más y más la causa de los liberales vencedores, arrojó sin embargo elementos funestos de discordia. A estos se unió el descontento, que naturalmente debió producir una administración de diez años, continuamente contrariada por los hábitos que dejara el gobierno absoluto, cuyos resortes tocasteis con oportunidad para preparar la revolución de 1840.

Vosotros, apoyados en el fanatismo religioso, destruisteis en el Estado de Guatemala las obras que los demócratas consagraron a la libertad; en tanto que los bárbaros las hollaron con su inmunda planta.

La profesión de los derechos del pueblo —la ley de libertad de imprenta, la que suprimió las comunidades religiosas, la que creara la Academia de Ciencias en que se enseñaban los principales ramos del saber humano, repuesta por vosotros en la antigua Universidad de San Carlos, la del habeas corpus, los códigos de pruebas, de procedimientos y de juicios, obras del inmortal Livingston, adoptados con el mejor éxito— y tantas otras, fueron al momento derogadas por vosotros, y el vacío que dejaran estos monumentos del patriotismo, lo llenasteis con nombres odiosos que recordarán al pueblo su antigua esclavitud y sus tiranos.

En los Estados de Nicaragua y Honduras, los justos deseos de reformas, no satisfechos con las que hiciera el Congreso en 1831 y 1835, fueron de nuevo excitados por dos folletos que escribió el ex Marqués de Aycinena. En ellos pretendía este probar que no estábamos bien constituidos, porque los Estados, como en Norteamérica, no fueron antes que la nación; y porque la Constitución Federal es más central que la de aquella república.

Proposiciones en su origen insidiosas, risibles en su aplicación, y que han merecido el desprecio de los hombres sensatos.

Pretender que las constituciones de nuestros Estados debieran existir antes que la general, es pedir un imposible, porque los españoles, que nunca fueron ni tan ilustrados ni tan generosos como los ingleses con sus colonos, no nos permitieron otra ley que la voluntad del soberano.

Asegurar que por esta falta no estamos bien constituidos y somos desgraciados, es ignorar las causas que han contribuido a la felicidad de aquel pueblo afortunado.

Afirmar que la Constitución Federal de Centroamérica es más central que la de los Estados Unidos del Norte, es un insulto que no podrá sufrir con paciencia el que haya hecho una comparación de estas leyes.

En fin, atreverse a asegurar ante el público tantas falsedades juntas, es abusar demasiado de su sencillez y buena fe, y del silencio que han observado los centroamericanos ilustrados que conocen que ni los norteamericanos pudieron hacer su felicidad copiando las constituciones democráticas que habían servido a otros pueblos, ni el de Centroamérica, en su actual estado, hará la suya adoptando la ley fundamental de aquella república, si no puede trasplantar al mismo tiempo el espíritu que le da vida.

Pero Aycinena sólo ha tenido por mira, al propagar estas doctrinas, producir una revolución. ¡Ojalá que sea más afortunado esta vez, que lo fuera con su familia en la del imperio mexicano, que defendieron con tanto ardor!

Si el Duque de Orleans encontró en la guillotina el castigo de haber anarquizado al pueblo francés, aparentando para subir al trono ideas liberales que no profesara, descendiendo de lo grande a lo pequeño, debe tener igual suerte Aycinena, que usa de los mismos medios para recobrar sus honores.

Ni el oro del Guayape, ni las perlas del golfo de Nicoya, volverán a adornar la corona del Marqués de Aycinena, ni el pueblo centroamericano verá más esta señal oprobiosa de su antigua esclavitud; pero si alguna vez brillase en su frente este símbolo de la aristocracia, será el blanco de los tiros del soldado republicano.

Y para que nada faltase de ignominioso y de funesto a la revolución que habéis últimamente promovido, apareció en la escena el salvaje Carrera, llevando en su pecho las insignias del fanatismo, en sus labios la destrucción de los principios liberales, y en sus manos el puñal que asesinara a todos aquellos que no habían sido abortados como él, de las cavernas de Mataquescuintla. Este monstruo debió desaparecer con el cólera morbus asiático que lo produjo. Al lado de un fraile y de un clérigo[1] se presentó por la primera vez, revolucionando los pueblos contra el gobierno de Guatemala, como envenenador de los ríos que aquellos conjuraban para evitar, decían, el contagio de la peste. Y contra este mismo gobierno fue el apoyo de los que, en su exasperación, le dieron parte en la ocupación de la ciudad de Guatemala. Fue su peor enemigo, cuando estos quisieron poner término a sus demasías y vandalismo, y su más encarnizado perseguidor y asesino, cuando el salvaje se uniera con vosotros. Es necesario que no se ignore la conducta de este insigne malvado, que ha excedido con sus crímenes a todos los tiranos sin conocerlos. Su vida forma una cadena no interrumpida de delitos, acompañada de circunstancias horrendas.

El fusilamiento de varios jueces de circuito, en cuyo número se cuenta el ciudadano F. Zapata, que ejercía sus funciones en Jalpatagua, es de este número.

Como en todos los pueblos, lo primero que hizo Carrera fue incendiar en la plaza la ley que establecía el juicio por jurados, y los códigos que eran el espanto de los malvados, porque se habían sentenciado en pocos días, con arreglo a ellos, reos de muchos años.

En seguida hizo colocar al juez Zapata en el lugar destinado al suplicio, a tiempo que pasaban de camino para la ciudad del Salvador las señoritas Juana y Guadalupe Delgado. Juzgando sin duda el malvado asesino que todos tenían un corazón que se complaciera, como el suyo, con la muerte de la inocente víctima, las obligó a presenciar la ejecución a pesar de sus súplicas y lágrimas para evitarla, y de sus esfuerzos para separarse de aquella escena de horror.

El rapto, entre tantos raptos, de una joven doncella que vivía con sus padres en la hacienda de La Laguna de Atescampa, fue acompañado de circunstancias que no deben ignorarse.

Carrera, que había visitado a esta honrada familia, y de ella recibido diversas insinuaciones de cariño, quiso retribuirlas con un crimen, como acostumbraba.

Para ocultar el malvado su perfidia, a la que era el objeto de sus torpes deseos, recurrió a otro crimen que pudo producir peores consecuencias por el gran compromiso en que puso a su gobierno.

Hizo disfrazar a un oficial para que, a la cabeza de algunos soldados que debieran suponerse salvadoreños, y de consiguiente enemigos, ocupasen en la noche la casa de la hacienda. A pretexto de que los dueños de ella hicieron servicios a Carrera, tenían orden de reducirlos a prisión y conducir a la joven hacia el Estado de El Salvador. El bandido, con un considerable número de soldados, debía encontrarse con ellos en el camino, y estos contestar al "¿quién vive?": "El Salvador libre." A esta palabra de guerra se convinieron en hacerse mutuamente fuego las dos fuerzas, sin usar de las balas, dispersarse los fingidos salvadoreños en seguida, y dejar en sus manos la causa inocente de tanta maldad, para exigirle su deshonra en pago de haberla salvado.

Todo se habría ejecutado a satisfacción de Carrera, si la Divina Providencia no hubiera destinado, en justo castigo, una bala que se le introdujera en el pecho cuando se batían en apariencia las dos partidas. Esta bala, en concepto de algunos, se puso por casualidad en el fusil; pero otros creen haber sido dirigida por la venganza del oficial que había sido en otro tiempo maltratado por Carrera; lo cierto es que se le introdujo preso en Guatemala, con los soldados que lo acompañaban para cumplir las órdenes de su general.

La gravedad de la herida, que lo obligara a sacramentarse, no le hizo olvidar el único trofeo de su infernal campaña, que condujo por la fuerza a su cuartel general de Jutiapa. La joven tuvo el profundo sentimiento de que su criminal raptor sanase de la herida, y su desgraciada familia sufrió su deshonra sin quejarse.

La noticia de este hecho obligó a separarse del gobierno al presidente del Estado de Guatemala, ciudadano Mariano Rivera Paz, para andar 27 leguas de mal camino, con el único fin de expresar al malvado el sentimiento que le causara ver derramarse la sangre preciosa del caudillo adorado de los pueblos.

Sangre que, con estas mismas palabras, tuvo el descaro de reclamar al Gobierno del Estado de El Salvador, llevando adelante para paliar el crimen cometido por Carrera la infame trama que este urdiera para ocultarlo.

La muerte del diputado Cayetano Cerda, que lo obligara Carrera a cenar a su mesa, en señal de amistad, y lo mandara asesinar en seguida, por el mismo centinela que lo guardaba.

La muerte que dio con su propia lanza a un elector de Cuajiniquilapa, que se negó a prestarle su voto.

El asesinato de todos los heridos, el 19 de marzo, en la plaza de Guatemala, ocupada a la bayoneta, evacuada después rompiendo la línea enemiga, por falta de municiones, y por no haber encontrado los auxilios que ofrecieron los liberales. Asesinato tanto más criminal, cuando que se había tratado con las debidas consideraciones al oficial Montúfar[8] y 35 soldados que se tomaron prisioneros en la acción, y respetado al padre obispo y canónigos que se encontraron en la catedral, confundidos con los soldados enemigos que se batieron con los nuestros dentro del mismo edificio.

La muerte que dio a cuarenta de los más distinguidos ciudadanos de Quetzaltenango, en cuyo número se cuentan las autoridades municipales, después de haber rescatado a muchos de ellos la vida sus esposas y hermanas, con grandes sumas de dinero, que Carrera recibió, son los menores delitos que ha cometido este malvado.

A este monstruo estaba reservada la invención diabólica de acompañar con su propia guitarra los movimientos del Sr. Lavagnini, a quien obligaba a danzar, y los últimos ayes de las cuarenta víctimas que asesinó el 2 de abril en la misma plaza de Quetzaltenango para acostumbrar a los oídos del pueblo y prepararlo a nuevas matanzas.

A este monstruo estaba reservado el acto de mayor inmoralidad y perfidia que ejecutó en la propia ciudad de Quetzaltenango. Habiendo prevenido al pueblo que se presentase en la plaza a una hora señalada, bajo la pena de muerte, cuando se encontraba ya reunido, mandó a saquear a su tropa toda la ciudad, que contiene 25,000 habitantes.

A este monstruo estaba también reservado enterrar a los vivos, como lo ejecutó con un vecino respetable del pueblo de Salamá, porque le faltaban mil pesos, en que había valorado su vida. A pesar de que su familia le presentó alhajas en doble valor, lo introdujo, sin embargo, en la sepultura que lo había obligado a cavar, y lo cubrió de tierra hasta la garganta; dándole después grandes golpes en la cabeza que le produjeron la muerte, lo abandonó a su inocente familia, que

---

[8] Era Manuel Montúfar, sobrino del autor de Las memorias de Jalapa, doctor Montúfar.

en su desolación derramaba lágrimas sobre el cadáver, cargando en seguida el bandido con el vil precio de su infame asesinato.

A este monstruo estaba reservado...

Pero ¿cuál es el delito que no ha podido perpetrar ese malvado? Existe uno, ¡quién lo creyera!, que sólo estaba reservado a vosotros: ¡dar a Carrera en premio de tanto crimen el poder absoluto que hoy ejerce en el Estado de Guatemala por vuestros votos!

Que nuestros conciudadanos que han presenciado todos estos hechos, desde las prisiones del Belén en 1813, hasta las matanzas de Carrera en la ciudad de Quetzaltenango en 1840, juzguen y decidan ahora si tenéis algún título para llamaros centroamericanos, y cuáles son los nuestros.

Y si, como esperamos, la justicia decide en nuestro favor, si los pueblos patriotas de que se componen los Estados de Nicaragua, Honduras y El Salvador, Los Altos y parte de Guatemala han descubierto ya vuestras pérfidas miras, preparaos, no sólo a abandonar la República, sino a andar errantes como los hijos de Judea, tras la patria de los tiranos, que buscaréis en vano. Sí, en vano, porque la libertad que habéis combatido tantas veces, derramando la sangre de sus mejores defensores, ha recobrado el imperio del orbe que por un don del cielo ejercía en los primeros tiempos. Los pueblos de ambos mundos profesan ya su culto, los gobiernos del nuevo son obra suya, y los del antiguo caen y se precipitan a su voz para no reaparecer más sobre la tierra.

David, julio 16 de 1841

(f) F. Morazán

ÚLTIMOS PREPARATIVOS

Ahora volvamos a las tierras del Sur, donde hemos dejado a Morazán preparando su expedición. Tomó a flete el buque Cruzador, propiedad de don Roberto Marshall, a razón de novecientos pesos mensuales, y en ese barco cargó los pertrechos de guerra en el puerto El Callao, a catorce kilómetros de la ciudad de Lima, de donde se hizo mar adentro, no tardando en perder de vista aquella ciudad sureña que se levanta en la embocadura del Rímac.

Llegó a Guayaquil y bajó a tierra para hacer algunas compras. Gobernaba en el Ecuador el general Juan José Flores, ilustre venezolano nacido en Puerto Cabello, que ayudó en las guerras libertarias a Bolívar y en 1830 declaró a Ecuador independiente de la Gran República de Colombia, habiendo sido él el primer presidente y reelegido para el cuatrienio de 1839 a 1843.

El presidente Flores atendió de la mejor manera al general Morazán y lo despidió deseándole un buen éxito en su patriótica empresa, ofreciéndole su apoyo en caso necesario.

El Cruzador surcó las aguas del grande océano, llevando en su interior al hombre que voluntariamente se había expatriado para comer el pan del ostracismo en la esperanza de conseguir con ello el bienestar de su patria. Volvía de su exilio con el ramo de olivo para sus conciudadanos y con su flamante espada para combatir a los filibusteros.

No tocó en ningún puerto centroamericano hasta llegar a la bahía de La Unión, en el Estado de El Salvador. Era Nicaragua la que, por medio de su Ministro de Estado y con fecha 4 de octubre anterior, había solicitado los servicios del general Morazán, como ya lo dijimos, y sin embargo, pensó llegar a tierras de Cuscatlán para informarse mejor de los asuntos nicaragüenses, pues no estaba dispuesto a combatir así por así, poniéndose en mal predicado con los demás gobiernos. Venía con el deseo de ayudar a los centroamericanos a recuperar la comarca de San Juan del Norte, invadida por los ingleses.

Comandante del pueblo de La Unión era el coronel José María Aguado, quien se había ausentado de manera incidental, ausencia que le facilitó a nuestro héroe el desembarco en tierras salvadoreñas, pero no queriendo comprometer a sus amigos que lo recibieron con delirante entusiasmo, volvió a su nave, alejándose un poco de la rada.

CAPÍTULO XVI: A DARLE PAZ A COSTA RICA

Por el monte de Sion que está asolado; zorras andan en él.
—Jeremías, V-18

LA PRIMERA CAMPANADA

Como dijimos al cerrar el anterior capítulo, Morazán quedó nuevamente instalado en su bergantín y para justificar ante los gobiernos de Centroamérica su regreso de la América del Sur, dictó un oficio circular que glosaremos para conocimiento de nuestros lectores.

Ese documento, fechado el 16 de febrero de 1842, es una satisfacción dada a los despóticos gobiernos que lo odiaban tan sólo por su superioridad y grandeza. Pero él buscaba la tranquilidad de la patria y, como nunca había tenido pretensiones ni orgullo, no vaciló en dirigirse de manera cortés y prudente a quienes lo adversaban sin motivo alguno.

Les hablaba sobre la esperanza que abrigaba en el cambio de la suerte de los pueblos que él había dejado; que de sus observaciones resultaba nulo su voluntario destierro porque la situación continuaba gravosa para el país.

Y con todo, para justificar su regreso, les decía:

"Ni los males que estos padecían (los centroamericanos), ni las persecuciones de mis amigos, ni las excitaciones continuas de los que eran perseguidos en el interior de la República, habían podido cambiar la conducta neutral que observamos en 22 meses de mi espontáneo destierro. Esa conducta habría sido invariable para mí, si un suceso tan inesperado como sensible no me hubiese hecho mudar de resolución, en fuerza de los nuevos deberes que me lo prescribían de ese sentimiento nacional, irresistible para aquellos que tienen un corazón para la Patria".

Hermosas frases que, de haber sido dirigidas a gobernantes conscientes, libres de prejuicios perversos, habrían sido aceptadas con la mayor buena voluntad en beneficio de la nación.

Y a punto y aparte, les habla de las noticias que le llegaron estando en Lima sobre la ocupación de San Juan del Norte por los ingleses y de su decisión para ayudar a su aniquilamiento.

Señálesenos el lugar que debemos ocupar y el jefe a quien obedecer, la manera en que cumplamos las órdenes de los gobiernos de los Estados será la mejor garantía de las sanas intenciones, si con el honor puede conciliarse el sacrificio que se nos exija.

¿Podría el general Morazán ser más amplio y más sincero cuando ofrecía defender la patria como subalterno de cualquier jefe que se le asignara? ¿Habría mayor sacrificio para el héroe que descendía desde el alto puesto que se había conquistado a fuerza de luchas penosas, para desalojar a los invasores de un pedazo de suelo centroamericano? ¿En qué lugar de nuestra historia se encuentra tanta abnegación, tanto patriotismo?

Mientras en el Perú se le ofreció el mando de cinco mil hombres, que declinó razonablemente, en su patria podía en aquel momento ofrecérsele una jefatura de columna, que él habría aceptado con satisfacción, tal vez bajo las órdenes de un jefe que él mismo había vencido, según deducimos de sus propias palabras.

Pero no se crea que venía envalentonado como un matasiete, excitando a la guerra con la nación europea; no: proponía que se nombrara un ministro para llevar a cabo el arreglo de territorio en la mayor armonía posible y sin menoscabo de los intereses de Centroamérica; que mientras tanto se pusiera en estado de defensa a la nación; que se accediera a los justos reclamos de indemnización que pedían los invasores y del empréstito de que hablaban los extranjeros, garantizando los compromisos con el producto líquido de la alcabala marítima.

Con este proceder quería Morazán probar a los extraños la capacidad de los gobiernos centroamericanos de poder cumplir sus compromisos y de su poder y estabilidad en los sanos principios en que estaba basada su política.

Pero asómbrese el lector: la contestación a tan patrióticas ofertas fue negativa, porque el servilismo se había entronizado en el poder y la presencia de Morazán era para ese partido infernal, como la del santo varón de Asís cuando llegó por segunda vez a la cueva donde se alojaba el lobo feroz de que nos habla el excelso poeta Rubén Darío.

INVESTIGANDO

Al tener conocimiento nuestro gran capitán de la respuesta improcedente de los gobiernos a quienes se había dirigido, bien pudo exclamar como Jeremías en sus Lamentaciones: "Por el monte de Sión que está asolado; zorras andan en él."

Pero no era como aquel personaje bíblico, y pensó mejor en obrar para dejar sentir su mano férrea sobre los empedernidos tiranos que esclavizaban a su patria.

Desembarcó nuevamente y se trasladó a San Miguel con treinta hombres; le dirigió al gobierno de Nicaragua una comunicación en la cual le explicaba los motivos de su expedición; en ella le informaba de su desembarco en La Unión el día 15, cuando estaba ausente el coronel Aguado, comandante del puerto; que cuando Aguado regresaba se informó de la incursión de Morazán, y conociendo a este llegó siempre al puerto y continuó en el mando, pues él no quería deponer autoridades, y le manifestó a aquel que le sería más agradable verlo colocado en las filas de los que le hiciesen la guerra (si es que se le tomaba como enemigo) que el que le prestase sus servicios, por importantes que ellos le fuesen, si juzgaba que al verificarlo traicionaba sus deberes.

Que al trasladarse él a San Miguel dejó en La Unión a Cabañas y a su jefe de Estado Mayor, quedando en el barco todos los soldados y jefes de la expedición.

Que Aguado, sin duda temeroso de que el gobierno pudiera hacerle cargos injustos, se dispuso a huir y preparó un bongo haciéndose a la mar con toda la gente que tenía.

Que el general Cabañas, al enterarse de la fuga de Aguado, se fue a bordo del Cruzador y sacó todas las lanchas y marineros para darle alcance, pues no era prudente, por razones militares, que dicho comandante se fuera para el Estado de Nicaragua.

Que alcanzado dicho comandante manifestó que se entregaba sin resistencia y, como una medida precautoria, se le internó en El Cosmopolita, embarcación que tenía a flete por contrato con su propietario, el francés Juan B. d'Iriarte, pagando seiscientos pesos mensuales. Toda la gente de Aguado fue conducida al puerto.

Que el general Cabañas, para evitar que esos sucesos trascendieran antes de darlos oficialmente, prohibió la salida de los barcos que estaban en la rada mencionada y que conducían mercaderías para el Estado de Nicaragua; y que el coronel Aguado sería puesto en tierra tan luego como sus órdenes para tal efecto llegaran a La Unión.

El general Morazán regresó a La Unión para embarcarse nuevamente rumbo a La Libertad y Acajutla, desembarcando en este último puerto y dirigiéndose a la ciudad de Sonsonate para investigar allí las causas que influyeron en el gobierno salvadoreño para rechazar sus proposiciones.

Efectivamente, allí supo que el general Carrera presionó al Estado de El Salvador para que declarara hostil a Morazán; que en la capital y en Chalatenango había levantamientos a favor del héroe de Gualcho; y que el general Francisco Malespín iba a atacarlo con una fuerza regular.

Con tales informes regresó a Acajutla, reembarcó y fue a instalarse a la isla Martín Pérez.

VIDA DE MAR

El servilismo trataba a Morazán de déspota y tirano; no le atribuía ninguna cualidad por el odio que le inspiraba tan ilustre patriota. Sin embargo, los salvadoreños afluían a la costa para ver a su jefe querido.

El coronel Pardo, con una columna de patriotas, se remontó por la espesura del volcán de San Salvador para hacerse invisible a las autoridades y esperar el momento de poder unirse a la expedición de Morazán.

Como sus antiguos soldados buscaran al jefe predilecto para ayudar a la defensa de la patria, tuvo Morazán que fletar otras embarcaciones y en la isla mencionada organizó un ejército de quinientos hombres que le pertenecían de todo corazón.

Hay quien diga que Morazán siempre actuó con quinientos o mil hombres sin llegar a tener bajo su mando un poderoso ejército como Bolívar o Napoleón; pero aquel militó en un país de escasa población y su reducido ejército no mengua la talla de tan esclarecido patriota.

En 1885 peleaba al lado de los salvadoreños el coronel inglés Sherventon con una columna de doscientos hombres, y más tarde tuvo bajo su mando cincuenta mil soldados peleando contra los franceses a favor de la reina de la isla de Madagascar.

Pero sigamos: Malespín llegó con su tropa a La Unión cuando nuestro biografiado estaba en alta mar y no podía atacarlo. Tanto mejor para aquel jefe.

Todo el mes de marzo pasó nuestro héroe en la isla Martín Pérez haciendo sus organizaciones y pensando sobre la determinación que debía tomar.

¿A cuál de los gobiernos del istmo debería atacar primero para hacerlo sentir el peso de su fuerza en castigo de sus bajezas?

Honduras era una región montañosa que dificultaba sus operaciones; Nicaragua era la que lo había llamado, pero para solucionar el problema inglés necesitaba del concurso del gobierno, y este se había declarado hostil a su presencia.

Pero en Costa Rica estaba Braulio Carrillo haciendo atrocidades con el pueblo y decidió ir allá.

En los primeros días de abril prepararon las embarcaciones: en el Cruzador se alojaba Morazán y su Estado Mayor; los nuevos barcos fletados eran Asunción Granadina, propiedad del español Francisco Giralt, contratado a razón de seiscientos pesos mensuales; Josefa, perteneciente a un comerciante de Puntarenas; Isabel II, propiedad del general Isidoro Saget, que lo había cedido para la expedición.

En estos y en el Cosmopolita se embarcó toda la gente con sus respectivos jefes y oficiales.

PACTOS DE "EL JOCOTE"

El día 7 de abril citado llegaban al puerto de Caldera los cinco buques de guerra que habían sido espiados en su marcha por el mudo centinela del cono del Conchagua. Aquel puerto es costarricense y el desembarque se llevó a cabo tan pronto como llegaron nuestros viajeros.

Morazán no perdió tiempo y lanzó una proclama a los costarricenses que circuló profusamente.

"Han llegado a mi destierro vuestras súplicas y vengo a acreditaros que no soy indiferente a las desgracias que experimentáis", empezó diciéndoles.

"El día de la libertad ha llegado; venid a recibir de mis manos este grandioso presente, de estas manos que han sido mutiladas tantas veces por defenderlo; venid a saludar la bandera de los libres, que vuelve a flamear de nuevo sobre el suelo costarricense", les decía en seguida.

Les hablaba del despotismo de su gobernante, de las prisiones injustas, de las contribuciones excesivas, de los trabajos forzados, de los sacrificios sin cuento, en fin, de todo el peso de un gobierno tiránico. Y para terminar decía:

"Yo sólo veo en el Estado de Costa Rica, un tirano sin cómplices y un pueblo esclavizado a su pesar."

Mientras la falange libertadora esperaba tranquila en las risueñas playas del puerto los resultados de la proclama, el presidente Carrillo hizo marchar un ejército al mando del brigadier Vicente Villaseñor con el objeto de atacar a los morazanistas. Setecientos hombres salieron de la ciudad de San José y al pasar por Río Grande aumentaron las filas trescientos soldados que se enrolaron con el propósito de ayudar en las operaciones, según creen unos, pero que, por los sucesos subsiguientes, llega a conjeturarse que lo hicieron para poder tomar las armas y hacerse justicia con ellas, abandonando la situación en que vivían.

Las fuerzas ticas llegaron hasta el paraje El Jocote; el enemigo estaba a la vista y el general Villaseñor tomó posiciones para enfrentarse a él.

Morazán, que observó los movimientos de aquel, tomó también las suyas para quedarse a la defensiva. Los dos ejércitos quedaron frente a frente y listos para saludarse con las bocas de los fusiles; pero luego cruzó por la mente del jefe costarricense la idea de salvar aquel encuentro y armonizar las opiniones de sus subalternos con las del ejército libertador.

Y con una resolución firme se colocó frente a su tropa y con el más vivo entusiasmo la arengó de esta manera:

"Costarricenses: La suerte del Estado está en vuestras manos; el general Morazán asegura que desea el orden, la libertad y el progreso y que aspira a que de la escena pública desaparezca Braulio Carrillo, cuyo gobierno vosotros habéis experimentado. Nuestras fuerzas son superiores a las que trae el expresidente de Centroamérica. Decid si se da la orden de ataque, o si se hace un tratado de paz".

—Que se haga un tratado —respondieron todos a una voz.

Solamente don Rafael Barroeta gritó:

—¡No hemos venido a tratar sino a pelear!

Las deliberaciones a que se entregaron después dieron por resultado la suspensión de hostilidades apenas iniciadas, evitándose el derramamiento de sangre fraterna, pues la opinión de un hombre solo quedaba anulada por 899 votos a favor de la paz.

Se nombraron las comisiones que deberían elaborar y firmar el tratado el 11 de abril de 1842, lo que se verificó entre el general Francisco Morazán, general en jefe del Ejército Nacional, y el brigadier Vicente Villaseñor, general del ejército del gobierno, convenio que se articuló así:

1.º Ambos ejércitos se reunirán en uno solo, dándose un abrazo fraternal, en símbolo de la identidad de sentimientos de que se hallan animados.

2.º Se convocará una Asamblea Constituyente, para que organice el Estado conforme lo demandan sus verdaderos intereses y lo prescriba la voluntad de los pueblos. Entre tanto, el mismo Estado será regido por un gobierno provisorio que ejercerá el general Francisco Morazán, y en su defecto, el brigadier Vicente Villaseñor.

3.º El licenciado Braulio Carrillo, que actualmente se halla en el mando, lo entregará tan luego como se ponga en su noticia el presente convenio, y saldrá del territorio de la República en el perentorio término que se le designe, garantizándosele su familia y propiedades, que en nada serán perjudicados; y

4.º Si dicho licenciado Carrillo rehusase cumplir con lo dispuesto en el artículo anterior, quedará fuera de la protección del presente convenio, cuyo cumplimiento lo garantiza el mismo ejército reunido, y se tendrá por válido y obligatorio tan luego como se haya firmado por ambas partes contratantes.

Además de los jefes mencionados que elaboraron el convenio, lo firmaron el divisionario Isidoro Saget, los brigadieres José Miguel Saravia y Francisco Ignacio Rascón, así como muchos jefes y oficiales de ambas partes.

APROBACIÓN DEL ANTERIOR CONVENIO

Como era de rigor, el documento anterior tenía que ser aprobado por el jefe del Estado y al efecto se comisionó al brigadier Saravia para que pasara a la capital del Estado a poner en conocimiento del presidente Carrillo el convenio que ya conocemos. ¿Habría de oponerse este a lo pactado por el ejército?

Claro que si él hubiera contado con el apoyo del pueblo costarricense, no hubiera tenido temor a los mil quinientos hombres que lo habían desconocido como gobernante en los tratados de El Jocote, pero como sólo contaba con la antipatía de sus gobernados, no vaciló en aprobar, con algunas modificaciones, el pacto del ejército.

Se modificó el artículo 2.° adicionándolo con el otorgamiento de garantías para vidas y propiedades de todos los costarricenses y para los soldados y oficiales que se encontraban de alta en la capital.

El artículo 3.° se adicionó señalándose el día 13 para la salida de Carrillo a Puntarenas, acompañado de un jefe que nombraría el general Morazán y dándole a dicho presidente el tiempo necesario para permanecer en aquel puerto, mientras llegaba un buque para conducirlo a su destino, pudiendo volver al país pasados dos años, sin que en ningún caso se le pudiera impedir la entrada.

Se agregó el artículo 5.° otorgándole al señor Manuel Antonio Bonilla, vicejefe del Estado, las mismas garantías que al licenciado Carrillo.

Morazán había salido rumbo a la capital con sus tropas y en Heredia encontró a los comisionados que le entregaron el pacto con las adiciones respectivas, y sin detenerse a comentarlas ordenó que pusieran al pie lo siguiente:

"Cuartel General de Heredia, abril 12 de 1842. Hallándose los anteriores artículos arreglados al tenor de las instrucciones dadas al general J. Miguel Saravia se aprueban en todas sus partes, serán desde luego puestos en ejecución y cumplimiento".

Y firmó con el general Villaseñor.

EL GRITO DEL DESPECHO

La marcha continuó; por los lugares de tránsito fue recibido Morazán con muestras de entusiasmo y simpatía. Entró en la capital a la cabeza de un numeroso ejército, que en el mayor orden marchaba sin proferir amenazas. Carrillo esperaba aquellas fuerzas sin ningún temor y con la confianza con que se espera a sus propios soldados.

El 13 del mes citado tomó posesión de la presidencia el general Morazán, en virtud de haber salido ese día para Puntarenas el licenciado Carrillo, como estaba estipulado en el convenio. Se dio aviso a todas las autoridades comunicando el cambio de gobierno y se nombró Ministro General al brigadier Saravia.

Carrillo embarcó en el vapor Izalco, el mismo que llevó a tierras extranjeras al general Morazán y compañeros, cuando abandonaron voluntariamente las playas de La Libertad con rumbo a América del Sur.

Al día siguiente de la toma de posesión emitió un decreto de indulto para todos los que estuvieran huyendo por cuestiones políticas.

"Un olvido general cubre todos los hechos políticos anteriores a este decreto", decía en su artículo primero, expresión que ya otra vez hemos visto en sus manifiestos.

Su espíritu patriótico y su amor a las instituciones libres no habían menguado a pesar de tanto insulto y de tanto odio que el servilismo le manifestaba.

El artículo 2.º decía textualmente:

"Todos los que por hechos políticos se hallaren perseguidos en los otros Estados de la República, sea cual fuere el partido a que hayan pertenecido anteriormente, tendrán en Costa Rica un seguro asilo, y podrán vivir en su territorio bajo la protección de las leyes".

Ni los sufrimientos ni las amenazas de sus enemigos lo habían hecho desistir de su grande misión libertadora; siempre albergaba en su espíritu la idea de la Federación y del implantamiento de la democracia en toda su extensión.

Pero la aristocracia reinante en los vecinos Estados dejó oír su grito desafiante que resonó por todos los ámbitos de la nación.

El gobierno de El Salvador emitió un decreto prohibiendo las relaciones con el Estado de Costa Rica. Basta leer el artículo primero de dicho decreto para juzgar el apasionamiento de las esferas oficiales:

"Se cortan todas las relaciones públicas y privadas con el Estado de Costa Rica, hasta que, libre del poder que usurpa sus destinos, vuelva al orden constitucional."

Y se hacía responsables a las administraciones de correos si no daban cuenta con la correspondencia que se depositara con destino a aquel Estado.

Esa medida la creyeron política y de mucha consideración los enemigos de Morazán, pero nosotros, y con nosotros nuestros lectores, habríamos adivinado que el odio era demasiado y el exhibicionismo manifiesto.

Honduras también adoptó iguales medidas con respecto a Costa Rica, pues Ferrera obedecía ciegamente a Carrera, quien como presidente de Guatemala se había erigido en el árbitro de los destinos de la pobre Centroamérica.

EL LIBERTADOR DE COSTA RICA

Mientras los enemigos jurados de la libertad maquinaban constantemente contra la obra de redención que emprendía nuevamente el general Morazán como presidente provisorio de Costa Rica, este jefe derogaba los decretos de su antecesor que implantaban el despotismo más absoluto y que no estaban acordes con sus ideas democráticas; dejó en todo su vigor la Constitución del Estado decretada el 21 de enero de 1825, y el 11 de junio se convocó a una Asamblea Constituyente que debería reunirse el 10 de julio siguiente.

En la fecha indicada se instaló solemnemente aquel alto cuerpo y el quince del propio mes emitió el decreto cuya parte resolutiva dice:

Artículo 1.° – Se halla por jefe supremo provisorio del Estado al Benemérito General en Jefe del Ejército Nacional y Libertador de Costa Rica, señor Francisco Morazán, electo por la Asamblea con unanimidad de votos.

Artículo 2.° – Se presentará ahora mismo en el Salón de Sesiones a prestar el juramento de ley y tomar posesión de su destino.

El general Morazán llegó al recinto de la augusta Asamblea, rindió la promesa de ley y tomó posesión provisionalmente y en legal forma de la presidencia. El señor presidente de aquel cuerpo colegiado, don José Francisco Peralta, pronunció un elocuente y patriótico discurso, haciendo resaltar las virtudes cívicas de Morazán y los esfuerzos que había hecho por libertar a Costa Rica, hasta conseguirlo de manera pacífica. Morazán leyó su mensaje de estilo, dando cuenta de las leyes derogadas y de las que se habían emitido en beneficio del Estado y del conglomerado; y explicó sus propósitos de redención y progreso para el pueblo costarricense.

La misma Asamblea decretó el 27 del mismo julio las distinciones siguientes:

Denominar División Libertadora de Costa Rica a los jefes, oficiales y soldados que se fusionaron en el paraje El Jocote.

Otorgar al general Villaseñor una medalla de oro que llevaría las medallas del Estado y con la leyenda: "Al mérito reconocido del General Vicente Villaseñor".

Declarar feriado el 12 de abril de todos los años en conmemoración de la entrada del Ejército Libertador en la ciudad de San José.

El 15 del mismo mes, la misma Asamblea había emitido el decreto que en su artículo único dice:

"El Benemérito General señor Francisco Morazán se denominará en lo sucesivo Libertador de Costa Rica."

Por modestia, el general Morazán no quiso que se publicara este decreto y el primero de agosto lo excitó la Asamblea para que lo hiciera, pues era aquella distinción la espontánea manifestación del pueblo que ella representaba.

EL SUEÑO DEL PATRIOTA

Cuando se tiene en mira un ideal no es posible olvidarlo, aunque por él se haya sufrido constantemente.

Los fanáticos en las religiones llegan hasta el sacrificio defendiendo la suya; los enamorados también se sacrifican por el ídolo de sus esperanzas.

Morazán no abandonaba el ideal sacrosanto de la unidad de la patria. Todas sus guerras habían tenido como único fin el sistema federativo y, cuando estaba de vuelta de su exilio, designado jefe de Estado de Costa Rica, olvidando los honores y distinciones de que era objeto por parte del pueblo tico, gestionó con la Asamblea Constituyente para que decretara el reconocimiento de la Federación y que le autorizara para llevar a cabo la nueva cruzada unionista.

Como nuestros lectores habrán comprendido, nunca anidó en el pecho de nuestro gran capitán un ideal pequeño, ni una ambición insana. Sus ideales eran grandes. Ni México, ni Venezuela, ni

Colombia, ni Chile, ni la gran República Argentina, ni todas las demás del Sur, habían intentado siquiera ensayar las instituciones liberales que Morazán puso en vigor en Centroamérica, colocándola a la vanguardia de las nuevas nacionalidades de origen español.

"Es más fácil enamorarse que desamorarse", dice La Rochefoucauld. Eso le sucedió a nuestro héroe; él estaba enamorado de la patria, pero si un hombre se enamora de una mujer, la quiere pura, delicada y buena. Él también quería una patria grande, inmaculada, eternamente respetada y fuerte.

En virtud del decreto emitido por la Constituyente, dio a principios de agosto el general Morazán las órdenes para que se organizara el ejército que debería hacer la campaña unionista en toda la República Mayor, y advirtió que necesitaba un alistamiento de voluntarios, de verdaderos patriotas que sabiendo los beneficios que traería la Federación, ayudaran a la causa con el entusiasmo que el caso requería.

El conservatismo observó los preparativos y no tardó en poner en juego su política de retroceso.

El clericalismo dio principio a una nueva campaña de infamia para contrarrestar los planes del Libertador de Costa Rica. Carrera, en Guatemala, se convirtió en el gran protector de la oposición de la América Central y era él quien debía dirigir la infamante lucha contra la libertad. Aycinenas, Pavones, Beltranenas, arzobispos y frailes, representativos unos de la aristocracia y los otros del fanatismo, quedaron como edecanes del analfabeto de Mita, con el encargo de adularlo y predisponerlo para conseguir el triunfo de las camándulas, que serían fuertes cadenas para atar las libertades.

Ese ha sido siempre el ideal de los oscurantistas, porque su programa está condensado en tres palabras lapidarias: Apaguemos la luz.

CAPÍTULO XVII: EL BESO DE JUDAS

> Yo pienso que no puede haber amistad
> sino entre los buenos.
> Cicerón

UN MES DE PREPARATIVOS

Todos los jefes morazanistas estaban dedicados a la organización de las fuerzas para emprender la cruzada unionista; el reclutamiento se verificaba en las diferentes provincias y se iban haciendo las listas ordenadas bajo la declaratoria de ser voluntarios los presentados.

Un buque fletado expresamente llevó a las playas costarricenses a los ilustres deudos del jefe de Estado. Eran ellos doña Josefa de Morazán y sus hijos Adela, Francisco y Esteban. Llegaban procedentes de la ciudad de David a la tierra que les había sido vedada para asilo por el expresidente Carrillo. La entrada en la capital de tan honorable familia no tuvo la resonancia que se estila en tales casos, porque, como ya sabemos, el general Morazán era enemigo del bombo y de las adulaciones.

Los ticos estaban satisfechos del gobernante que tenían; veían reaparecer sus muertas libertades en todo su esplendor; gozaban de sus derechos ciudadanos y se aprestaban a cumplir sus deberes con el mayor entusiasmo.

Solamente los serviles que tenían comunicación directa con Ferrera y Carrera estaban maquinando para lograr desviar la corriente de entusiasmo que se dirigía a favor de la Federación.

Como en todo tiempo, los conservadores son sagaces, intrigantes y cobardes, características que los han puesto al nivel de reptiles.

La sagacidad los hace no perder su posición aristocrática y tener siempre acceso en los gobernantes; la intriga les da cierta categoría de líderes, sin exponerse, ya que trabajan en la oscuridad, como el criminal que mata a mansalva; y su cobardía los pone fuera de los grandes problemas porque estos requieren grandes sacrificios y les falta valor para enfrentarlos.

Este es el resumen del nefasto partido; y su obra ha pasado a la historia como la más ruin de todas las que ha llevado a cabo la humanidad.

UN INCIDENTE FATAL

Las intrigas odiosas del clericalismo hicieron que los hijos de Costa Rica huyeran por los montes para evitarse el alistamiento en las fuerzas federales, pues se les hizo creer que a los no presentados voluntariamente se les tomaría a la fuerza y sufrirían graves castigos.

Como el general Morazán había declarado públicamente que la ocupación de la comarca de San Juan del Norte por los ingleses no podía consentirla y que estaba dispuesto a repelearla con las armas si no llegaba a un arreglo amistoso, los filibusteros optaron por lo último y se solucionó la dificultad; pero no olvidó aquella gran nación la formal declaración del patriota centroamericano.

A la intriga servil se unió el cónsul inglés residente en Costa Rica, quien ayudó a soliviantar los ánimos y con ello vengóse de nuestro egregio caudillo.

Morazán tuvo que buscar los medios persuasivos para aquellos que abandonaban sus hogares temerosos de ser enrolados forzadamente en el ejército, y para ello mandó una pequeña fuerza por el lado de El Guanacaste, al mando del General Enrique Rivas. Entre los oficiales que este jefe llevaba se encontraba Ángel Molina, quien cometió un acto de indisciplina que, dadas las circunstancias del momento, no era posible dejarlo sin castigo, pues la Ordenanza Militar prevenía para esos casos el preventivo legal. Molina no se hizo cargo de la falta cometida y para no sufrir el castigo impuesto quiso hacer más grande su infidelidad y asesinó a mansalva a su jefe, el valiente y denodado patriota que con tan buen suceso había peleado al lado de Morazán en las diferentes batallas que por el ideal supremo de la nacionalidad se libraron en territorio centroamericano.

Molina fue capturado y sometido a consejo de guerra; este lo encontró responsable del crimen y lo condenó a muerte. La pequeña guarnición de El Guanacaste estaba sorprendida por los sucesos acaecidos y el servilismo aprovechaba esta ocasión para abrirle la puerta a la rebelión.

La situación creada por este incidente hizo que el General Morazán enviase inmediatamente al General Saget con quinientos centroamericanos a Puntarenas, para que hiciera respetar el fallo dictado por el consejo de guerra contra Molina y que, una vez terminado este desagradable asunto, preparara el avance hacia Nicaragua, por donde se daría principio a la campaña unionista.

Pero este viaje a Puntarenas del General Saget con la flor y nata del Ejército Federal fue auspiciado por la fatalidad. Con aquella división formada por solo veteranos de las antiguas campañas, se iba la fuerza propulsora y la defensa de los ideales que sustentaba el apóstol abnegado de las libertades públicas.

ESTALLA LA REVOLUCIÓN

El momento era propicio para los que vivían deseosos de encontrar motivos para emprender su obra de desprestigio contra el gobierno nacional. Los conservadores trajeron a cuenta que el oficial Molina era hijo del prócer de la independencia que llevaba su apellido y que su ejecución era un ultraje a la memoria de aquel integérrimo ciudadano.

La verdad era que Molina estaba enamorado de la señorita Josefa Elizondo, una guapa moza que unía al esplendor de su belleza el linaje de su aristocrática familia; creyó el oficial que el General Rivas le disputaba el amor de esa joven con el hecho de que la atendía por nexos de amistad antigua con sus padres. Ese fue el motivo por el que asesinó a su jefe; un ataque de celos, un poco de aguardiente y eso fue todo. Pero la aristocracia ocultó la verdad de los hechos.

Costa Rica estaba en una completa efervescencia a causa de las intrigas de los antiunionistas que habían jurado entorpecer los trabajos de la Federación. El ejército expedicionario se alistaba para emprender la cruzada morazánica y hacía conducir los elementos de guerra hacia la capital para disponer la organización definitiva de San José.

Morazán quedaba en la ciudad con unos trescientos hombres bajo las órdenes de sus inmediatos Saravia, Cabañas, Vigil y otros más que formaban el Estado Mayor General. Tan pronto como Saget emprendió la marcha se ordenó enviarle en un tren expreso y para que los embarcara a Puntarenas, ciento cincuenta barriles de pólvora, algunos quintales de plomo y varios centenares de fusiles.

En Alajuela se encontraba Florentino Alfaro y el 11 de septiembre se sublevó con los cuatrocientos reclutas que estaban listos para la campaña. Ese mismo día pasó por aquella ciudad el tren expreso y lo capturó el insurrecto, apoderándose de todos los elementos que llevaba. Saget no estaba prevenido sobre el particular y solamente sabía que Morazán le enviaría todos los días un correo ex profeso y que, cuando no llegara, debería regresar inmediatamente con su división a la capital, pues era señal de que ocurría algo grave.

Ese mismo día se levantaron en armas los capitalinos azuzados por el presbítero Manuel Gutiérrez y sus corifeos Luz Blanco y Domingo Carranza y, en número de cuatrocientos combatientes, atacaron la guardia de honor del General Morazán, que se componía apenas de cuarenta salvadoreños de los bravos y heroicos calvareños. Cuatro veces fueron rechazados los atacantes, pues la valentía de los morazanistas suplía su inferioridad numérica.

Luego los sublevados josefinos recibieron mil hombres de Alajuela y Heredia que comandaba el traidor Alfaro y con esos soldados de refresco atacaron nuevamente a los pocos gobiernistas. Estos, convencidos de su imposible situación, rompieron línea y, como cuarenta gladiadores romanos, se trasladaron al cuartel principal, donde disponían de mejores medios de defensa y contaban con los soldados que allí se albergaban. Pero se iba de sorpresa en sorpresa; todos los acuartelados desertaron y solamente quedaron en pie los restos del Ejército Libertador, que sumados a los que llegaron de la guardia de honor, apenas hacían unos ciento veinticinco combatientes.

EL SITIO DEL PRODIGIO

En medio de semejante desastre, bajo la lluvia de balas indecisas, una dama elegante y dos jóvenes adolescentes pugnan por abrirse paso entre la abigarrada muchedumbre; una niña de apenas doce años va cogida del brazo de la dama. Era doña Josefa Lastiri de Morazán y sus hijos que, buscando refugio, encuentran a la soldadesca enfurecida. No sufren ni heridas ni vejaciones, pero caen prisioneros y se les conduce a la casa del portugués Antonio Pinto.

El cuartel principal se vuelve el blanco de las turbas enfurecidas y, con furia desenfrenada, hacen prodigios para desalojar a los patriotas que defienden la legalidad. La noche del 11 pasó sin mayores progresos en los sucesos bélicos, pero al amanecer del 12, nuevos contingentes les llegaron a los sublevados, quienes no tardaron en tener cerca de cinco mil hombres.

Morazán apenas contaba con sus mismos soldados, excepto algunas bajas que no menguaron la bravura de los restantes, que combatían con denuedo. Pedro Mayorga, comandante militar de Cartago, al saber la situación en que se encontraba su jefe, reclutó ochenta cartagineses y se dirigió para la capital a proteger a Morazán. Pero en el camino fue derrotado por los traidores y no solo sufrió el golpe de la traición, sino que se familiarizó con ella, regresando a Cartago a sublevar al pueblo contra su antiguo y querido jefe.

Los sublevados atacaban sin orden ni armonía; cada quien disponía a su manera y, en vista de tal disparidad de opiniones, se dispuso buscar un jefe. Ninguno de los nativos quiso aceptar la dirección de la revuelta; pero allí estaba el portugués Pinto, que había cedido su casa para prisión de la esposa e hijos del Libertador de Costa Rica, y no vaciló en ponerse al frente del movimiento.

Morazán esperaba que Saget volviera de un momento a otro; pero los traidores le enviaron diariamente el ex profeso que significaba la clave, y el Jefe de la División Centroamericana permanecía tranquilo en las arenosas playas de Puntarenas.

El presbítero José Antonio Castro se presentó el 11 ondeando una bandera de paz; conferenció con Morazán durante una hora, y entre lo hablado, Castro le ofrecía amplias garantías para él; este le contestó que aceptaba si las garantías eran extensivas para todos los jefes, oficiales y soldados que con él sostenían aquella lucha. El mencionado sacerdote hacía hincapié en que al General Villaseñor no se le comprendería en la capitulación, por tenérsele como traidor, por haber pactado con Morazán en El Jocote; y como no se podía llegar a un arreglo definitivo sin que los sublevados nombraran una comisión con amplios poderes para ultimar un convenio, se retiró el religioso, quedando de mediar para solucionar aquel conflicto y avisarle ese mismo día.

El presbítero Castro fue a decirles a los sitiadores que Morazán estaba intransigente, pues le había manifestado que su intención era derramar sangre costarricense por su marcada deslealtad. Y esto enfureció a los sublevados, que no cesaron en su lucha, con más odio y más furor.

Pero como esta intriga de aquel clérigo podía tomarse en verdad como una intransigencia, nos vemos obligados a insertar la carta del héroe, que desvanece cualquier duda sobre el particular:

"Señor Presbítero José Antonio Castro. — San José, set. 12 a las 4 de la tarde, de 1842.

Muy Sor. mío:

Acabo de recibir la de V. de esta fecha, a la que contesto que, como me son del todo desconocidos los proyectos y miras de los soldados josefinos que se sublevaron ayer, nada puedo proponerles, hasta que V., poniéndome al corriente de unos y otros, se sirva significar a los pronunciados que todo arreglo debe comenzar por que cambien una persona con quien conferenciar sobre el particular.

Desde ayer aguardaba la respuesta de V. al encargo que le hice a nuestras vistas, y su falta me había hecho mantenerme puramente a la defensiva.

Hablo a V. con franqueza: si no he batido las pocas guerrillas que tirotean la plaza, es porque deseo en lo posible economizar sangre. No se me oculta que carecen de parque y aun el que queman en sus débiles ataques revela por su clase la suma escasez en que se hallan. Sé también que los heredianos en su mayor parte se devolvieron y lo sé todo. Tengo soldados, municiones, artillería numerosa y, sobre todo, mucha decisión; pero aún más que todo eso, tengo un vivo interés en ahorrar sangre y víctimas al país.

Creo que V. abunda en idénticos sentimientos, y por lo mismo espero de su actividad me conteste lo más pronto posible, en la inteligencia de que cuanto se acuerde debe ser exclusivo al Departamento de San José, pues respecto al de Alajuela hice desde ayer manifestaciones a sus autoridades, que me acreditan han sido admitidas, los buenos comportamientos de sus habitantes en su gran mayoría.

A los heredianos desde ayer les ofrecí por medio de su Comandante que ya no marcharían con el ejército.

Soy de V. affmo. atto. servidor.

F. MORAZÁN".

Este documento pone de manifiesto la buena intención de aquel genio por evitar el derramamiento de sangre, y que solamente la malicia del clérigo pudo hacer creer lo contrario a los sublevados, quienes con un furor desenfrenado continuaron el ataque. Oigamos al profesor Joaquín Rodas Manzano en su obra Morazánida:

"Los jefes, confundidos como soldados, dispútanse el honor de caer los primeros. Ninguna voz de mando salía ya de sus labios; sustituida esa voz en acción, todos disputábanse el puesto de primeros combatientes: Morazán, Cabañas y Lazo hablaban por la boca de sus cañones, que cargaban y disparaban a la vez, haciendo de artilleros admirables; y Villaseñor y Vigil, secundándoles, habían trocado sus espadas por fusiles que disparaban sin cesar. Estaban inconocibles: el humo del combate los había transfigurado en otras tantas imágenes del dios Marte, que, al parecer, se había allí multiplicado en cada uno de aquellos héroes.

Tres días de combate así, faltos ya de víveres y de agua. ¡Qué lucha tan titánica y tan sublime!

Cabañas, como si sintiera sed —pero sed de morir en la refriega— hace salidas temerarias que, rayando en el prodigio, parece ser el ángel tutelar de aquella gloria nacional que lo admiraba. Diecisiete agujeros, como diecisiete condecoraciones otorgadas por la Gloria en el campo de la muerte, fueron contados en el sombrero y en el vestido de Cabañas después de aquella lucha desigual de tres días y de tres noches, en la que tantos otros héroes quedaron tendidos para siempre.

Rascón y Lazo cayeron sin vida en la tarde del trece; habían combatido con denuedo y entusiasmo porque sabían que luchar por la libertad es el más grande de los deberes ciudadanos.

Esa misma tarde, al asomarse Cabañas y Morazán a una de las puertas del cuartel, una bala pasó silbando por sobre la cabeza del primero e hizo blanco en el carrillo derecho del segundo.

—¡Cuánto te vale ser pequeño! —le dijo Morazán a su compañero—. Este proyectil era para ti y me ha tocado a mí.

Cabañas no se había dado cuenta de que esa bala se había incrustado en la cara de su jefe y amigo.

ARROJO INCOMPARABLE

Anochece el trece de septiembre entre sombras de incertidumbre; ya no se pensaba en el triunfo, porque todo era desfavorable para los sitiados. Morazán no desmayaba en su imperturbable serenidad.

—Al no morir aquí, tal vez la patria nos necesitará mañana —les dijo a Cabañas, Villaseñor y Vigil, que todavía sobrevivían con un puñado de valerosos soldados.

Pero los gritos desenfrenados de la soldadesca enfurecida indicaban que sus filas estaban engrosándose a cada momento. La situación se hacía cada vez más ostensible, y necesario era buscar un medio para liberarse de ser asesinados por aquella turba de fanáticos. ¿Podría pensarse en delinear un plan a propósito para repeler la embestida de semejante ejército sublevado? No, era materialmente imposible. Sólo el arrojo de aquel puñado de titanes podía salvarlos.

Luego se empezó a organizar una retirada que, de tener éxito, haría época en la historia de América.

De la mitad de los héroes que habían quedado en pie, veinticinco recibieron la orden de alistar sus cabalgaduras para que, como jinetes de la muerte, armados de la poderosa y temida lanza, formasen la pequeña caballería para romper el sitio; y el resto de la infantería, al mando del General Cabañas, formaría la retaguardia para proteger la retirada. El enemigo, que había medido... caían muertos pero no vencidos, previó su retirada sobre tantos miles que los rodeaban, por lo que mandó obstruir las calles y caminos con maderas, lazos y carretas. (Morazánida)

RETIRADA HEROICA

El reloj de la catedral había sonado las tres de la mañana del día 14 de septiembre; el cielo estaba despejado a pesar de que cernía una ligera lluvia a manera de copioso rocío; reinaba un silencio casi sepulcral que se interrumpía de vez en cuando con el alerta de los centinelas. Si se hubiera podido observar el interior de los hogares, bien se habría constatado que, en el del jefe pretoriano Pinto, una esposa amantísima y tres niños inocentes velaban con el corazón traspasado de dolor, presintiendo que la fatalidad batía sus alas para ensombrecer su existencia. El dolor y la vigilia habían transfigurado sus preciosos rostros, marchitándolos y poniendo en ellos un vivo reflejo de suprema amargura. Eran la esposa y los hijos del General Morazán que, privados de su libertad, no podían hacer otra cosa que pedir a Dios el amparo y protección para ellos y su divina misericordia para el deudo cuya vida estaba en inminente peligro.

Morazán tenía terminados los preparativos para su retirada; por su mente cruzó el recuerdo de que en aquella misma hora, el 19 de marzo de 1840 en Guatemala, se encontraba en igualdad de circunstancias, listo para romper las líneas enemigas. Pero luego recapacitó y se dijo a sí mismo: hay una enorme diferencia; entonces tenía un ejército completo. Y sin dejar mediar tiempo alguno ordenó la salida.

Los jinetes saltaron con asombrosa agilidad sobre sus cabalgaduras y, lanza en mano, salieron del cuartel desafiando a la muerte con la intrepidez y valor que los había impulsado siempre a la victoria. Los caballos estaban impacientes por dejar aquel recinto que durante tres días les había servido de prisión; los obstáculos colocados en las calles fueron para ellos apenas ligeros estorbos que salvaron sin dificultad.

La infantería siguió a los gladiadores con el estoicismo que les caracterizaba; habían combatido por ochenta y ocho horas consecutivas y cualquiera que los hubiera observado en su marcha y en su arrojo sobre el poderoso enemigo, creería que era una tropa de refresco, que acababa de llegar y que desfilaba en una manifestación cívica.

Morazán, Cabañas, Villaseñor, Saravia y Vigil presidían aquella retirada heroica, y a pesar de que todos los soldados que mejor tiraban hacían blanco sobre aquellas aureoladas testas, ni una bala osó rozar el cuerpo de aquellos augustos soldados de la nacionalidad.

Los morazanistas iban matando y dejando también en el campo sus muertos, pero cargaban con sus heridos. Cuando sonaron las cuatro de la mañana habían salvado la ciudad, saliendo por el sur. Todos estaban reunidos; Cabañas se hizo cargo de conducir a los heridos, custodiándolos con el resto de soldados que le habían quedado, o sea, con cuarenta y cinco héroes. Su marcha sería lenta, y

Morazán, con Villaseñor y Vigil, se adelantaron para llegar los primeros a Cartago.

EL BESO DE JUDAS

La dirección que llevaban aquellos evacuados era la de Puntarenas, donde pensaban reunirse con el General Saget.

—No sé qué presentimiento me obliga a creer que no debemos llegar a Cartago —dijo Villaseñor a Morazán.

—Pero es preciso saber la situación en que se encuentra Mayorga —le respondió el caudillo, quien creía comprometido a este por su causa.

Su empeño por llegar a Cartago era marcado y no hubo reflexiones que lo hicieran retroceder.

La distancia que mediaba entre San José y Cartago la salvaron nuestros generales con una asombrosa rapidez. Morazán iba sereno, pues no se amilanaba con la derrota, ni sentía más preocupación que el no haber realizado su campaña nacional. Hacía recuerdos de su familia, pero tenía confianza en Dios de que el odio del servilismo no llegaría hasta el grado de tomar venganza en sus deudos.

La mañana era tranquila y saturada por una brisa suave; un cortinaje apenas perceptible de sutil neblina se extendía por sobre los techos de las casas de la ciudad. Morazán y sus dos compañeros entraron en la población con la seguridad de quien llega a solar amigo. Y como quien llega a su propia casa, se dirigieron a la del Comandante Pedro Mayorga. Allí los recibió cordialmente una antigua y buena amiga, doña Anacleta Arnesto de Mayorga, dama elegante, de buen porte y mejor corazón; muy católica y fidelísima esposa, era digna del aprecio de cuantos la trataban.

Al llegar frente a la casa de Mayorga, el General Morazán es saludado por algunos amigos que le interrogan sobre los sucesos que lo habían hecho abandonar la capital; y él se entretenía en explicarles los motivos de la sublevación. Mientras tanto, el General José Antonio Vigil desmontó y suplicó a doña Anacleta le facilitara unos cigarros, pues tenía tres días de no fumar; dicha señora se los entregó diciéndole:

—¡Váyanse, váyanse! Aquí se han sublevado.

Mayorga, que también saludaba a Morazán, le invitó para que pasara adelante y, mientras le servían algo de comer, se ofreció para ir en busca de un médico que pudiera curar la herida del insigne caudillo. Tal fue el interés que tomó aquel falso amigo por la persona del jefe querido, que este nunca sospechó de una traición.

Vigil, que estaba sobre aviso con lo dicho por la esposa de Mayorga, se avocó con el señor don Félix Espinosa, que estaba en dicha casa, y le preguntó sobre la situación de la ciudad; aquel, emocionado vivamente, le respondió:

—Sí, señor; aquí se han pronunciado desde la noche pasada.

No se podía dudar del peligro a que estaban expuestos aquellos denodados patriotas y Vigil le comunicó la noticia a Morazán, quien le dijo:

—¿Y quién lo dice?

—El señor Espinosa y la esposa de Mayorga —le contestó.

—Entonces, si es así, vámonos —replicó Morazán.

Pero era tarde; Judas había llegado con un pelotón de fariseos que comandaba un oficial, quien les intimó su rendición. Morazán se levantó y, dirigiéndose a los soldados, les dijo:

—¡Mátenme! ¡Quítenme la vida! pero no me entreguen a mis enemigos.

Los soldados no oían aquellas palabras tan llenas de decisión y gritaron:

—¡Atrás! ¡Atrás!

La fatalidad completaba su obra para dar principio a la tragedia. Los tres generales quedaron en calidad de prisioneros, en la misma casa del traidor Mayorga.

¡Fatalidad! ¡Fatalidad!

Mientras sucedían los hechos que hemos narrado, Cabañas caminaba lentamente al cuidado de los heridos. Saravia se adelantó para llegar a Cartago a dar el aviso de que se aproximaba la pequeña fuerza que comandaba aquél.

Montaba el exministro general una briosa cabalgadura y no tardó en llegar a la casa maldita de Mayorga. Antes de desmontar supo la suerte de su jefe y no vaciló en unirse a él en aquella hora suprema.

Morazán comprendió que su causa estaba perdida y pensó forzar la salida para salvarse de ser entregado a sus enemigos.

Ese mismo día había llegado a feliz término la retirada más gloriosa que registra nuestra historia, burlando las amenazas de cinco mil hombres que disparaban sus fusiles sobre tan intrépidos combatientes; y ahora se le presentaba un pequeño grupo a quien no le sería difícil forzar para huir.

Cuando Morazán pensó en salir, preguntó por los caballos.

—Están en el corredor —le contestaron.

Pero cuando iban a poner el pensamiento en la acción, se presenta el general Saravia a entregarse a la soldadesca y le dice a su jefe:

—Cabañas se aproxima a la ciudad. Es prudente esperar.

Una hora después llega Francisco Morazán, joven de quince años e hijo del gran capitán, quien manifiesta a su padre que el general Cabañas llegó hasta la orilla de la ciudad, donde estaba esperándolo un hombre que le entregó una cabalgadura y le dio otra dirección, advirtiéndole que era Morazán quien enviaba tal orden.

Los traidores habían puesto en juego toda su maldad y, sabedores de que Cabañas marchaba sobre Cartago con un pelotón de hombres decididos y valientes hasta la temeridad, enviaron a don Buenaventura Espinach a su encuentro, llevando una cabalgadura ensillada, y al encontrarlo entre Cartago y Ochomogo, le manifestó que iba de parte de Morazán a ofrecerle esa cabalgadura de refresco para que se dirigiera a Matina, pues aquel jefe ya había salvado la frontera, y que Espinach le había proporcionado a Morazán el dinero suficiente para que saliera del país. Cabañas no puso en duda las palabras de semejante traidor y obedeció la orden, cambiando el rumbo que llevaba y dirigiéndose a Matina.

El mismo Espinach se había presentado ante Morazán para intimarle una orden para el general Saget, quien debería entregar las armas que tenía en Puntarenas, a lo que se negó nuestro biografiado, increpándolo de traidor y cobarde.

La esperanza que abrigaba Morazán quedó nulificada con el regreso de Cabañas. Este se dio cuenta del engaño y, al saber que el jefe y amigo estaba prisionero, se volvió con el propósito de libertarlo, pero la desgracia quiso que en el camino fuera hecho prisionero y con ello quedó terminada su buena intención.

La fatalidad batía sus alas en torno a aquellos gloriosos paladines.

CAPÍTULO XVIII: MORIR HOY O MAÑANA...

Consummatum est
SAN JUAN, XIX, 30

COMUNIÓN ESPIRITUAL

Como ya dijimos, en la casa de don Pedro Mayorga había una pieza convertida en cárcel y en ella estaban prisioneros los ilustres generales Francisco Morazán, José Antonio Vigil, José Miguel Saravia, Vicente Villaseñor y el menor Francisco, hijo natural del paladín de la Unión Centroamericana.

En esa misma pieza estaba expuesta y alumbrada por un enorme cirio —que en otro lenguaje podríamos llamar un fiel centinela— la caja de madera preciosa con chapa de oro macizo que contenía los restos del general La Mar, el gran mariscal de Ayacucho, cuya repatriación al Perú había ordenado Morazán, en virtud de promesa hecha al general Pedro Bermúdez, como ya lo vimos en capítulos anteriores.

Los restos de aquel ilustre peruano, que permanecían apenas custodiados por la indecisa luz de una vela, fueron velados por cuatro generales de los más valerosos que ha dado la América española y que perseguían los mismos ideales del gran militar desaparecido. Aquellos héroes hicieron guardia de honor a tan venerables restos, poniéndose en comunión espiritual con el genio que había traspasado los dinteles de la eternidad.

Algunos soldados habían seguido a los morazanistas desde San José, pero a paso tan lento que procuraban no darles alcance para no exponerse a ser derrotados. Cuando ya nuestro héroe estaba reducido a prisión, aquellos soldados se presentaron y, al estar frente a la casa de Mayorga, irrumpieron en gritos desaforados:

—¡Vivan los pueblos libres! ¡Mueran los traidores! —decía aquella turba exaltada.

La nerviosidad de Villaseñor y Saravia los sobreexcitó de tal manera que pensaron escapar de la muerte segura que les darían sus enemigos y optaron por el suicidio. El primero desenfundó un revólver y, llevándoselo a la sien derecha, iba a dispararlo, cuando sólo se oyó el martillazo del gatillo, que no dio fuego, pero que fue un aviso para sus compañeros de prisión.

Vigil saltó y con insólita destreza arrebató el arma de Villaseñor; pero, desgraciadamente, al forcejear y arrebatar el revólver de manos de este, dejó caer un puñal que llevaba en la bolsa de dentro del saco, de lo cual no se dio cuenta.

Villaseñor tomó el punzante elemento y, con la rapidez de la desesperación que le embargaba, se dio dos profundas heridas en el pecho y cayó bañado en sangre.

Morazán estaba recostado en un catre, hundido en sus meditaciones, pues no ignoraba la suerte que le esperaba en aquel trance. Y cuando vio que se luchaba con Villaseñor para desarmarlo, exclamó:

—Déjenlo... déjenlo, que es preferible hoy la muerte.

UNA NOCHE MEMORABLE

Villaseñor se retorcía de los dolores atroces que le producían sus heridas y Morazán compartía aquellos sufrimientos observando silenciosamente la palidez de su fiel amigo. Había llegado hasta olvidar el dolor de su propia herida que le había inflamado la cara, y creemos también que hasta olvidaba la situación difícil en que se encontraba. Así pasó meditando toda la tarde del 14 y, cuando esta moría, se presentó el oficial Daniel Orozco y le dijo:

—El ejército pide que se les pongan grillos y es preciso complacerlo.

Vigil y Saravia hablaban de los tiempos pasados; este le mostraba a aquel un recorte de un periódico que dirigió y redactó en la ciudad de Lima, pues Saravia era intelectual nacido en Guatemala y había sobresalido en el exterior como periodista defensor de la libertad.

La embajada de Orozco los hizo suspender la plática, y como Saravia no quería ser escarnecido por sus enemigos, pensó que la hora fatal había llegado.

El oficial remachó los grillos a Morazán; luego hizo lo mismo con Vigil y después con el infortunado Villaseñor, que casi era un cadáver. Todo fue observado atentamente por Saravia, y cuando le llegó su turno, el referido oficial lo encontró en su catre con horribles convulsiones; remachó los grillos, pero esta ruin tarea fue ejecutada en un cadáver. Saravia había sorbido, de un hermoso anillo que llevaba en el dedo anular de la mano izquierda, cierto veneno activo que le produjo la muerte casi instantáneamente.

Morazán sufría otro golpe terrible; su leal compañero en más de cien combates se quitaba la vida para sustraerse a las consecuencias de una muerte afrentosa que de seguro le esperaba al día siguiente.

Morazán hubo de suplicar a sus enemigos para que le dejaran en aquella reducida sala el cadáver de tan valiente militar, para velarlo y consagrarle su homenaje de cariño en la última noche que debería pasar sobre la tierra.

En aquella vigilia sublime, donde el dolor superaba a las preocupaciones del futuro, reinaba un silencio cuya solemnidad interrumpía el chisporrotear de los cirios y el dialogar de los generales que sobrevivían, ya que Villaseñor estaba entre la vida y la muerte.

En aquella vela del heroísmo estoico y resignado había algo de extraordinario, algo que la Providencia había querido reunir allí para testificar al mundo que hay algo sobrenatural con que Dios une a los espíritus predestinados a la gloria. Los al parecer solitarios prisioneros no estaban solos: la gloria los envolvía y los acariciaba dentro de esa atmósfera de dolor, donde parecía flotar algo que los animaba, elevándolos por encima de las miserias de este mundo. ¿Por qué obró la casualidad de manera que en esos mismos días enviase el gobierno del Perú por las cenizas preciadas del general La Mar? ¿Y por qué el señor Espinosa no llevó antes o después de esa escena los restos que estuvieron allí, en el mismo lugar donde Morazán y los suyos fueron presos y pasaron esa vela de dolor?

Alguna comunión sagrada unió en esa ocasión a dos espíritus ilustres: el del héroe de Junín y Ayacucho dentro de la urna que los guardaba, y el del héroe centroamericano dentro de su forma corpórea que estaba próximo a abandonar. —Morazánida

LA SUERTE ESTABA ECHADA

La Patria cumplía su mayor edad, pues amanecía el 15 de septiembre de 1842, fecha en que se celebraba el vigésimo primer aniversario de su independencia. Veintiún años hacía que una docena de patriotas habían arrancado a la patria las cadenas que la sujetaban a la oprobiosa esclavitud y, por una coincidencia inexplicable, en la mañana de aquel 15 de septiembre, una docena también de soldados que servían a la traición, entraban en la sala donde se había pasado una noche de vigilia, y en el mayor silencio, casi en una actitud respetuosa, procedieron a quitar los grillos que aprisionaban al general Morazán y a sus compañeros de gloria y de infortunio.

Aquella mañana era nebulosa y cernía una lluvia suave que alimentaba un frío penetrante; el cielo estaba cubierto, a trechos, por nubecillas negras que semejaban cortinajes de crespón. Aquellas gotas de lluvia eran lágrimas que brotaban de lo alto, no sabemos si de dolor o de vergüenza por el sacrificio que se consumaría en aquellas águilas caudales para no volver más a volar bajo el cielo azulado de una patria libre.

El portugués Antonio Pinto se había convertido en un César y, sin vacilaciones ni escrúpulos, decretó la muerte de Morazán y de Villaseñor, para lo cual ordenó que los presos fueran conducidos a San José en la mañana del 15 citado.

Al quedar libres de los grillos y cadenas aquellos valientes militares, entró en la pieza, bañado en lágrimas, el reverendo padre José Gabriel del Campo y, dirigiéndose a Morazán, le dijo:

—General Morazán, vengo a ofrecerle mis servicios porque va usted a comparecer ante el General de los Generales, ante el Héroe de los héroes, ante el Príncipe de los príncipes.

Morazán, con la afabilidad que le caracterizaba, le respondió:

—Siéntese, señor.

Y quedaron solos por unos instantes, sumergidos en una conversación mística y gloriosa que solamente ellos comprendieron y que nadie pudo adivinar.

Aquellos hombres amantes de la libertad y fieles sostenedores de la integridad de la patria fueron sacados de su prisión; y organizado el desfile, emprendieron la marcha en la siguiente forma:

Un pelotón de más de cien soldados se colocó en dos hileras formando valla y con los fusiles cargados; en medio iba Morazán; a su derecha el general Vigil y a su izquierda Morazán hijo; todos a caballo; y adelante de ellos, en una hamaca, el infortunado Villaseñor, quejándose del dolor de sus mortales heridas.

Caminaron en aquel desfile incómodo y, cuando llegaron a Las Moras, inmediato a la capital, el capitán Benavides, que había llegado a encontrarlos, les ordenó echar pie a tierra. La imperiosa voz del oficial hizo creer a los prisioneros que se trataba de lincharlos, y Vigil y el coronel Esteban Pardo se colocaron delante de Morazán para cubrirlo y defenderlo. Pero nada pasó. Los vecinos se habían dado cita en los suburbios para ver a los reos, pero ninguno se mostró hostil; todos miraban con respeto a su Libertador, que como un sarcasmo del destino iba privado de su libertad, camino del cadalso, para ascender al Tabor de su inhumano sacrificio. Ni un solo grito, ni una sola burla de aquellos espectadores; los mismos soldados y jefes que lo conducían guardaban un respetuoso silencio, con que les dolía el alma el contemplar aquel cuadro doloroso de que, desgraciadamente, formaban parte a su pesar.

TRASCENDENTAL MOMENTO

Cuando la comitiva entraba en la ciudad, nuestro egregio paladín, al ver aquella muchedumbre que los rodeaba como para rendirles homenaje con la elocuencia de su silencio, se volvió hacia el general Vigil y, lanzando un suspiro que nacía desde el fondo de su corazón estoico, le dijo:

—Con cuánta solemnidad celebramos el Día de la Patria.

Morazán estaba siempre pendiente de los destinos de la nación; comprendía que su fin estaba próximo, pero no dejaba de pensar en la suerte de la República que abandonaba con pesar.

Antes de llegar a la prisión, encontró en la calle a un señor de apellido Guevara y, sin perderse en explicaciones ni lamentaciones propias de los espíritus apocados, le dijo:

—Vea que no se pierdan los papeles de la cuestión inglesa.

Este encargo viene a confirmar lo dicho por algunos escritores de que el cónsul de Inglaterra tomó venganza contra Morazán, soliviantando los ánimos para la sublevación, por haber este estorbado y rechazado los actos de filibusterismo de quienes, amparados por el derecho del más fuerte, quisieron apoderarse de la zona de San Juan de Nicaragua.

Uno de los testigos presenciales dice que llegaron a la capital a las cinco de la tarde; otros, y entre estos los historiadores, aseguran que hicieron su ingreso tres horas antes de la ejecución, no faltando quien asegure que llegaron temprano de la mañana. Nosotros nos quedamos con lo dicho por el testigo a que aludimos al principio, ya que se trata del general José Antonio Vigil.

Los presos fueron divididos: Morazán y Villaseñor fueron llevados al edificio de la Corte; y a Vigil y al joven Francisco se les condujo al denominado "Los Almacenes".

Supremos instantes

La vigilancia en la improvisada prisión hubo de redoblarse. Morazán, al entrar, cuidó de que a Villaseñor se le sacara de la hamaca con sumo cuidado y personalmente lo acomodó en un catre, acercó una silla y se sentó para consolarlo y darle ánimo. El herido estaba transfigurado y, mientras el héroe le dirigía palabras de consuelo y lo exhortaba para que tuviera resignación, le pasaba la mano por sobre la cabeza, como si aquel doloroso cuadro fuera a servir de modelo para que el artista copiara la representación de un padre amantísimo cuidando al hijo predilecto.

Pinto estaba satisfecho y simulaba una nerviosidad tremenda; veía fantasmas o aparentaba verlos, más por maldad que por cobardía. Veía que una multitud enfurecida le amenazaba exigiéndole el sacrificio de Morazán y Villaseñor. Temblaba de un temor fingido, pues los tiranos tienen mucho de cómicos.

El pequeño Morazán fue puesto en libertad y se le permitió visitar a su padre en el edificio de la Corte, donde el héroe estaba dedicado al cuidado de su pobre amigo. Meditaba el genio, y hundido en sus reflexiones se encontraba cuando, de manera intempestiva, se presentó un oficial y le comunicó la orden de su fusilamiento, señalado para las seis de la tarde de ese día. Morazán no se inmutó con aquella orden; ya la esperaba y estaba preparado para morir, siendo incapaz de suplicar el perdón a sus enemigos. Solamente rogó que se hiciera llegar al general Mariano Montealegre, porque tenía que hablarle de asuntos importantes en aquellos instantes supremos.

Al llegar dicho general, le abrazó efusivamente y sobre el pecho del condenado a muerte derramó copiosas lágrimas.

Morazán, sereno y altivo, se sobrepuso a la emoción que podía sentir con las lágrimas de su querido amigo y, con voz potente, le dijo:

—Tranquilícese, amigo; no se acongoje: morir hoy o mañana es lo mismo.

Y en el mismo tono habló algunos minutos con el general Montealegre, conversación que se cree fue muy interesante para los intereses de la patria.

Despedido aquel amigo, se dirigió a su hijo Francisco y le mandó sentarse, pues iba a redactar su última voluntad en forma testamentaria. Aquel genio que tenía los pies sobre el borde de la tumba, erguíase con altivez, olvidando un momento su infortunio para ordenar sus ideas y disponer en forma adecuada, mientras dos peones cavaban una fosa tosca para darle sepultura, la manera de legar a la posteridad un testamento patriótico, capaz de servir de ejemplo a la generalidad.

En los precisos momentos que nuestro paladín se disponía a dar principio a su dictado, un oficial que le servía de carcelero entró bruscamente y dijo:

—Señor: déjeme la capa.

—Retírese, hombre imprudente —le contestó Morazán.

TESTAMENTO

Existen testamentos que han pasado a la historia por su trascendencia política y por su valor material, así como también porque de ellos se derivan asuntos de importancia que hayan pasado inadvertidos y que tengan relación con el testador.

El testamento dictado por Simón Bolívar el 10 de diciembre de 1830, en Santa Marta, al notario Catalino Noguera y ante siete testigos, tiene un preámbulo religioso que, por lo largo, se deduce que estaba esperando la muerte en su lecho de enfermo y con tiempo suficiente para explicar mejor sus creencias.

Después de firmarlo, dictó su Manifiesto a los Colombianos, que viene a ser, en lenguaje jurídico, un codicilo, aunque no modifica aquella disposición. Disponiendo de tiempo, pudo omitir en su testamento lo que quería decir en su manifiesto.

El gran mariscal de Ayacucho, don Antonio José de Sucre, testó en una forma corriente, pero con sobra de tiempo, el 10 de noviembre de 1829, siendo asesinado el 4 de junio del año siguiente. Declaró heredera a su hija María Teresa, de cuatro meses de edad, y si esta faltaba le sucedía en la herencia su esposa doña Mariana Solanda. Seis meses después de la muerte del mariscal Sucre, su viuda casó con el general Isidoro Barriga y este, teniendo en sus brazos a María Teresa, la dejó caer incidentalmente desde el balcón de un segundo piso, el 16 de noviembre de 1831. El mérito de este testamento ha trascendido al público, dando margen a que se investigue con mayor atención el asesinato del mariscal, ya que puede tener relación con el matrimonio de su viuda y la prematura muerte de su hijita.

El General Justo Rufino Barrios hizo también su testamento con anticipación a su muerte, pues está fechado el lunes 23 de marzo de 1885, dictado a las tres de la mañana en la ciudad de Guatemala y pocos momentos antes de que el testador marchara con su ejército a la campaña nacional que había decretado el 28 de febrero anterior. Lo empezó con sencillez, diciendo: Estoy listo para marchar a la frontera y hago mi declaración como un soldado. Declaró a sus hijos; instituyó heredera a su esposa doña Francisca Aparicio, hizo un legado para un sobrino que estudiaba en el exterior, dejó como consejero de su esposa a un tío de esta y, tomando la pluma, puso al pie: J. Rufino Barrios. No ocupó testigos; más parece una nota u oficio que la última voluntad de aquel gran reformador de Guatemala, que murió heroicamente el 2 de abril del año citado por el ideal morazánico.

El Capitán General don Gerardo Barrios, sentenciado a muerte, llamó al notario José Alvarenga para redactar su testamento a las tres de la mañana del 29 de agosto de 1865. Como el referido notario estaba emocionado y la nerviosidad no le permitía escribir, aquella víctima de la tiranía le quitó la pluma y se sentó a escribir su última disposición, empezando por los rituales de la religión y terminando por formular diecinueve cláusulas que encierran todo un manifiesto para el pueblo salvadoreño, a quien le pone en claro la injusticia de su ejecución.

Morazán no disponía de más tiempo que el que mediaba entre las cinco y las seis de la tarde, y empezó recordando la independencia patria, cuyo aniversario se celebraba; para demostrar su fe usó del laconismo de un filósofo: "En nombre del Autor del Universo en cuya religión muero". ¿Para qué decir más, si con solo esta decena de palabras estaba dicho todo lo que Bolívar, Sucre y Gerardo Barrios dijeron en el preámbulo del suyo?

Sigue diciendo: "Declaro que soy casado y dejo a mi mujer como única albacea. Nada más lógico que resumir en un solo renglón lo que otros han querido explicar con detalle de nombres y apellidos de la esposa, reservándose para una cláusula distinta el nombramiento de albacea".

A continuación declara: que los bienes que poseía de él y de su esposa los había gastado en dar un gobierno de leyes a Costa Rica, así como dieciocho mil pesos y sus réditos que le adeuda el General Pedro Bermúdez, residente en Lima, Perú. Esta declaración pone en evidencia que, como empleado público, manejó honradamente los caudales de la República y que el capital de su esposa había sido puesto al servicio de la nación, así como el que él heredó de su padre. Pero guardó silencio con respecto a cinco meses de sueldo que le adeudaba el gobierno de Costa Rica por sus servicios en la jefatura del mismo, donde ganaba ciento veinticinco pesos cada mes.

El final de la cláusula que acabamos de comentar se refiere a una explicación de los motivos legales que tuvo para reclutar a los soldados que estaban presentes, pues el departamento de Guanacaste estaba amenazado por fuerzas de Nicaragua; que nunca tuvo el deseo ni la intención de usar esos mismos soldados en la cruzada unionista, excepto los que voluntariamente quisieran tomar parte en ella, porque jamás se emprende obra semejante con hombres forzados.

En la cláusula cuarta declara: que al asesinato se ha unido la falta de palabra que me dio el comisionado Espinach, de Cartago, de salvarme la vida. Y bien pudo exclamar como Cicerón: Veo cuán peligroso es tener contra sí al que está enfurecido y armado, especialmente en una época en que es tan grande la iniquidad de las espadas, y esto que, cuando hablaba así aquel orador romano del despotismo de Marco Antonio, tenía menos arbitrariedad que la ejercida por el portugués Antonio Pinto.

"Declaro que mi amor por Centroamérica muere conmigo.

Excito a la juventud, que es la llamada a dar vida a este país, que dejo con sentimiento por quedar anarquizado, y deseo que imiten mi ejemplo de morir con firmeza antes de dejarlo abandonado al desorden en que desgraciadamente hoy se encuentra".

Estas sublimes palabras contenidas en la cláusula quinta demuestran el amor a la patria y el sentimiento genuino por la nacionalidad. Esa declaración revela su acendrado patriotismo y confirma, una vez más, que sus campañas no estaban impulsadas por la ambición de mando, ni por el odio a quienes atacaba, sino por el deseo de hacer grande a la patria, implantando las doctrinas democráticas para rendirle culto a la Libertad. La excitativa a la juventud en aquellos supremos momentos es la mejor herencia que pudiera legarnos un patriota de su talla.

Nótese bien que en su última voluntad no mencionó a sus hijos. La pequeña Adela no figura en aquel documento, su única hija legítima, la que con sus inocentes caricias le hacía menos pesadas sus horas de exilio en la ciudad de David. Tampoco nominó a sus hijos naturales. Y no debe creerse que el estado en que estaba lo hacía olvidar a sus seres queridos, pues quien escribía su testamento era uno de ellos y el otro, el General Ruiz, estaba en Puntarenas, ignorante de la suerte que corría su padre.

La patria era la única que embargaba sus pensamientos en aquella hora suprema.

Jesús de Galilea, desde lo alto del madero en que lo había inmolado la intransigencia, ya para ascender a la gloria que le tenía reservada su Padre celestial, perdonó a los que lo insultaban y escarnecían dándole aquella afrentosa muerte. Pero él fue juzgado siquiera por un simulacro de proceso y condenado a "muerte de cruz" en sentencia dictada por Poncio Pilato, gobernador de Judea; además, los profetas habían anunciado todos estos acontecimientos y muchos años antes el divino sacrificio lo había ensayado Moisés levantando una serpiente de metal para salvar al pueblo de Israel. En resumen: Jesús vino al mundo como enviado de su Padre para hacer cuantas cosas hizo y para morir en tal forma.

Morazán, sin tener sobre la tierra aquella misión religiosa que se le atribuye al Hijo de Dios, en la cláusula sexta de su testamento dice: Declaro que no tengo enemigos, ni el menor rencor llevo al sepulcro contra mis asesinos, a quienes perdono y deseo el mayor bien posible. Si esta declaración no convence a los serviles de que Morazán era más religioso y más humano que ellos, tendremos que convenir en que su intransigencia es más grande que su decantada honorabilidad.

A continuación se lamenta de haber causado algunos males a su país, con el deseo de procurarle su bien, y que cuando estaba mejor informado de sus opiniones políticas para reparar aquellas faltas, se le quita la vida injustamente.

Declara que tenía cuentas cobrables con la casa de Mr. Marcial Benett, de resultas del corte de maderas de la costa norte, y que creía alcanzar la suma de diez a doce mil pesos, que le deja a su esposa por las pérdidas que esta había sufrido en la hacienda Jupuara; y también hizo mención de otras deudas que conocía el señor Cruz Lozano.

Estipuló que se publicara su testamento en lo que se relacionaba con los negocios públicos y con su muerte.

CAMINO DEL CALVARIO

A las seis y quince minutos de la tarde de aquel 15 de septiembre, un pelotón de soldados se presentó en la prisión para conducir a los reos a la plaza donde serían ejecutados. Morazán se puso de pie y, con actitud resuelta, se adelantó y dijo:

—Estoy listo.

Luego se dirigió a su hijo y al General Montealegre y les encargó decir a su albacea que legaba sus restos mortales al pueblo de El Salvador, en prueba de su predilección y reconocimiento a su valor y entusiasmo por la defensa de la libertad y de las instituciones republicanas.

Morazán había pedido que se le permitiera dirigir una circular a los gobiernos de Centroamérica, pero se le negó esa gracia.

Villaseñor fue acomodado en una silla para llevarlo al suplicio. Los instantes eran supremos y, cuando llegó el fatal momento de partir de la prisión a la plaza en que se iba a consumar el crimen, el pueblo costarricense presenció consternado una nueva escena de dolor, que a muchos les hizo derramar lágrimas: Morazán hacía esfuerzos por separarse de su hijo Francisco, quien, abrazado como una hiedra al tronco que le ha dado vida, deseaba en su amor y su desesperación morir al lado de su padre idolatrado... Al fin, Morazán logró desprenderse de aquellos tiernos brazos que le hacían mucho mal; luego levantó y sacudió con un gesto de evangélica resignación su olímpica cabeza, y clavando la mirada en el cielo, como para poner por testigo a Dios, continuó sereno en su vía crucis de dolor. Al volver su marmóreo rostro hacia la multitud, uno de sus encarnizados enemigos, que respondía al nombre de Diego Carranza, adelantóse a ofrecerle el brazo para que se apoyase en él, creyendo que le faltarían fuerzas para caminar.

—Ni he de huir, ni me falta valor para morir —fue la contestación de aquel hombre extraordinario.

La mirada de Morazán, que siempre fue de águila que escudriña los espacios para volar y remontarse más y más hasta perderse en la región etérea, tenía ese fulgor tranquilo de la estrella de la tarde que sale al ponerse el sol hacia el occidente; era que ese hombre extraordinario no caminaba hacia la muerte sino al Tabor de su inmortalidad; el patíbulo lo esperaba, pero para llevarlo transfigurado como el genio de la patria que pasaba al Empíreo de su gloria. — Morazánida.

Así llegaron a la plaza los dos condenados a muerte por el nuevo Pilato de la política centroamericana.

Todo está consumado

Al llegar al patíbulo, se acercó Morazán al banquillo donde habían colocado a Villaseñor, y este, con su voz debilitada por el dolor de sus heridas y por la emoción de tan triste escena, le dijo:

—Juntos hasta la muerte.

—Hasta la eternidad —le contestó Morazán.

Villaseñor, que por la gravedad de sus heridas había sido conducido en una silla al sitio fatal de la ejecución, al dejársele en su puesto, como una planta agobiada ya por el hacha que le ha herido, vaciló, y Morazán apresuróse a sostenerlo contra su pecho; y el jefe cariñoso, no queriendo que manos profanas lo tocasen, encargóse él mismo de sentarlo lo mejor que pudo, para que no quedase en posición incómoda, y después, con sus suaves manos, como dos alas de paloma mensajera que quisiesen ayudar al eterno vuelo de aquella alma amiga, le arregló el cabello que tenía en desorden, dejándole despejada la amplia frente, donde posó sus labios para decirle con voz profética y conmovida:

—Querido amigo, la posteridad nos hará justicia. —Morazánida.

Los últimos rayos de un sol poniente alumbraban todavía los techos de los edificios de la ciudad de San José; la muchedumbre presenciaba aquella escena de dolor derramando copiosas lágrimas de sinceridad. Reinaba un silencio sepulcral.

Aquello era un bosque humano: la plaza cuajada de gente de todas las edades y de todas las condiciones; el ruido era comparable al del océano, pero no se escuchaban palabras de consuelo, de lástima o de perdón. Todo era injuria, rencor comprimido; la sangre derramada pedía venganza y víctimas. El hombre era guapo, porte de guerrero, alto y esbelto. Vestía un traje civil, su fisonomía revelaba firmeza, su mirada centelleaba. No quiso ocupar el banquillo, permaneció de pie. Se descubrió; en la cabeza brillaban pocas canas.

Morazán tomó de su pecho un pañuelo que llevaba y, dirigiéndose al General Montealegre, que lo acompañó hasta el último momento, se lo entregó y le dijo:

—Desde el 11 no he vuelto a ver a mi esposa y a mis hijos: lléveselo a la compañera de mi vida como la última ofrenda de mi amor...

Después se despidió con serenidad de sus amigos y conocidos allí presentes y suplicó que se le concediera el mando de los soldados que deberían llevar a cabo la ejecución, lo que le fue concedido sin dificultad.

Alineó al pelotón y le señaló su puesto a cada uno de los soldados para asegurar bien su puntería. Cuando hubo preparado todo, se volvió al infortunado Villaseñor y le dijo:

—Adiós amigo; yo lo he traído aquí; pero dentro de poco nos volveremos a ver.

En seguida, con todo el recogimiento necesario, se santiguó exclamando en alta voz:

—En el nombre del Padre, del Hijo, del Espíritu Santo.

Y con entera arrogancia ordenó:

—Soldados, preparen armas. Apunten... (Viendo una puntería muy alta, dice al tirador:) Baja tú la puntería.

Hay una pausa breve; y como si se tratara de una maniobra militar en la que no arriesgaba la vida, pronunció la voz ejecutiva:

—¡Fuego!

Solamente fue herido a la primera descarga y se consumó el crimen con el tiro de gracia.

Cuenta la historia sagrada que cuando el Divino Maestro fue clavado en la cruz y exhaló el último suspiro, se oyó en todos los templos de Jerusalén un retumbo que casi hendió las bóvedas y las tumbas de los cementerios. Y nosotros aseguramos, sin temor a equivocarnos, que cuando se consumó el asesinato del General Francisco Morazán, se estremecieron todos los corazones de los patriotas centroamericanos, para quienes cada pecho era un templo donde oficiaba la gratitud y el cariño para aquel esforzado paladín que ofrendó su vida en aras de la nacionalidad.

Las sombras de la noche avanzaban con una lentitud pasmosa, como queriendo cubrir aquella escena criminal. Los dos cadáveres fueron llevados en toscas camillas al cementerio, sin siquiera envolverlos en un humilde y piadoso sudario, ni mucho menos colocarlos en un ligero ataúd: así se les tiró, despreciativamente, a las fosas y se les cubrió de tierra, sin musitárseles una sencilla oración.

Sarcasmo del destino. El Libertador de Costa Rica y su asiduo colaborador en tan patriótica obra, yacían en una tumba que apenas se distinguía de las más humildes, mientras los verdaderos usurpadores y tiranos empedernidos gozaban en sus empleos de todas las prebendas, recibiendo al mismo tiempo un eterno baldón para su nombre y para el de sus inocentes hijos.

CAPÍTULO XIX: NADIE ES SUPERIOR A MORAZÁN

Suprimid el genio de Morazán y habréis aniquilado
el alma de la historia de Centro América.
ÁLVARO CONTRERAS

LA HIENA

Amanecía el 23 de septiembre de 1842, todavía la inconsolable viuda y los apesarados hijos rezaban el novenario del mártir de la Unión Centroamericana, acompañados por algunas piadosas personas, cuando por una callejuela estrecha marchaba un sacerdote seguido de cuatro personas de mala catadura. Se dirigían al cementerio y gesticulaban como para hacerse entender mejor.

No tardaron en llegar a su destino, donde se reunieron con dos peones; uno de ellos tenía una barra y el otro una pala. El sacerdote dobló el espinazo y, arremangándose la sotana, indicó en el suelo un promontorio de tierra y los peones empezaron la tarea. La hiena o clérigo era el padre Blanco y sus compañeros unos camanduleros que iban a profanar las tumbas de Morazán y Villaseñor.

Los peones cavaron la tierra removida y exhumaron uno a uno los dos cadáveres.

El clérigo constató que efectivamente habían sido fusilados Francisco Morazán y Vicente Villaseñor. Tenían, pues, esa certeza y había que transmitirla al General Carrera en Guatemala, donde hacía de Jefe Supremo de la Iglesia y del despotismo centroamericano.

PEREGRINACIÓN DOLOROSA

Como ya dijimos, el General Isidoro Saget se encontraba en Puntarenas con quinientos soldados salvadoreños y cien jefes y oficiales de los mejores y de todos los Estados. Al tener noticia del sacrificio de Morazán y Villaseñor, se reunieron para deliberar sobre la resolución que debería tomarse.

Desde luego, la indignación por aquellos sucesos exaltó el ánimo hasta del último soldado, y sin vacilar gritó el ejército: ¡Vengarle...! ¡Vengarle y proseguir la lucha hasta morir el último! Inmediatamente se alistaron para salir sobre la ciudad de San José y derrotar al gobierno que presidía el aventurero Antonio Pinto.

Como el desastre era inminente para los ticos al llevar a cabo su determinación los federales comandados por Saget, algunos acaudalados costarricenses decidieron avocarse con aquel ejército para convencerlo de la inutilidad de sus propósitos, ya que el jefe desaparecido no volvería a la vida terrenal con ensangrentar el suelo de la patria.

Se llevaron a cabo las conferencias y el 11 de octubre, en la isla de San Lucas, se firmó un convenio entre los señores doctor José María Castro y don Rafael Ramírez, por parte del gobierno de Costa Rica; y los señores Nicolás Espinosa y Miguel Álvarez, por parte del General Saget, en el cual se estableció: que se devolvían los elementos de guerra de exclusiva propiedad del Estado; que se retendrían los demás para que dispusiera de ellos la familia de Morazán; que serían puestas en libertad todas las personas detenidas por el gobierno; que se cedería en propiedad, con los víveres necesarios, la barca Coquimbo, para que en ella se dirigieran los morazanistas a donde ellos quisieran; que se pagaría por el gobierno la cantidad que Morazán le adeudaba al señor Iriarte por flete del bergantín Cosmopolita, así como también el pasaje para todos los que quisieran irse a La Unión, del Estado de El Salvador, más un mes de sueldo como subsidio militar; y que el mismo gobierno gestionaría, con los de El Salvador y Nicaragua, la entrada de los morazanistas que quisieran asilarse en sus territorios.

Ese convenio fue aprobado por Saget con ligeras modificaciones y así fue como el gobierno les estuvo mandando víveres; pero luego se olvidó de su compromiso y Saget, encolerizado, desembarcó y atacó la guarnición del puerto, venciéndola y tomando todo lo que les hacía falta a bordo. Después levó anclas y se dirigió a El Salvador, llegando al puerto de La Libertad en diciembre del mismo año. Como navegaban en el barco que les obsequió Costa Rica, todos los soldados federales fueron conocidos por el sobrenombre de coquimbos.

El Estado de El Salvador, siempre valiente y humanitario, permitió el desembarque de aquellos soldados huérfanos de su gran caudillo, señalándoles el departamento de Sonsonate para que se establecieran. Luego comunicó a los gobiernos de Guatemala, Honduras y Nicaragua su noble acción, esperando aprobaran su proceder, pues los refugiados estaban en la mejor disposición de dedicarse al trabajo, olvidando la guerra que tantos desastres había ocasionado.

Carrera tenía que reprobar tal procedimiento y protestar por el desembarque de los coquimbos en territorio salvadoreño. Honduras, que estaba mandada entonces por los conservadores, contestó: que siendo el asilo dado por el Supremo Gobierno de El Salvador a los ENEMIGOS DE CENTROAMÉRICA atentatorio acerca de los solemnes pactos celebrados entre los Estados, el de HONDURAS PROTESTA contra aquel acto mientras no merezca el ascenso general de los aliados.

Esta protesta es el eco de los repiques de campanas con que el mismo clericalismo celebró en Tegucigalpa la noticia de la muerte de Morazán.

Pero un enemigo jurado del gran paladín se empeñó porque el gobierno salvadoreño no reembarcara a los asilados, y a pesar de las protestas de Guatemala y Honduras, quedaron viviendo en tierras de Cuscatlán; ese gestor que, odiando a Morazán, ayudó a sus huérfanos soldados, era el General Francisco Malespín.

PILATO SE LAVA LAS MANOS

Era el 15 de noviembre de 1843, catorce meses después del fusilamiento de Francisco Morazán, cuando el Presidente de Costa Rica, Antonio Pinto, se presentó ante la Asamblea Constituyente de dicho Estado, explicando a su manera los sucesos que tuvieron lugar el año anterior y que comenzaron el 11 de septiembre; exponía todos los fantasmas que él vio en aquellos días aciagos y las razones que creyó oportunas para convencer a los diputados de que había obrado dentro de su deber como presidente provisorio; hablaba de mentidas garantías ofrecidas a Morazán y a sus compañeros; de la exaltación del pueblo para oponerse a sus disposiciones; de las amenazas para él y para todos los costarricenses; de la necesidad racional del medio empleado para salvar la situación mandando fusilar a Morazán y a Villaseñor; en fin, era una María de Magdala implorando el perdón de sus iniquidades.

Con tal mensaje quería Pinto que la Asamblea aprobara sus actos de gobernante provisional y que con tal aprobación sancionara el asesinato cometido el 15 de septiembre anterior, en el que inmolaron a dos personajes de alta talla política e inocentes ante la luz meridiana.

Afortunadamente, la Augusta Asamblea no quiso cargar con ese sanbenito y resolvió que no estaba dentro de sus atribuciones conocer de la actuación de Pinto como Jefe provisorio, y así dejó sobre aquel aventurero todo el peso de la responsabilidad de tan horrendo crimen que indignó a toda Centroamérica.

Antonio Pinto quería lavarse las manos imitando a Poncio Pilato, pero ha tenido que pasar a la historia como un criminal empedernido y vulgar.

NUESTRO ORGULLO

Todas las naciones tienen un símbolo que ostentan con orgullo y veneran con patriotismo.

Para un suizo, Guillermo Tell es el ideal del heroísmo; Riego lo es para un español republicano; Kosciusko, para un polaco; Garibaldi para un hijo de la joven Italia.

Vergniaud y los demás ilustres girondinos son para los franceses la encarnación de la libertad y la República; Napoleón Bonaparte, la del genio y la gloria militar.

Jorge Washington es el ídolo del pueblo norteamericano, y su olímpica efigie preside el hogar de ciento veintiséis millones de almas.

Bolívar y San Martín son los padres de la libertad en Sudamérica; Benito Juárez, el consolidador de la autonomía mexicana.

FRANCISCO MORAZÁN es la más grande y la más pura de las glorias verdaderamente nacionales de Centroamérica.

Ninguno de los personajes citados es superior a Morazán y en ello debemos cifrar nuestro legítimo orgullo.

BIBLIOGRAFÍA

E.Martínez López. Biografía del General Francisco Morazán.
Joaquín Rodas M.Morazánida
Lorenzo Montufar. Reseña Histórica y Memorias Autobiográficas
F.Morazán.Memorias
Rafael Reyes. Vida de Morazán
Salvador Turcios R. Conociendo la Historia Patria, tomo I.
Rómulo E. Durón. Francisco Morazán
Felix Salgado. La Batalla del Espíritu Santo
Boletín del Distrito Central. Tegucigalpa, Honduras.

GUÍA MORAZÁNICA

1. ¿Cuál es el origen familiar de Francisco Morazán y cómo se relaciona con la isla de Córcega? Analiza cómo el autor traza el linaje corsés y sus implicaciones simbólicas.

2. ¿Cómo se describe la educación temprana de Morazán y qué influencias marcaron su formación intelectual?

3. ¿Qué eventos marcaron la participación inicial de Morazán en la vida pública de Honduras? (Incluye su defensa legal, su rol en la independencia y sus primeros cargos administrativos).

4. ¿Qué motivaciones políticas impulsaron a Morazán a luchar contra el gobierno federal de Manuel José Arce?

5. ¿Cómo se desarrolló la batalla de La Trinidad y qué importancia tuvo para la carrera militar de Morazán?

6. ¿Cómo interpreta el autor la figura de Morazán: como héroe militar, como símbolo del liberalismo, o ambas?

7. ¿Cuál fue la actitud de Morazán frente a sus enemigos tras la victoria? ¿Qué dice esto sobre su carácter?

8. ¿Qué papel jugaron los religiosos y el clero conservador en la oposición a Morazán?

9. ¿Cuáles son tus emociones al leer el relato sobre el fusilamiento de Morazán?

10. ¿Qué es lo que más te conmueve o llama la atención?

VERDADERO Y FALSO

Instrucciones: Escribe V si la afirmación es verdadera o F si es falsa. Justifica las falsas brevemente.

1. Francisco Morazán nació en Tegucigalpa en el año 1792.

2 Morazán fue el primer presidente de la República Federal de Centroamérica.

2. La batalla de La Trinidad fue una derrota significativa para el Morazán?

3. Morazán se casó con María Josefa Lastiri, una viuda de buena posición económica.

4. El autor del libro presenta a Morazán como un traidor a la patria.

5. La nobleza de Guatemala apoyó ampliamente los ideales unionistas de Morazán.

6. Morazán ofreció garantías de vida y propiedad a los enemigos derrotados tras la toma de Guatemala.

7. José Cecilio del Valle fue uno de los principales opositores ideológicos de Morazán.

8. El libro relata que Morazán fue amigo de Rafael Carrera.

9. El autor equipara simbólicamente a Morazán con figuras como Napoleón y Bolívar.

SECCIÓN: SELECCIÓN MÚLTIPLE (UNA SOLA RESPUESTA CORRECTA)

1. ¿Cuál fue el primer cargo importante que desempeñó Morazán en el gobierno de Dionisio de Herrera?
a) Ministro de Guerra
b) Secretario General
c) Vicepresidente del Estado
d) Gobernador de Tegucigalpa

2. ¿Qué importancia tuvo la batalla de La Trinidad en la vida de Morazán?
a) Fue su derrota más amarga
b) Le permitió iniciar su carrera como abogado
c) Lo consolidó como líder militar liberal
d) Fue donde firmó la independencia de Honduras

3. ¿Cuál era el objetivo principal del proyecto político de Morazán?
a) Reinstaurar la monarquía española
b) Establecer una república socialista
c) Formar una república federal centroamericana
d) Dividir Centroamérica en repúblicas independientes

4. ¿Qué acción realizó Morazán tras derrotar a las fuerzas conservadoras en Guatemala en 1829?
a) Ordenó fusilar a todos los religiosos
b) Firmó un tratado de paz con Aycinena
c) Concedió garantías de vida y propiedad a sus enemigos
d) Abandonó la política temporalmente

5. ¿Cómo caracteriza el autor al conservadurismo centroamericano?
a) Como un componente necesario del equilibrio social
b) Como un obstáculo para el progreso y la libertad
c) Como una corriente filosófica válida
d) Como una reacción justa ante los excesos liberales

6. ¿Cuál era el nombre del ejército liderado por Morazán durante su campaña contra los conservadores?
a) Ejército Restaurador Centroamericano
b) Ejército Unificado del Sur
c) Ejército Patriótico Federal
d) Ejército Aliado Protector de la Ley

7. ¿Cuál de las siguientes ciudades no fue central en la vida política de Morazán, según el libro?
a) Comayagua
b) San Salvador
c) San Pedro Sula
d) Ciudad de Guatemala

8. ¿Por qué se menciona el matrimonio de Morazán con Josefa Lastiri?
a) Porque provocó un escándalo entre los conservadores
b) Porque fortaleció su posición política y económica
c) Porque fue su primera entrada a la vida religiosa
d) Porque era una estrategia para exiliarse en El Salvador

9. ¿Qué instrumento utilizó el clero conservador para atacar políticamente a Morazán?
a) Tribunales eclesiásticos
b) Cartas pastorales y sermones
c) Campañas militares organizadas
d) Declaraciones papales formales

¿Cuál es el tono general con el que el autor presenta a Morazán en la obra?
a) Crítico y distanciado
b) Objetivo y académico
c) Heroico y admirativo
d) Satírico e irónico

CONTENIDO

www.ingramcontent.com/pod-product-compliance
Lightning Source LLC
Chambersburg PA
CBHW061607120626
46550CB00004B/1637